특강
하이델베르크
요리문답(상)

이성호 지음

BLACK
BEAR
BOOKS

저자 **이성호**

저자는 역사적 개혁신앙을 사랑하는 목사이다. 서울대학교(서양사학)와 고려신학대학원(목회학)을 졸업하고 미국 칼빈신학교에서 리처드 멀러(Richard A. Muller) 교수에게 지도를 받아 「존 오웬의 교회론」으로 박사학위를 취득했다. 귀국 후 광교장로교회를 개척하여 9년 동안 목회자로 섬겼으며, 고려신학대학원 역사신학 교수로 봉직하고 있다. 본서는 저자가 지난 수년간 교회와 학교에서 직접 가르친 내용을, 학습서 형태로 재구성한 것이다. 저자는 하이델베르크 요리문답의 모든 내용을 가르치기보다는 핵심적인 부분을 골라내서 그것을 강조하는 효율적인 교육방식이 우리 시대에 반드시 필요하다고 믿고 있다. 저서로는 『성찬, 천국잔치 맛보기』(그라티아), 『네덜란드 개혁교회 이야기』, 『비법은 없다』(그 책의 사람들), 『창세기-복음이 빛나는 강해설교』(솔로몬), 『바른 예배를 위한 찬송 해설』(SFC 출판부), 『다짜고짜 질문으로 시작하는 성도생활백과(교리 편)』, 『직분을 알면 교회가 보인다』(좋은씨앗) 등이 있다.

2023년 6월 30일 초판 4쇄
2013년 5월 25일 초판 1쇄

| **기획편집** 흑곰북스
| **디자인** 강민구 | **사진** 김윤회, 권형록, 문지환, 송성주, 황희상
| **역사자문** 이남규 교수(합동신학대학원대학교)
| **등록일** 2011.10.05 제2011-000022호
| **주소** 서울 마포 월드컵로 190, 801호
| **전화** 070-4007-0681 팩스 031-629-5790
| **홈페이지** http://blackbearbooks.kr
| **이메일** blackbearbooks2011@gmail.com

ISBN 978-89-967389-3-0 상권
ISBN 978-89-967389-5-4 하권
ISBN 978-89-967389-4-7 세트
CIP제어번호 : CIP2013020727

흑곰북스는 타인과 자신의 저작권을 소중히 여기며, 이를 보호하기 위하여 적극적으로 노력하고 있습니다.
이 책의 글과 그림을 전부 또는 일부라도 복사하여 무단 사용하는 행위는 불법입니다.
잘못 만들어진 책은 구매처에서 바꿔 드립니다.

신개념 교리학습서

기독교 신앙의 모든 것을 담은 **129가지 질문과 답**,
숲도 보고 나무도 보는 **신개념 교리학습서**!

특강
하이델베르크
요리문답(상)

저는 평소 '기본의 중요성'을 무척 강조합니다. 이를 위해 다음과 같은 방법을 종종 사용합니다. 먼저 요한복음 3장 16절을 외워보라고 합니다. 대부분 별 어려움 없이 다 외우지요. 그러면 이제 '독생자'가 무슨 뜻이고, 그것이 어떤 의미가 있는지 설명해 보라고 합니다. 그러면 상당히 당황합니다. 너무나 잘 알고 있다고 생각하였는데 사실은 제대로 알지 못했기 때문입니다.

요한복음 3장 16절은 교회를 오래 다니지 않은 사람이라도 암송할 수 있는 구절입니다. 그런데 왜 독생자에 대한 뜻은 제대로 알지 못하는 것일까요? 심지어 신앙생활을 30년 넘도록 했는데 '중생'에 대해 처음으로 들어 본다고 고백하던 어느 분을 만난 적도 있습니다. 그동안 성경의 기본적인 교리를 잘 배우지 못했던 탓입니다.

성경과 더불어 교리를 가르쳐야 할 필요성을 우리는 주위에서 얼마든지 보게 됩니다. 의외로 많은 교회에서 신앙의 기본적인 교리보다는 주변적인 것들을 많이 가르치거나 설교하고 있습니다. 제가 평소에 요리문답 교육을 강조하는 이유가 바로 여기에 있습니다.

모든 것이 그렇듯, 신앙생활도 기초가 매우 중요합니다. 요리문답은 그 기초를 세우는 가장 좋은 방법입니다. 하이델베르크 요리문답은 웨스트민스터 소요리문답과 더불어 교회의 역사 속에서 충분히 검증된 신앙교육 방법입니다. 저도 기회가 있을 때마다 성도들에게 정기적으로 요리문답을 가르쳤습니다. 제가 섬기는 광교장로교회에서는, 하이델베르크 요리문답을 가르치고 설교도 하였습니다. 성도들은 이 요리문답을 통해 많은 유익을 얻었습니다. 그리고 그런 과정에서 무엇보다 제 자신부터가, 성경의 진리에 대한 분명한 지식과 확신을 얻게 되었습니다.

하이델베르크 요리문답을 연구하면 할수록, 그 탁월성에 탄복하지 않을 수 없었습니다. 그동안 제가 얻은 기쁨은 이루 말할 수 없습니다. 이제 그 기쁨을 독자들과 함께 누리고자 합니다. 진리 안에서 기뻐하기 원하는 모든 이들과 함께 하나님의 사랑을 나누고 싶습니다.

저자 이성호 드림

| 목차

특강 하이델베르크 요리문답

저자노트	5
이 책의 특징과 활용법	8
스터디플랜 가이드	10
단원별 학습점검표	12

| 1단원 | 1문 | 참된 위안 | 16 |

― 1부 우리의 **죄와 비참함**에 관하여

| 2단원 | 3~11문 | 죄와 비참 | 36 |

― 2부 우리의 **구속**에 관하여

3단원	12~15문	중보자	64
4단원	16~19문	중보자의 조건	78
5단원	20~22문	참된 믿음이란?	92
6단원	23~28문	그 지식의 요약, 사도신경(1) 성부 하나님	110
7단원	29~52문	그 지식의 요약, 사도신경(2) 성자 하나님	134
8단원	53~58문	그 지식의 요약, 사도신경(3) 성령 하나님	196
9단원	59~64문	이 지식을 아는 유익	232
10단원	65~74문	그 신뢰의 수단(1) 세례	252
11단원	75~82문	그 신뢰의 수단(2) 성찬	284
12단원	83~85문	그 신뢰의 수단(3) 설교와 권징	318

| 상권 마무리 | 333 |

― 3부 우리의 **감사**에 관하여 (하권)

| 이 책의 **특징과 활용법**

교리공부 학습 개념도

- 숲 보기: 별책부록 교리 전체맵
- 맥락 잡기: 현재 위치점검
- 나무 보기: 문답 본문과 해설 심화학습 및 배경 지식 자료
- 스스로 개념 탑재 성공!

하이델베르크 요리문답의 전체 구조를 볼 수 있는 맵(Map) 제공

하이델베르크 요리문답 전체맵

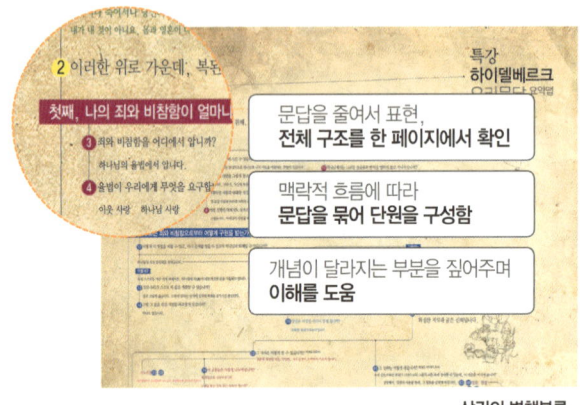

- 문답을 줄여서 표현, 전체 구조를 한 페이지에서 확인
- 맥락적 흐름에 따라 문답을 묶어 단원을 구성함
- 개념이 달라지는 부분을 짚어주며 이해를 도움

상권의 별책부록

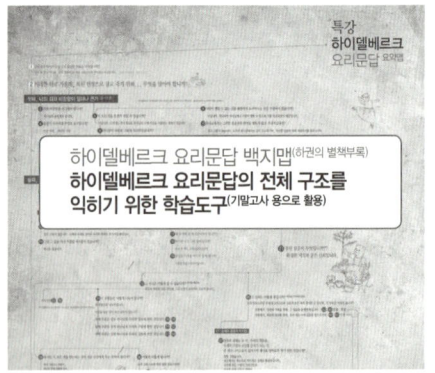

하이델베르크 요리문답 백지맵(하권의 별책부록)
하이델베르크 요리문답의 전체 구조를 익히기 위한 학습도구(기말고사 용으로 활용)

하권의 별책부록

> 요리문답을 공부할 때는 전체의 흐름을 머릿속에 큰 지도처럼 그릴 수 있어야 합니다. 필요하다면 요리문답의 논리 구조를 도식화할 줄도 알아야 합니다. 이것이 왜 그러한가, 이것은 어느 맥락인가를 스스로 설명할 수 있어야 합니다. 숲을 보는 훈련이 반드시 필요합니다. 요리문답은 당대의 걸출한 학자이자 목회자들의 손을 거친 결과물이며, 매우 정교한 체계를 갖추고 있기 때문입니다.

이 책의 **활용법**

이런 순서로 공부할 수 있도록 구성했습니다. ^^

전체맵으로
현재 위치 확인

문답 본문과 해설
꼼꼼히 살펴보기

확인질문으로
복습!

학습점검표에
결과 체크!

인터넷 게시판이나
수첩 등에 후기 남기기
스스로 도식화해보기

원문의 논리적 흐름을 꽉 잡고
이해를 돕는 학습 아이템들

성약출판사의 번역본을 채택,
원문을 구조적으로 볼 수 있음

역사적인 배경을 다룬 컨텐츠를 제공,
하이델베르크 요리문답의 풍성한 이해를 도움

내용과 맥락 이해를 돕기 위해 구성한
확인 질문

학습현황을 점검하고,
다음 학습에 대비하는 학습점검표

학습 완주를 돕기 위한
카툰, 일러스트, 포토에세이

특강 하이델베르크 요리문답은, 요리문답이라는 하나의 본문을 독자가 스스로 관찰하면서, 그 논리적 흐름에 따라 생각을 정리해 나가도록 돕습니다. 그 속에 담긴 보석들을 캐내기 위해 다양한 방법을 도입했습니다.

| 스터디 플랜 가이드

하이델베르크 요리문답은 총 3부, 129문으로 이루어져 있습니다. 1, 2부로 구성된 상권 학습을 위해 16주차나 20주차 코스를 제안합니다. 도중에 불가피하게 쉬는 경우를 감안하여, 5~6개월 정도에 학습을 마칠 수 있습니다.

16주차 코스 (단축 코스)

배경지식에 대한 책 읽기

추천도서 : 라일 비어마, 『하이델베르크 교리문답 입문』

마인드맵을 그려보세요.

요리문답을 배워나가면서 직접 마인드맵을 그려 보세요. 숲을 보는 실력을 키울 수 있습니다. 전지 1장에 포스트잇을 붙여 완성하거나, 무료 마인드맵 프로그램을 이용해도 좋습니다.

추천 마인드맵 프로그램 : freemind(무료) http://treemind.sourceforge.net

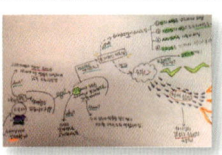 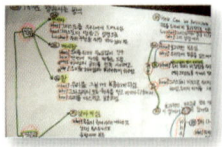

_학생들이 스스로 그린 마인드맵 예시

성공적인 교리공부 비결은? 후기!

_후기 작성 샘플

백지에 글을 쓰기 어려운 분들은, 요리문답을 공부하고 나서 느낀 점과 새롭게 알게 된 것으로 구분하여 여기에 답하는 식으로 '후기'를 써도 좋습니다.

그냥 외우느냐, 자기 고백으로 삼느냐는 어마어마한 차이가 있습니다. 그리고 그 고백이 실제 삶으로 이어지는 문제는 더더욱 다른 문제입니다. 공부를 마친 후에는 꼭 후기를 적어보세요.

20주차 코스 (정식 코스)

인도자 TIP!

오리엔테이션 시간에 무엇을 할까?

요리문답이 나온 배경과 교회사를 소개하고 자기가 속한 교회의 뿌리를 확인하는 것이 좋습니다. 같은 교회를 다닐지라도 각자 신앙의 색깔과 배경이 다양할 수 있기 때문입니다. (고등학생 이상 추천)

인도자 TIP!

모임이 끝나면..

홈페이지 게시판이나 인터넷 까페에 매주 모임후기를 올리도록 하면 좋습니다. 평일에도 서로의 후기에 관심을 갖고, 격려하는 효과도 있고, 무엇보다 차곡 차곡 쌓이는 후기들을 보면서 학습자들의 성취 욕구를 끌어내는 데 도움이 될 것입니다.

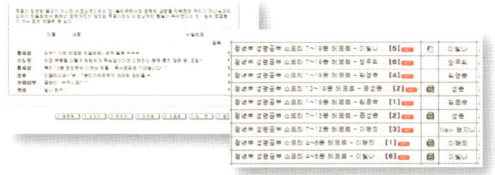

인도자 TIP!

모임 인도할 때..

모든 학습자들이 진도에 맞춰 본문을 미리 읽고, 배운 점을 적어오게 합니다. (예습용 후기)
예습용 후기로 각자 이해한 내용을 나눕니다.
보충할 내용이나 질문이 있을 때 서로 돕게 합니다.

토의를 할 때, 모임 인도자는 '정답'을 가르쳐줘야한다는 강박관념을 가지게 되는데, 공부하는 중에는 이런 생각을 갖지 않는 게 오히려 좋습니다. 토의할 때에 학습자들이 요리문답 자체의 내용을 어떻게 적용하고 있는지 확인하시고 격려해 주세요.
학습자들의 질문을 많이 끌어내고, 기록해두고 관찰하시기 바랍니다. 교리를 계속 공부하면서 이 질문이 어떻게 해결되어 가는지를 관찰하고 이런 사실을 학습자에게 알려주세요. 학습자가 지치지 않고 끝까지 공부를 완주하는 데 자극이 됩니다.

인도자 TIP!

격식있고 기쁨 넘치는 수료식!

교리교육의 한 과정을 마친 학습자들을 격려하고 축하하는 의미에서, 수료증을 만들어 주면 어떨까요?

_수료증 예시

| 단원별 학습 점검표

학습 현황을 점검하고, 다음 학습을 준비할 수 있는 학습 점검표입니다.

공부를 마친 후, 질문 그래프의 빈칸에 색칠이나 V표시 합니다. 취약한 단원을 파악해서 다시 복습할 수 있습니다. 시작일과 종료일도 표시해 보세요. 기간이 너무 오래 걸렸다면 학습 방해 요인이 무엇이었는지 알 수 있어요. 새로 깨달은 것과 학습 도중에 느낀 즐거움과 감사했던 마음을 적고, 함께 공부하는 이들과 나누어도 참 좋습니다. 모임 인도자는 단원별 학습 점검표를 통해 분석한 내용으로 내년 학습 계획에 반영할 수 있습니다.

1단원
전제 : **참된 위안**

시작일 20 / /
종료일 20 / /

01. 나는 전체 맵에서 현재 위치를 설명할 수 있다.
02. 나는 문답이 말하는 바를 이해했다.

새로 깨달은 것

공부하면서 느낀 즐거움과 감사

2단원
죄와 **비참**

시작일 20 / /
종료일 20 / /

01. 나는 전체 맵에서 현재 위치를 설명할 수 있다.
02. 나는 문답이 말하는 바를 이해했다.

새로 깨달은 것

공부하면서 느낀 즐거움과 감사

3단원
중보자

시작일 20 / /
종료일 20 / /

01. 나는 전체 맵에서 현재 위치를 설명할 수 있다.
02. 나는 문답이 말하는 바를 이해했다.

새로 깨달은 것

공부하면서 느낀 즐거움과 감사

4단원
중보자의 조건

시작일 20 / /
종료일 20 / /

01. 나는 전체 맵에서 현재 위치를 설명할 수 있다.
02. 나는 문답이 말하는 바를 이해했다.

새로 깨달은 것

공부하면서 느낀 즐거움과 감사

5단원
참된 **믿음**이란?

시작일 20 / /
종료일 20 / /

01. 나는 전체 맵에서 현재 위치를 설명할 수 있다.
02. 나는 문답이 말하는 바를 이해했다.

새로 깨달은 것

공부하면서 느낀 즐거움과 감사

6단원
그 지식의 요약
_사도신경⁽¹⁾성부 하나님

시작일 20 / /
종료일 20 / /

01. 나는 전체 맵에서 현재 위치를 설명할 수 있다. ☐ ☐ ☐ ☐
02. 나는 문답이 말하는 바를 이해했다. ☐ ☐ ☐ ☐

새로 깨달은 것

공부하면서 느낀 즐거움과 감사

7단원
그 지식의 요약
_사도신경⁽²⁾성자 하나님

시작일 20 / /
종료일 20 / /

01. 나는 전체 맵에서 현재 위치를 설명할 수 있다. ☐ ☐ ☐ ☐
02. 나는 문답이 말하는 바를 이해했다. ☐ ☐ ☐ ☐

새로 깨달은 것

공부하면서 느낀 즐거움과 감사

8단원
그 지식의 요약
_사도신경⁽³⁾성령 하나님

시작일 20 / /
종료일 20 / /

01. 나는 전체 맵에서 현재 위치를 설명할 수 있다. ☐ ☐ ☐ ☐
02. 나는 문답이 말하는 바를 이해했다. ☐ ☐ ☐ ☐

새로 깨달은 것

공부하면서 느낀 즐거움과 감사

9단원
이 **지식을 아는 유익**

시작일 20 / /
종료일 20 / /

01. 나는 전체 맵에서 현재 위치를 설명할 수 있다. ☐ ☐ ☐ ☐
02. 나는 문답이 말하는 바를 이해했다. ☐ ☐ ☐ ☐

새로 깨달은 것

공부하면서 느낀 즐거움과 감사

10단원
그 신뢰의 수단⁽¹⁾
_세례

시작일 20 / /
종료일 20 / /

01. 나는 전체 맵에서 현재 위치를 설명할 수 있다. ☐ ☐ ☐ ☐
02. 나는 문답이 말하는 바를 이해했다. ☐ ☐ ☐ ☐

새로 깨달은 것

공부하면서 느낀 즐거움과 감사

11단원
그 신뢰의 수단⁽²⁾
_성찬

시작일 20 / /
종료일 20 / /

01. 나는 전체 맵에서 현재 위치를 설명할 수 있다. ☐ ☐ ☐ ☐
02. 나는 문답이 말하는 바를 이해했다. ☐ ☐ ☐ ☐

새로 깨달은 것

공부하면서 느낀 즐거움과 감사

12단원
그 신뢰의 수단⁽³⁾
_말씀과 권징

시작일 20 / /
종료일 20 / /

01. 나는 전체 맵에서 현재 위치를 설명할 수 있다. ☐ ☐ ☐ ☐
02. 나는 문답이 말하는 바를 이해했다. ☐ ☐ ☐ ☐

새로 깨달은 것

공부하면서 느낀 즐거움과 감사

하이델베르크 요리문답의 전제

기억합시다! 하이델베르크 요리문답은 총 3부로 구성되어 있으며, 전체 129개의 문답이 담겨 있습니다. 전체 3부 중에서 이 책(상권)은 1부와 2부를 담고 있으며, 제 1부는 3문부터 시작합니다.

하이델베르크 요리문답 총129문

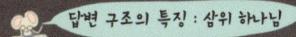 답변 구조의 특징 : 삼위 하나님

전제
- 1문. 살아서나 죽어서나 당신의 유일한 위로는 무엇입니까?
  내가 내 것이 아니요, 몸과 영혼이 다 예수 그리스도의 것이라는 사실입니다…
- 2문. 이러한 위로 가운데, 복된 인생으로 살고 죽기 위해… 무엇을 알아야 합니까?

1부 — 첫째, 나의 죄와 비참함이 얼마나 큰가 (3~11문)
2부 — 둘째, 나의 모든 죄와 비참함으로부터 어떻게 구원을 받는가 (12~85문)
3부 — 셋째, 그러한 구원을 주신 하나님께 어떻게 감사를 드려야 하는가 (86~129문)

요리문답은 1부(3~11문)에 곧장 들어가지 않고, 그 전에 1, 2문을 먼저 제시합니다. 이것은 전체 요리문답의 "전제"입니다. 또 다른 유명한 요리문답인 웨스트민스터 대·소요리문답도 비슷한 구성으로 되어 있습니다. 맨 앞에서 특별한 질문과 답변을 제시하고, 그것에 동의한다고 전제한 상태에서 나머지 내용을 본격적으로 진행하는 방식입니다. 이 전제를 잘 파악해야 나머지 공부가 쉽습니다.

'전제'란 어떤 이야기를 순조롭게 진행하기 위해 서로가 기본적으로 일치시켜야 하는 일종의 '약속'입니다. 만약 어떤 대화에서 서로 전제가 다르다면 이야기는 더 이상 진전되지 않고 제자리걸음을 하게 됩니다.

1문
참된 위안

하이델베르크 요리문답은 '위안'에 대한 이야기로 그 첫 줄을 시작합니다. 이 요리문답은 1563년에 작성되었으니까 약 450년 전에 이 세상에 빛을 보게 되었습니다. 그런 오래된 문서가 21세기를 살아가는 성도에게 어떤 유익을 줄 수 있을까요?

만약 오늘 우리의 삶에 위안이 필요 없다면, 이 요리문답은 우리에게 아무런 유익도 주지 못했겠지요.

여러분의 삶에는 위안이 필요한가요?

1문. 살아서나 죽어서나 당신의 유일한 위로는 무엇인가요?
답. 내가 내 것이 아니요, 몸과 영혼이 다 예수 그리스도의 것이라는 사실입니다.

| 성자 | 그리스도께서는
그의 보혈로 나의 모든 죗값을 완전히 치르고
나를 마귀의 모든 권세에서 해방하셨습니다. |

| 성부 | 또한 하늘에 계신 나의 아버지의 뜻이 아니면
머리털 하나도 땅에 떨어지지 않도록
나를 보호하시며,
참으로 모든 것이 합력하여
나의 구원을 이루도록 하십니다. |

| 성령 | 그러하므로 그의 성령으로
그분은 나에게 영생을 확신시켜 주시고,
이제부터는 마음을 다하여
즐거이 그리고 신속히
그를 위해 살도록 하십니다. |

하이델베르크 요리문답 제 1문답의 구조 : 삼위 하나님

| 현재 위치 점검

하이델베르크 요리문답의 [시작]인 제 1문을, 한번쯤 들어본 적이 있을 것입니다. "살든지 죽든지…". 빌립보서 1장 20절의 표현이 그대로 묻어납니다. 이 시적인 표현에 대한 대답 또한, 아름다움의 극치입니다. "나는 나의 것이 아니요, 몸도 영혼도 나의 신실한 구주 예수 그리스도의 것입니다…" 참 멋진 표현입니다. 답변의 특징은 '당신'의 유일한 위안을 물었을 때, 자기 이야기를 하지 않고 그리스도를 이야기한다는 점입니다. "내가 내 것이 아니라 그리스도의 것이에요!"라고, 나 자신을 부인해 버리니까 그 순간 감동이 옵니다. 게다가 이 부분의 답변은 삼위 하나님의 구조를 갖고 있습니다. 정교한 구조입니다. p.114, 사도신경의 구조 참조, 특강 소요리문답(상) p.89 참조

하이델베르크 요리문답의 첫 번째 질문과 답변이 굉장한 감동을 주기 때문에, 사람들은 이 첫줄에서 강력한 인상을 받습니다. 그래서 마치 웨스트민스터 대·소요리문답의 첫 번째 질문과 답변(인간의 주된 목적은? 하나님께 영광 돌리고 그를 즐거워하는 것)처럼, 많은 사람들이 기억하고, 종종 인용하기도 합니다. 문제는, 바로 거기까지라는 점입니다. 제 2문부터는 대체로 잘 모릅니다.

이것이 늘 우리의 문제입니다. ㅠ_ㅠ

요리문답을 공부할 때 우리는 대체로 이런 식으로 해왔습니다. 하나님께 영광 돌려야 한다고 말하면, "옳소!", "그렇지!", "하나님의 영광이 최고지!" 여기까지는 하는데, 그 다음은 모릅니다. 그래서 늘 신앙에 자신이 없습니다. 언제까지 그렇게 할 수는 없으니, 이 책을 통해 이제는 하이델베르크 요리문답이 전체적으로 무슨 가르침을 담고 있는지, 확실하게 내 것으로 삼는 기회로 삼으시기를 바랍니다.

항상 숲을 보는 관점이 중요합니다.

전체 구조를 머릿속에 정리하실 수 있도록 돕겠습니다.
책의 곳곳에 효과적으로 배치된 마인드맵과 다이어그램을 따라가면서 공부하십시오. 그러면 큰 도움이 될 것입니다.

이제 본격적인 내용으로 들어가겠습니다. 모두 출발~!

1문: 살아서나 죽어서나
　　　당신의 유일한 위로는 무엇입니까?

답: 살아서나 죽어서나 [1]
　　　나는 나의 것이 아니요, [2]
　　　몸도 영혼도
　　　나의 신실한 구주 예수 그리스도의 것입니다. [3]

　　그리스도께서는
　　　그의 보혈로 나의 모든 죗값을 완전히 치르고 [4]
　　　나를 마귀의 모든 권세에서 해방하셨습니다. [5]

　　또한 하늘에 계신 나의 아버지의 뜻이 아니면
　　　머리털 하나도 땅에 떨어지지 않도록 [6]
　　　나를 보호하시며, [7]
　　　참으로 모든 것이 합력하여
　　　나의 구원을 이루도록 하십니다. [8]

　　그러하므로 그의 성령으로
　　　그분은 나에게 영생을 확신시켜 주시고, [9]
　　　이제부터는 마음을 다하여
　　　즐거이 그리고 신속히
　　　그를 위해 살도록 하십니다. [10]

1) 로마서 14:8; 데살로니가전서 5:9-10
2) 고린도전서 6:19-20
3) 고린도전서 3:23; 디도서 2:14
4) 베드로전서 1:18-19; 요한1서 1:7; 2:2,12
5) 요한복음 8:34-36; 히브리서 2:14-15; 요한1서 3:8
6) 마태복음 10:29-30; 누가복음 21:18
7) 요한복음 6:39; 10:27-30; 데살로니가후서 3:3; 베드로전서 1:5
8) 로마서 8:28
9) 로마서 8:16; 고린도후서 1:22; 5:5; 에베소서 1:13-14
10) 에스겔 36:26-27; 로마서 8:14; 고린도후서 3:6,18; 요한1서 3:3

"이 책을 공부하실 때, 기독교 고리 앱(제작: 푸른마카데미)을 무료 다운로드 받아 이용하시면 편리합니다. 영어, 독일어 원문, 영한, 영독대역본 뿐만 아니라 성경 주석의 본문도 확인하실 수 있습니다. ^_^"

위안

'위안'에 해당하는 독일어 "Trost"는 '위로'로 번역되는데 '위안'으로 번역하는 것이 더 낫겠습니다. 이 단어는 '편안함'을 뜻하는데 '불안' 혹은 '두려움'에 반대되는 개념이고, 비슷한 단어인 '위로'와는 조금 차이가 있습니다. 위로는 기본적으로 고생을 많이 하거나 슬픔을 당한 사람들에게 공감을 표하거나 격려하는 것을 뜻한다면, 위안은 생사의 기로에 있는 것과 같은 극한 위험한 상황 속에서도 안심하고 평안을 누리는 것입니다. 대표적인 예를 시편 23편에서 찾을 수 있습니다. "내가 사망의 음침한 골짜기로 다닐지라도 해를 두려워하지 않을 것은 주께서 나와 함께 하심이라. 주의 지팡이와 막대기가 나를 '안위'하시나이다." 'Trost'에서 영어의 'Trust'(신뢰)라는 단어가 파생되었는데, 위안은 결국 누군가에 대한 확고한 신뢰에서 비롯된 흔들림 없는 평안입니다.

누구에게 위안이 필요할까요?

이 세상에는 위안이 그다지 필요 없는 사람도 많습니다. 대부분의 사람들은 바로 내일 일을 걱정하며 살고 있지만, 또한 적지 않은 사람들은 하루하루를 아무런 걱정 없이 살아갑니다. 불신자들 중에는 어떻게 보면 신자들보다 더 태평하게 살아가는 사람들이 많습니다. 이래도 한 세상, 저래도 한 세상. 걱정하며 사는 것보다 하루하루 즐기며 사는 것이 낫다고 합니다. 가끔은 부럽기도 합니다. "어떻게 저렇게 살 수 있을까!?" ... 그러나 그런 삶에는 치명적 약점이 있는데, 그들은 예수 그리스도의 필요성을 느끼지 못한다는 것입니다. 아쉬울 것 없고 걱정이 없는데, 어떻게 그리스도를 찾을 수 있겠습니까?

문제는 믿는 사람 중에도 비슷한 경우가 있다는 것입니다. 소위 긍정적 신앙이 그것입니다. 그들은 예수님 덕분에 모든 것이 항상 잘 될 것이라고 생각합니다. 사업을 해도 잘 되고, 아이들도 항상 공부를 잘하고 튼튼하고, 직장에서 승진하고, 병도 들지 않고... 물론 우리는 긍정적 사고를 해야 합니다. 잘 될 것이라는 확신이 없는데, 어떻게 사업을 할 수 있겠습니까? 또, 열심히 하면 시험에 합격할 수 있다는 믿음이 없는데, 어떻게 공부를 할 수 있겠습니까? 하지만 긍정적 사고를 [절대화]하는 것이 문제입니다. 즉, 현실에

대한 정확한 인식과 근거 없이 막연히 잘 될 것이라고 믿는 것입니다. 물론 도저히 불가능한 상황 속에서 성공한 이야기도 종종 듣습니다. 그러나 긍정적 믿음을 가졌음에도 불구하고 실패하고 좌절한 사람들이 훨씬 더 많은 것은 어떻게 설명해야 할까요.

그렇다면, 우리의 참된 위안은 어디에서 올까요?

참된 위안은 따로 있습니다.

우리에게 위안이 필요하다는 것은 [이 세상이 우리에게 위안을 주지 못한다]는 사실을 전제하고 있습니다. 삶이 위안으로 가득 차 있다면 굳이 위안이 필요 없습니다. 이것은 기본적으로 세상이 우리에게 적대적이라는 것을 암시합니다. 삶은 항상 사고와 위험과 재난과 범죄에 노출되어 있습니다. 언제 어디서 위협을 받을지 모릅니다. 이것을 인정해야 합니다. 그렇지 않으면, 그런 어려움이 닥칠 때 낙심하여 하나님을 떠날 수 있습니다. 따라서 우리에게 필요한 위안은, 그런 악이나 위험이 닥치더라도 그것 때문에 좌절하지 않고 우리 자신을 지킬 수 있는 것이어야 합니다.

> 그들이 딸 내 백성의 상처를 가볍게 여기면서 말하기를 평강하다, 평강하다 하나 평강이 없도다 (예레미야 8:11)

참된 위안은 올바른 지식에 근거해야 합니다. 이것은 단지 감정의 문제가 아닙니다. 막연히 "괜찮아, 잘 될 거야!"라는 식은 (예레미야 8:11) 참된 위안이 아닙니다. 우리에게 정말 필요한 것은 [확실한 근거]입니다. 근거를 정확히 알고 있을 때, 비로소 흔들리지 않는 참된 위안을 가질 수 있습니다.

또한, 우리에게 필요한 위안은 항상 적용될 수 있는 것이어야 합니다. 요리문답은 "살아서나 죽어서나"라고 말합니다. 만약 우리 삶이 이 세상뿐이라면 우리에게 필요한 위안은 '세상을 살아갈 동안 필요한 무언가'였을 것입니다. 가난한 사람에게는 돈 버는 것이, 병든 자에게는 낫는 것이, 학생에게는 공부 잘하는 것이 위안일 것입니다. 그러나 그런 것은 단지 일시적일 뿐입니다. 돈을 벌고 나면 돈이 더 이상 위안을 줄 수 없고, 병이 낫고 나면 건강이 더 이상 위안이 될 수 없고, 졸업을 하고 나면 더 이상 성적이 위안일 수 없습니다.

요즘 세상에 무엇보다 효과적인 위안은 '돈'입니다. 그러나 우리는 어리석은 부자의 비유를 알고 있습니다(누가복음 12장). 그는 곡식을 쌓아 둘 곳이 없을 정도로 부자가 되었습니다. 그리고 심중에 말합니다. "내가 이렇게 하리라. 내 곡간을 헐고 더 크게 짓고 내 모든 곡식과 물건을 거기 쌓아 두리라. 또 내가 내 영혼에게 이르되 영혼아 여러 해 쓸 물건을 많이 쌓아 두었으니 평안히 쉬고 먹고 마시고 즐거워 하자." 하나님께서 그의 영혼을 오늘 저녁에 다시 취할 것이라고 말씀하셨지만, 그는 아마도 죽는 그 순간까지 아무런 염려 없이 살았을 것입니다. 우리에게 필요한 위안은 이런 위안이 아닙니다. 죽고 나서도 필요한 위안, 즉 영원한 위안입니다. 돈은 살아 있을 때만 위안이 됩니다. 죽음 이후 그것은 아무런 소용이 없습니다.

부자와 나사로의 이야기도 우리는 잘 알고 있습니다. 아브라함이 부자에게 물 한 방울의 자비조차 베풀 수 없는 이유를 이렇게 설명합니다. "얘, 너는 살았을 때에 네 좋은 것을 받았고, 나사로는 고난을 받았으니 이것을 기억하라. 이제 저는 여기서 위로를 받고, 너는 괴로움을 받느니라." 이 세상에서 받았던 위안이, 영원한 세상에서의 위안을 보장해 주지 못한다는 것입니다.

결국 우리에게 필요한 것은 [영원한] 위안입니다. 영원한 세상에서도 우리의 복된 삶을 보장해 줄 수 있는 위안 말입니다.

자, 두 가지 선택지가 있습니다.

하나는 이 세상에서 위안이 되지만, 저 세상에서는 위안이 되지 못하는 것이고, 다른 하나는 이 세상에서도 위안이 되고, 저 세상에서도 위안이 되는 것입니다.

무엇을 고르시겠습니까?

내가 내 것이 아니라는 사실!?

요리문답 1문은 성도의 유일한 위안으로 아주 차원이 다른 대답을 합니다. [내가 내 것이 아니요 그리스도의 것이라는 사실]에 있다는 진술입니다. 이것만 봐도, 세상과 기독교가 근본적으로 가치관이 다르다는 것을 곧바로 알게 됩니다. 사람들은 "내 인생은 나의 것!"이라고 노래합니다. 자기 인생을 자기 원하는 대로 살고자 합니다. 그것이 자유라고 생각하고, 원하는 대로 마음껏 하며 사는 것이 복된 삶이라고 여깁니다.

그러나 이들은 [가장 기본적인 진실]도 부정합니다. 우리 삶의 시작은 우리가 정한 것이 아니었습니다. 태어나고 싶어서 태어난 사람이 어디 있습니까? 삶의 마지막도 우리가 정할 수 없습니다. 죽고 싶어서 죽는 경우가 어디에 있겠습니까? 태어나는 것도 죽는 것도 우리가 정할 수 없다면, 어떻게 "내 인생은 나의 것!"이라고 노래할 수 있을까요?

우리 인생은 우리 것이 아닙니다. 누군가에게 속해 있습니다. 성도는, 그리스도의 소유입니다. 이 사실은 죽어서도 변함이 없습니다. 삶이 아무리 힘들고 고달파도 위안 속에 살 수 있고, 심지어 죽음 앞에서도 평안히 눈을 감을 수 있는 이유가 여기 있습니다. 천국에서도 우리가 위안을 얻을 수 있는 것은, 그곳이 단순히 좋은 장소이기 때문이 아니라, 천국에서도 우리가 주님께 '속해 있기' 때문입니다.

하이델베르크 요리문답은 우리의 모든 것이 주님의 것이며, 그리스도께서 우리 과거와 현재와 미래의 모든 것을 주관하신다고 가르칩니다. 그리스도 자신께서 우리를 죄에서 구속하여 마귀의 권세에서 해방을 시키셨고, 성부 하나님의 뜻에 따라 우리를 돌보시고 우리 구원을 이루시며, 성령을 통해 영생을 확신시키셔서 우리가 마음을 다하여 주를 위해 살게 하십니다.

이것이 우리들의 유일한 위안입니다.

✛ **심화 학습**

그리스도
나의 죗값을 치르시고
마귀의 권세에서 해방시켜주심

성부
나를 보호하시고
모든 것이 합력하여 구원을 이루게 하심

성령
나에게 영생을 확신시켜 주시고
마음을 다하여 주를 위해 살게 하심

하이델베르크 요리문답
1문에 나타난 구조 : 삼위 하나님

1. 그리스도의 구속

"우리의 죗값을 치르시고 마귀의 권세에서 해방". 우리는 이것을 [**구속**]이라고 표현합니다. 구속에는 두 가지 요소가 있습니다. 하나는 죄의 대가를 대신 치르는 것이고, 다른 하나는 그 결과로, 사탄의 권세에서 해방되는 것입니다. 인간이 사탄에게 속해 있었던 이유는, 죄를 지었기 때문입니다. 죄 때문에 인간은 원래 하나님의 소유였으나 사탄의 소유권에 속하게 되었습니다. 죄가 있는 한 하나님도 자신의 소유권을 주장할 수 없습니다. 왜 그럴까요? 하나님은 전능하신 분이시니까, 그냥 사탄을 멸망시키고 우리를 구원하실 수는 없는 것일까요?

하나님은 그렇게 하시지 않으십니다. 사람이 죄를 지었으면 죄에 대한 대가를 치러야 합니다. 그리고 그 벌로 사탄의 종노릇을 합니다. 이 문제를 해결하기 위해서 그리스도께서 자신의 보혈로 우리 모든 죄의 값을 대신 치르십니다. 이 때문에 사탄은 자신의 소유권을 주장할 명분을 잃게 됩니다. 예수님은 우리들의 영원한 불안(←위안)의 궁극적 원인인 '죄 문제'를 없애셨습니다. 우리를 해방시켜, 자신의 소유로 삼으셨습니다. 이제는 더 이상 어느 누구도 우리에 대해 소유권을 행사할 수 없게 된 것입니다.

2. 성부의 돌보심

"지키시고, 우리의 구원을 이루심". 그리스도의 보혈로 우리가 구속 받았다 하더라도, 죄를 지으면 또다시 마귀의 권세에 빠질 수도 있지 않을까요? 요리문답 1문은 그런 걱정을 해소해 줍니다. 결코 그럴 수 없습니다. 이제 우리 몸과 영혼이 모두 온전히 주님의 것이기 때문입니다. 어떠한 일도 하늘에 계신 하나님의 뜻이 아니고는 일어나지 않습니다. 심지어 머리털 하나도 하나님의 뜻이 아니면 떨어지지 않습니다. 예수님께서 산상수훈으로 제자들에게 가르치신 것입니다. 머리털은 우리 몸에서 가장 사소한 것입니다. 그 중에 하나라도 하나님의 뜻이 아니고는 떨어지지 않는다고 합니다.

물론 우리가 살아가는 동안 죄를 지을 수도 있습니다. 그러나 그것조차도 이제는 하나님의 뜻 안에서 일어납니다. 궁극적으로 그 모든 것(좋은 일이든, 그렇지 않은 일이든)을 통해서, 하나님은 우리의 구원을 이루십니다. 이것이 우리가 예수님의 소유가 되었을 때와 그렇지 않았을 때의 궁극적인 차이입니다.

3. 성령의 도우심

"영생에 대한 확신과, 주를 섬기게 하심". 성령은 구속받은 자에게 주시는 선물입니다. 성령은 우리에게 영생을 확신시킵니다. 죽음은 끝이나 소멸이 아닙니다. 새로운 상태로의 이전을 의미합니다. 그렇기 때문에 구속함을 받은 자들은 이 세상에서 이미 영생을 누리며 살게 됩니다. 하나님은 독생자를 주셨고 그를 믿는 자에게는 영생을 주시는데(요한복음 3:16), 이 약속에 대한 확신을 우리는 성령님을 통하여 얻게 됩니다.

우리가 매 주일 예배시간에 고백하는 사도신경에서, 성령 하나님의 사역에 대한 마지막 고백이 바로 영생입니다. 영생은 한 번 얻으면 취소될 수 없습니다. 취소가 된다면 그것은 영생이라고 할 수 없겠지요. 이 영생에 대한 확신을 어떻게 알 수 있는가 하면, 성령을 통해 확신합니다. 영생은 단순히 오래 오래 사는 것을 의미하지 않습니다. 근본적으로 생명의 근원이신 하나님과 교제하는 것을 의미합니다. 우리는 이 세상에 살지만, 말씀과 성례를 통하여 그것을 이미 누리고 있습니다. 이 외적인 수단 속에 성령님께서 역사하시고 이것을 통해 주께서 우리에게 주시는 생명을 누리게 됩니다.

이 놀라운 복에 대해서는, 뒤에서 더 자세히 공부하게 됩니다. 기대하세요!

| 에필로그

 즐거이!

바로, 우리가 주의 것이라는 사실.
여기에서 주를 위해 살아야 한다는
결론이 나옵니다.

그리고 신속히!

그런데 이것은, 우리의 결단이나
우리 힘으로 이룰 수 있는 게 아닙니다.

성령님의 일하심 덕분에 가능합니다.
과거에는 우리 마음껏 살았다면 이제는
주를 위해 '살 수 있게' 된 것입니다.

 성령의 선물~

따라서 참된 성도는 삼위 하나님 안에서,
우리의 몸과 영혼의 주인이신
그리스도를 위해 살아가게 되는 것입니다.

| 확인질문

질문을 읽고 답을 먼저 적어본 후, 참조 페이지를 열어 자신의 답과 비교해 보세요.

1. 내 주위에 참 위안이 필요 없는 듯 사는 사람들이 있습니까? 어떤 사람들이 떠오르십니까? 그들을 보면 어떤 마음이 듭니까?

2. 요즘 유행하는 긍정의 신앙에 숨어 있는 문제는 무엇이라고 생각합니까?

3. 참된 위안은 무엇에 근거해야 합니까?

4. 이 세상이 제시하는 효과적인 위안으로 어떤 것들이 있습니까? 왜 그렇습니까?

5. 하이델베르크 요리문답 1문은 성도의 유일한 위안으로 어떤 대답을 하고 있습니까? 세상 사람들과 어떤 차이가 있습니까?

6. 아담의 죄로 인해 우리는 사탄의 소유권 아래 놓이게 됐습니다. 하나님은 어떤 방식으로 우리를 마귀의 권세에서 확실하게 해방시켜 주셨습니까?

7. 그리스도의 보혈로 우리가 구속받았다 하더라도, 죄를 지으면 또다시 마귀의 권세에 빠지게 될 것이란 걱정을 요리문답은 어떻게 해소해 주고 있습니까?

8. 성령은 우리에게 무엇을 확신시켜 주십니까? 이러한 확신은 또 어떻게 얻을 수 있습니까?

9. 하이델베르크 요리문답은 총 몇 부로 구성되어 있습니까? 그것은 각각 무엇무엇입니까?

숲보기

1) p.21 2) p.21 3) p.22 4) p.23 5) p.24 6) p.25 7) p.26 8) p.27

| 포토 에세이

"황갈색의 위풍당당한 하이델베르크 성 아래로 아름다운 네카강이 흐르고 있습니다. 1563년, 하이델베르크 요리문답을 탄생시키며 종교개혁의 중심지로 자리매김했던 대학도시, 하이델베르크를 눈으로나마 거닐어 보시기 바랍니다."

하이델베르크 성

2문: 이러한 위로 가운데
 복된 인생으로 살고 죽기 위해서
 당신은 무엇을 알아야 합니까?

답: 다음의 세 부분을 알아야 합니다.[1]
 첫째, 나의 죄와 비참함이 얼마나 큰가,[2]
 둘째, 나의 모든 죄와 비참함으로부터
  어떻게 구원을 받는가,[3]
 셋째, 그러한 구원을 주신 하나님께
  어떻게 감사를 드려야 하는가를 알아야 합니다.[4]

1) 마태복음 11:28-30; 에베소서 5:8
2) 마태복음 9:12; 요한복음 9:41; 로마서 3:9-10; 요한1서 1:9-10
3) 누가복음 24:46-47; 요한복음 17:3; 사도행전 4:12; 10:43; 고린도전서 6:11; 디도서 3:3-7
4) 시편 50:14-15; 116:12-13; 마태복음 5:16; 로마서 6:12-13; 에베소서 5:10; 디모데후서 2:15; 베드로전서 2:9,12

분기점 : 2문

하이델베르크 요리문답 제 2문은 걸림돌입니다.

여기서, 간과하기 쉽지만 무척 중요한 단계를 하나 밟고 지나가야만 합니다. 사실, 앞의 1문답을 접했을 때, 독자는 곧바로 "아! 그렇게 사는 것이 좋겠구나."라는 생각이 들어야 합니다. "내 인생은 내 것이 아니요, 예수 그리스도의 것입니다!"라는 대답 앞에서, "그렇지! 그것만이 진정한 위안이지! 나도 그렇게 고백하고 살고 싶어! 그렇게 사는 것이 진짜 복된 삶이지!" 하는 생각이 들어야 하고, 그 상태에서 2문으로 넘어와야 하는 것입니다. 요리문답의 행간을 살피면 그렇게 됩니다.

그런데 "무슨 소리?? 내 인생 내가 사는 것이지, 왜 남의 것이래?", "그리스도를 아는 것이 뭐가 그렇게 좋은 일이야? 예수 믿으면 돈이 생겨 떡이 생겨?"라고 생각한다면, "이렇게 [복된 인생]을 살다 가려면 무엇을 알아야 하는가?"라는 2문의 질문을 도무지 이해할 수 없을 것입니다. 그게 뭐가 [복된 인생]이냐는 것입니다. 그래서 2문은 단순하지만 쉽게 넘어갈 수 없는 걸림돌입니다. 그 부분을 해결하지 않은 채 다음 문답으로 넘어갈 수 없다는 이야기입니다.

만약 어물쩍 넘어간다면, 요리문답의 의도가 독자에게 전혀 적용되지 않습니다. 한참을 공부하더라도, 공부하는 과정 내내 [피곤]합니다. 물론 지금 당장 이 페이지에서 해결하시라는 뜻은 아닙니다. 하이델베르크 요리문답을 제대로 공부하시려면, 문답이 품고 있는 뜻을 하나하나 분명히 짚어봐야 한다는 뜻입니다. "그런 [복된 인생]을 살다 죽으려면…"이라는 표현 앞에, 진솔하게 마주 서시기를 바랍니다.

제 1부
우리의 **죄**와 **비참함**에 관하여

드디어 하이델베르크 요리문답의 제 1부를 시작합니다. 1문과 2문, 즉 전체 요리문답의 전제에 동의하고 읽는다면 이후에 이어지는 문답이 의도하는 바를 잘 파악하실 수 있습니다.

하이델베르크 요리문답 총 129문

1문 살아서나 죽어서나 당신의 유일한 위로는 무엇입니까?
전체   내가 내 것이 아니요, 몸과 영혼이 다 예수 그리스도의 것이라는 사실입니다…

2문 이러한 위로 가운데, 복된 인생으로 살고 죽기 위해… 무엇을 알아야 합니까?

1부 **첫째, 나의 죄와 비참함이 얼마나 큰가** (3~11문)
2부 둘째, 나의 **모든 죄와 비참함**으로부터 어떻게 **구원**을 받는가 (12~85문)
3부 셋째, 그러한 **구원**을 주신 **하나님께 어떻게 감사를** 드려야 하는가 (86~129문)

1부를 공부하실 때, 3에서 11문까지의 문답 전체를 통째로 이해하시길 바랍니다. 이 부분에서는 우리 몸과 영혼의 아주 근본적인 문제를 집요하고 치열하게 파헤치면서 문답을 이어가기 때문입니다. 힘겨운 논박을 마친 후, 1부 마지막에 등장하는 하나님의 놀라운 뜻을 통해 큰 감동을 받으시길 바랍니다.

※ 특강 하이델베르크 요리문답 "상권"에서는 1부와 2부를 배웁니다. 3부는 "하권"에서 다룹니다. 1~2부는 기독교 교리의 기초이자 하나님이 우리를 구원하시는 놀라운 스토리가 담긴 보화라면, 하권에서 배울 3부에서는 구원받은 우리가 어떻게 살아가야 할 것인지를 가르쳐줍니다. 이 부분은 '삶의 실천'이라고 보시면 되겠습니다.

3~11문
죄와 비참

하이델베르크 요리문답에서 [죄와 비참]은 아주 중요한 주제입니다. 물론 성경 전체를 통해서도 매우 중요한 주제이지요. 성경에는 거룩한 이야기도 있지만, 인간의 죄와 비참에 대한 이야기가 정말 많이 들어 있습니다. 하지만 오늘날 설교단에서는 죄와 비참에 대해 언급하기를 꺼려합니다. 또, 그런 이야기를 하면 사람들이 별로 좋아하지 않습니다. 자기가 좋아하는 메시지만 듣고 싶어 합니다. 그러나 우리는 귀에 거슬린다고 해서 성경이 말하고 있는 중심 메시지를 놓쳐서는 안될 것입니다.

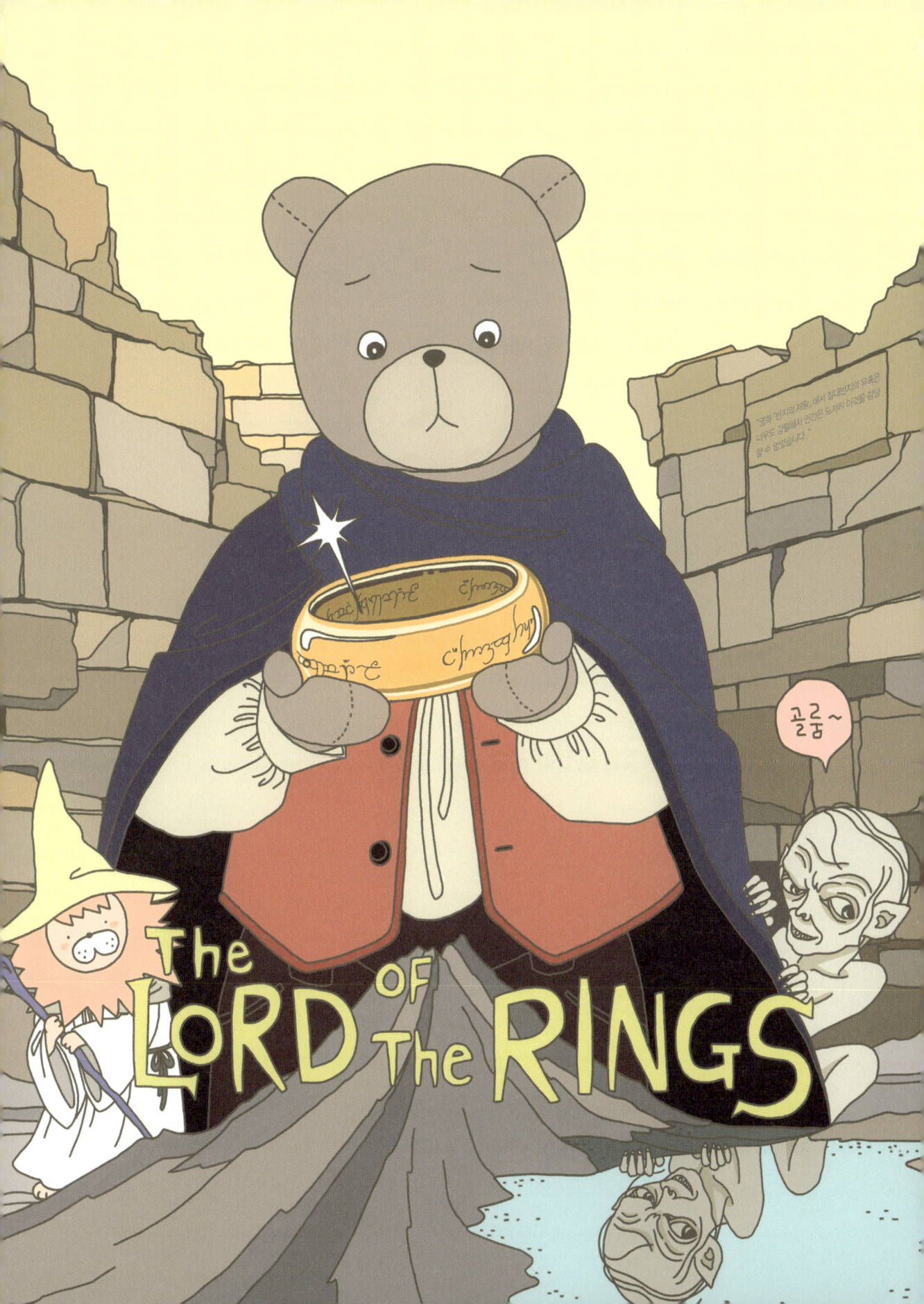

3문: 당신의 죄와 비참함을 어디에서 압니까?

답: 하나님의 율법에서
　　나의 죄와 비참함을 압니다.¹

**4문: 하나님의 율법이
　　　우리에게 요구하는 것은 무엇입니까?**

답: 그리스도는 마태복음 22장에서
　　　　이렇게 요약하여 가르치십니다.
　　　"네 마음을 다하고 목숨을 다하고 뜻을 다하여
　　　　주 너의 하나님을 사랑하라 하셨으니
　　　　이것이 크고 첫째 되는 계명이요,
　　　둘째는 그와 같으니
　　　　네 이웃을 네 몸과 같이 사랑하라 하셨으니,
　　　이 두 계명이
　　　　온 율법과 선지자의 강령이니라"(마태복음 22:37-40). ²

5문: 당신은 이 모든 것을 온전히 지킬 수 있습니까?

답: 아닙니다.³
　　　나에게는 본성적으로
　　　　하나님과 이웃을 미워하는 성향이 있습니다.⁴

---

1) 로마서 3:20; 7:7,23-24
2) 레위기 19:18; 신명기 6:5; 마가복음 12:30-31; 누가복음 10:27
3) 로마서 3:10,20,23; 요한1서 1:8,10
4) 창세기 6:5; 8:21; 예레미야 17:9; 로마서 7:23-24; 8:7; 에베소서 2:3; 디도서 3:3

조금만 노력하면 되지 않을까?

아찔한 순간을 경험한 적이 있습니다. 물에 빠져서 세상을 일찍 감치 떠날 뻔 했습니다. 섬에서 수영을 하고 있는데, 제가 가르치던 학생 한 명이 헤엄을 쳐서 다른 편으로 건너갔습니다. 그 친구는 어렸을 때부터 섬에서 자란 아이였습니다. 건너가서 손을 흔들면서 "전도사님도 오세요!"라고 소리쳤습니다. 저는 수영을 잘 하지는 못하였지만, 자존심도 있었고 가까운 거리였기 때문에 '조금만 노력하면' 건너갈 수 있다는 생각이 들었습니다. 용감하게 물에 뛰어들었는데, 뛰어들자마자 몸이 다른 방향으로 가기 시작하였습니다. 조류 때문입니다. 아무리 온 힘을 다해서 손과 발을 움직여도 오히려 목표지점에서 멀어졌습니다. 물에 뛰어 들기 전에는 불과 한 십 미터 정도 거리였는데, 물속에서는 몇 백 미터처럼 보였습니다. 힘은 점점 빠지고, 거리는 더 멀어지고, 자칫하면 죽을지도 모른다는 두려움이 생겼습니다. 정말 목표물까지 거리가 얼마 아니었기에 망정이지, 자칫하면 큰일 날 뻔 했습니다. 허우적거리던 저는 그 친구의 도움을 받아서야 건너편에 무사히 도착하여 안도할 수 있었습니다.

비슷한 경험을 하신 분도 계실 것입니다. 이 짧은 이야기 속에 하이델베르크 요리문답 3~5문에서 가르치는 본질적인 요소들이 다 들어 있습니다. 먼저 죄가 무엇인지를 알려줍니다. 죄라는 것은 마땅히 하지 말아야 할 것을 하는 것입니다. 저는 그 물속에 들어가지 말았어야 했습니다. 이것이 바로 죄의 본질입니다. 물 밖에 있을 때는 그 물이 우리에게 아무런 힘을 쓰지 못하지만, 일단 우리 몸을 물에 집어넣는 순간 물은 엄청난 힘을 발휘합니다. 내가 아무리 몸부림을 쳐도 오히려 목표물에서 더 멀어집니다. 바로 눈앞에 목표물이 보이는데도, 도달할 수가 없습니다. 이것이 바로 비참입니다. 물에서 건짐을 받은 것이 큰 위안이 되듯이, 죄와 비참에서 건짐을 받은 것은 신자들에게 평생 동안 큰 위안이 됩니다.

우리는 어떤 처지에 놓여있는가

참조하기

하이델베르크 요리문답보다 후대에 만들어진 웨스트민스터 소요리문답(제 14문)에서 정리한 [죄의 정의]는 다음과 같습니다.

"하나님의 법을 순종함에 있어, 조금이라도 부족하거나, 그것을 위반하는 것"
(Sin is any want of conformity unto, or transgression of the law of God.)

많은 사람들이 자신은 [죄와 비참] 속에서 살고 있지 않다고 생각합니다. 왜 그럴까요? 자신을 객관적으로 볼 수 없기 때문입니다. 죄에 대한 생각도 사람마다 다르고, 저마다의 기준을 가지고 바라보기 때문에, 자신의 진정한 모습을 볼 수 없습니다. 우리 몸에 대해서는 객관적인 기준이 있습니다. 거울을 통해 볼 수 있기 때문입니다. 그러면 우리 영혼의 모습은 무엇을 통해 볼 수 있을까요? 바로 [율법]입니다. 오직 하나님의 율법을 통해서만, 죄와 비참이 무엇이며, 그 속에서 우리를 어떻게 건지셨는지를 알 수 있습니다. 따라서 우리가 스스로를 올바로 보기 위해서는 항상 우리 자신을 말씀의 거울에 비춰보아야 합니다. 하나님께서 주시는 위안의 출발점은 바로 율법입니다.

그렇다면 율법이 무엇인가라는 질문이 생깁니다. 율법은 하나님의 법으로, 피조물인 인간이 마땅히 지켜야 되는 것입니다. 세상은 우연히 만들어진 것이 아니라 하나님에 의해 창조되었습니다. 창조된 이 세상은 자연법칙에 따라 움직입니다. 물은 위에서 아래로 흐르고... 마찬가지로 피조물인 인간들도 아무렇게나 사는 것이 아니라 하나님의 법에 따라 살아야 합니다. 그 율법은 우리 양심 속에 희미하게 나타나 있고, 하나님의 말씀인 성경 속에 분명히 나타나 있습니다.

성경에는 수많은 율법이 소개되지만, 예수님께서 그 모두를 다음과 같이 간단하게 요약하셨습니다.

"네 마음을 다하고 목숨을 다하고 뜻을 다하여 주 너의 하나님을 사랑하라 하셨으니 이것이 크고 첫째 되는 계명이요, 둘째는 그와 같으니, 네 이웃을 네 몸과 같이 사랑하라 하셨으니, 이 두 계명이 온 율법과 선지자의 강령이니라."(마태복음 22:37-40)

율법은 이렇게 두 가지로 요약됩니다. 하나는 하나님에 대한 사랑, 둘째는 이웃에 대한 사랑입니다. 결국 율법의 본질은 [사랑]이라고 할 수 있는데, 이것은 대단히 놀라운 사실입니다. 일반적으로 '법'의 본질을 '사랑'이라고 보기가 쉽지 않기 때문입니다. 법이라고 하면 적어도 사랑과는 거리가 먼 어떤 것이라고 보기 쉽습니다. 대부분의

죄와 비참

죄는 사람이 마땅히 해야 할 일을 하지 않는 것이고 비참은 그 죄로 인한 결과입니다. 요리문답은 이 '비참'이란 단어를 '위안'과 반대되는 개념으로 사용합니다. 우리의 비참을 제대로 알지 못하면 우리의 위안도 제대로 알 수가 없습니다. 여기 쓰인 비참이라는 단어가 좀 추상적인데, 독일어로 Elend라고 합니다. "땅에서 추방된"이란 뜻입니다. 낙원에서 추방된 아담을 연상시키는 단어입니다. 이 비참은 가나안 땅에서 추방되어 바벨론 포로로 끌려갔던 모습에서 나타납니다. 그들이 하나님의 명령에 순종하지 않았기에, 하나님께서 주신 땅에서 쫓겨났습니다. 죄로 인한 비참입니다. 죄만 있고 비참이 없다면, 우리는 죄에 대해서 아무렇지도 않게 생각할 것입니다.

사람들은 법대로 하는 사람을 좋아하지 않습니다. 사랑이 없고, 정이 없다고 말합니다. 법을 집행하는 대표적인 사람들이 경찰인데, 대체로 그분들을 사랑을 실천하는 사람이라고 여기지들 않습니다.

하지만 곰곰이 생각해 보면 아주 사소한 법이라도 제대로 된 법이라면 그것이 사랑을 담고 있다는 것을 쉽게 알 수 있습니다. 예를 들어 빨간 신호등에는 멈추어야 합니다. 이 신호는 사람의 생명에 대한 사랑을 담고 있습니다. 물론 한두 번 그 신호를 지키지 않아도 되는 경우가 있습니다. 하지만, 모든 사람이 항상 그것을 제대로 지키지 않는다면, 언젠가는 누군가 죽게 됩니다. 어쩌다 실수로 신호를 무시하는 경우라도, 그가 일단 사람이 있나 없나를 확인하고 차를 운전했다면, 그는 겉으로는 법을 어긴 것이지만 실제로는 법의 정신, 즉 생명에 대한 사랑은 지키는 것입니다. 그러니까 중요한 것은 신호를 어기는 그 순간이 아니라, 생명에 대한 사랑이 있느냐 혹은 없느냐에 있다고 할 수 있습니다.

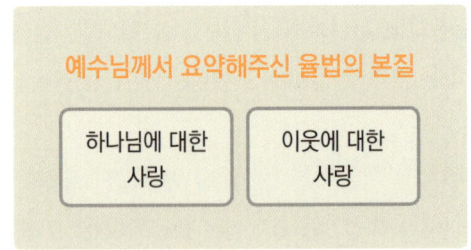

여기서 세상의 법과 하나님의 법에 궁극적인 차이가 있음을 보게 됩니다. 세상 법은 오직 외적인 행위만 통제할 뿐입니다. 신호를 지켰는가, 지키지 않았는가만 중요합니다. 그 사람이 정말 저 신호등을 지킴으로 생명을 보호하려는 사랑의 마음을 가졌는지, 아니면 귀찮지만 신호등 위에 있는 감시 카메라 때문에 지켰는지,

그런 것은 중요하지 않습니다. 왜 그럴까요? 이유는 간단합니다. 세상 재판관은 사람의 마음을 읽을 수 없습니다. 오직 행위만을 볼 수 있을 뿐입니다. 하지만 하나님은 중심을 보십니다. 우리 마음을 보시고, 우리가 정말로 하나님을 사랑하는지 그렇지 않은지를 판단하십니다.

그렇다면 우리는 우리 마음을 어떻게 볼 수 있을까요? 어떤 사람은 이렇게 말할지 모릅니다. 자기 마음을 자기가 모르면 누가 알겠느냐고요. 물론 사람들은 자기의 생각이나 마음을 압니다. 하지만 부분적으로만 아는 것입니다. 또 그것이 옳은지 그른지, 스스로는 알 수 없습니다. 오직 자신의 생각을 율법에 비추어 볼 때만이 알 수 있을 뿐입니다.

율법을 통해 우리는 우리의 영적 무능력을 알게 됩니다. 율법은 하나님과 이웃을 사랑하라고 하였는데, 우리는 본성적으로 이웃을 미워하는 성향이 있기 때문입니다. 이것이 요리문답 제5문답이 가르치는 바입니다. "당신은 이 모든 계명을 완전하게 지킬 수 있습니까? 답: 전혀 그럴 수 없습니다. 나는 본성적으로 하나님과 내 이웃을 미워하는 성향을 가지고 있기 때문입니다." 하나님께서 요구하는 것이 율법에 분명히 나타나 있습니다. 그런데 우리는 그 요구를 싫어하는 경향이 있습니다. 어떻게 해야 할까요? 크게 두 가지로 나눌 수 있습니다.

공공장소에서 시끄럽게 떠드는 사람들이 있어서 좀 조용히 해달라고 하면 두 가지 태도로 나뉩니다. 첫 번째 반응은 "죄송합니다."입니다. 그리고 조용히 합니다. 이들은 지적을 받기 전까지는 법을 어기고 있었다는 사실을 몰랐습니다. 하지만 그것을 지적하니, 자신들의 부끄러움을 보게 되고, 미안한 마음을 갖습니다. 그 결과 다른 이들을 위해 조용히 지냅니다. 물론 어떤 경우에는 기분이 좀 나쁘지만, 자신의 행동에 문제가 있다는 것을 알게 되었으니까 마지못해서라도 행동을 고칩니다.

하지만 전혀 다른 반응이 있는데, "어쩌라고? 당신이 뭔데 잔소리야!" 자신들의 뻔뻔스러움과 악함을 그대로 드러냅니다. "어쩌라고?"라는 말 속에 무슨 뜻이 담겨 있습니까? 그 사람에게는 법이 존재하지 않는다는 것입니다. 사실, 그 사람에게도 법이 있습니다. 바로 자기 자신이 법이지요. 그러니, 자신의 뻔뻔함을 볼 수 있겠습니까? 그냥 하던 대로 살아갑니다. 주위 사람들도 그런 경우 대부분 내버려 둡니다. 경찰이 아니라서 처벌할 권한이 없기 때문입니다.

죄와 비참에서 벗어나는 것, 복된 삶과 영생의 삶의 출발은, 자신이 하나님 앞에서 죄인이며 영적으로 무능력하다는 것을 고백하는 지점에서 시작합니다. 자신이 죄와 비참함 속에 있다는 것을 인정하지 않고 자기식대로 "어쩌라고?"를 외치면서 사는 사람을, 하나님께서 구원하실 이유가 없습니다. 로마서 1장을 보면 하나님은 그런 사람들은 그대로 내버려 두신다고 했습니다. 공공장소에서 뻔뻔하게 구는 사람을 그대로 두는 것처럼 말입니다. 그러나 차이가 있습니다. 사람들과는 달리, 하나님은 때가 되면 그들을 율법의 기준에 따라 처벌하신다는 것이지요!

"그러므로 하나님께서 저희를 마음의 정욕대로 더러움에 내어 버려 두사 … 또한 저희가 마음에 하나님 두기를 싫어하매 하나님께서 저희를 그 상실한 마음대로 내어 버려 두사" (로마서 1:24, 28)

| 포토 에세이

죄와 비참의 원인?

병을 고치기 위해서 가장 기본적인 것은 자신의 병을 인정하는 것입니다. 마찬가지로, 나는 죄인이라는 고백 없이 하나님의 은혜를 받는 것은 불가능합니다. 하나님은 교만한 자를 대적하시고 겸손한 자에게 은혜를 베푸십니다. 예수님은 의인이 아니라 죄인을 부르러 오셨습니다.

병을 고치기 위해서는 병의 원인을 알아야 하듯이 이제 죄와 비참에서 벗어나기 위해서는 그 [원인]을 알아야 합니다.

"잘되면 제 탓, 아니 되면 조상 탓." 사실, 이 속담은 무책임한 사람들을 비꼬는 말이지만, 완전히 잘못된 말은 아닙니다. "안 되면 조상 탓"이라는 것을 전적으로 부정할 필요는 없습니다. 오히려 그보다는, 조상 탓이라는 것을 인정하고 그 원인을 제거하는 것이 필요합니다. 우리 삶의 상당 부분은 조상 탓입니다. 많은 것을 조상에게서 물려받았습니다. 이것을 무시하고 오직 우리만 잘하면 된다는 식으로 말해서는 피곤할 뿐이고, 오히려 조상이 우리에게 끼친 잘못이 정확히 무엇인지를 잘 파악하여 그 잘못에서 벗어나는 것이 정확한 해결방법입니다.

자, 죄와 비참의 원인은 누구 탓일까요?

6문: 그러면 하나님께서는 사람을
　　그렇게 악하고 패역한 상태로 창조하셨습니까?

답: 아닙니다.
　　하나님은 사람을 선하게,¹
　　　또한 자신의 형상,²
　　곧 참된 의와 거룩함으로 창조하셨습니다.³
　　이것은 사람으로 하여금
　　　자신의 창조주 하나님을 바르게 알고,
　　　마음으로 사랑하며,
　　　영원한 복락 가운데서 그와 함께 살고,
　　그리하여 그분께
　　　찬양과 영광을 돌리기 위함입니다.⁴

7문: 그렇다면 이렇게 타락한 사람의 본성은
　　어디에서 왔습니까?

답: 우리의 시조(始祖) 아담과 하와가
　　낙원(樂園)에서 타락하고 불순종한 데서 왔습니다.⁵
　　그때 사람의 본성이 심히 부패하여
　　우리는 모두 죄악 중에 잉태되고 출생합니다.⁶

8문: 그렇다면 우리는 그토록 부패하여,
　　선은 조금도 행할 수 없으며
　　온갖 악만 행하는 성향을 지니고 있습니까?

답: 그렇습니다.⁷
　　우리가 하나님의 성령으로 거듭나지 않는 한
　　　참으로 그렇습니다.⁸

1) 창세기 1:31
2) 창세기 1:26-27
3) 에베소서 4:24; 골로새서 3:10
4) 시편 8:4-9; 요한계시록 4:11
5) 창세기 3장; 로마서 5:12,18-19
6) 시편 51:5; 요한복음 3:6
7) 창세기 6:5; 8:21; 욥기 14:4; 이사야 53:6; 디도서 3:3
8) 요한복음 3:3,5; 고린도전서 12:3; 고린도후서 3:5

우릴 왜 이렇게 만드셨나요!?

죄와 비참의 원인을 하나님에게서 찾으려는 사람들이 있습니다. 하나님이 인간을 창조하셨으니까요. 이런 논리에 대해서 요리문답 6문은 [하나님께서 인간을 애초에 어떻게 창조하셨는지]를 설명합니다. "하나님은 사람을 선하게, 또한 자신의 형상, 곧 참된 의와 거룩함으로 창조하셨습니다." 요리문답은 하나님께서 인간을 선하게 창조하셨다는 사실을 강조합니다. 물론 이것은 성경적인 가르침입니다. 창세기 1장을 보면, 하나님께서 세상을 6일 동안 창조하셨을 때 매일 자신이 만드신 것을 보시고 좋다고 선언하셨습니다. 특별히 마지막 날 인간을 창조하셨을 때는 "심히 좋았다."고 하셨습니다.

'좋았다'라는 말은 무슨 뜻일까요? 여러분은 어떤 경우에 '좋다'라고 말하고 어떤 경우에 '나쁘다'라고 말합니까? 여러분이 무엇을 만들었을 때, 자신이 계획한 대로 만들어졌으면 좋다고 하고, 그렇지 않으면 나쁘다고 생각할 것입니다. 하나님은 세상을 창조하실 때, 아무렇게나 만든 것이 아니라 어떤 목적을 가지고 만드셨습니다. 따라서 이 세상 만물은 [질서를 가진] 존재입니다.

하나님은 사람을 선하게 창조하시되, 특히 자신의 형상을 따라서 창조하셨습니다. 하나님과 우리가 닮았다는 뜻입니다. 물론 하나님께서 우리처럼 손이나 발을 가지고 있다는 말은 아닐 것입니다. 요리문답은 하나님의 형상을 의와 거룩함으로 설명합니다. 이것은 <u>에베소서 4장 24절</u>과 <u>골로새서 3장 10절</u>에 나온 말씀에 근거합니다. 이 두 구절에서 "새 사람"에 대해 이야기하고 있는데, 의와 거룩과 지식을 언급합니다. 아담과 하와가 불순종으로 인해 잃어버렸던 것입니다. 그들에게 하나님은 법을 주셨습니다. 선악과를 통해 하나님을 사랑하고 이웃을 사랑하도록 하셨습니다. 그들은 하나님의 형상을 따라 창조되었기 때문에 그 명령을 얼마든지 따를 수 있었습니다.

에베소서 4:24
하나님을 따라 의와 진리의 거룩함으로 지으심을 받은 새 사람을 입으라

골로새서 3:10
새 사람을 입었으니 이는 자기를 창조하신 이의 형상을 따라 지식에까지 새롭게 하심을 입은 자니라

하나님께서 사람을 그렇게 창조하신 목적에 대해서도 요리문답은 간략하게 답을 제공합니다. "창조주 하나님을 바로 알고, 마음으로 사랑하며, 영원한 복락 가운데서 그와 함께 살고, 그리하여 그분께 찬양과 영광을 돌리기 위함입니다." 이것이 하나님께서 인간을 창조하신 목적입니다. 하나님의 형상으로 창조되었기 때문에, 우리는 하나님을 알 수 있고, 그분을 사랑할 수 있고, 그분과 함께 살면서 하나님께 찬송과 영광을 돌리게 됩니다. 이것이 인간이 존재하는 이유입니다. "왜 사니?"에 대한 대답입니다.

왜 이런 일이 나에게?

하나님은 선하시고,
선하신 하나님께서 인간을 선하게 창조하셨고,
자신의 형상을 따라 하나님을 영화롭게 하도록 하셨다면...

도대체 이 세상에 존재하는 악은 어디에서 왔을까요?

사실 이 문제는 세상에서 가장 어려운 질문 중 하나입니다. 요리문답은 핵심적인 답을 제공합니다. 그것은 바로 아담과 하와의 불순종입니다.

아담이 죄에 빠진 것은 뱀의 유혹이 있었기 때문이고, 뱀은 사탄의 도구였기 때문에 아담을 죄에 빠지도록 한 것이 사탄이었고, 사탄은 원래 천사로 창조된 존재이므로, 결국 죄의 책임을 하나님까지 거슬러 올라가 생각하려는 경우가 많이 있습니다. 그러나 아담이 죄에 빠진 것은 뱀 때문도, 사탄 때문도, 물론 하나님 때문도 아닙니다. 아담은 스스로 자신의 선택으로 죄에 빠지고 말았습니다.

문제는 그의 행동이 엄청난 영향력을 발휘하기 시작했다는 것입니다.

죄의 엄청난 영향력

죄는 두 가지 결과를 낳습니다.

첫째, 벌이 있습니다. 하나님은 자신의 법을 어기는 자를 그냥 두시지 않습니다. 만약 그렇다면 의로우신 분이라고 할 수 없습니다. 하나님은 자신의 법을 어기는 자들에게 사망의 벌을 주십니다. 그러므로 사망은 인간에게 원래 자연스러운 것이 아니라, 심판의 결과입니다. 아담이 타락하지 않았다면, 죽음은 이 세상에 존재하지 않았을 것입니다.

둘째, 부패가 있습니다. 죄로 인해 우리 본성이 부패해서, 하나님을 싫어하게 됩니다. 인간으로 태어나는 모든 이들이 부패 속에서 태어나고, 그 결과 죽음에 이르게 됩니다. 즉, 사람은 단순히 나이가 많아서 죽는 것이 아니라, 본성이 부패해서 썩기 때문에 죽는 것입니다. 나아가 모든 사람은 기본적으로 악을 행하게 됩니다. 원래 하나님께서 인간을 창조하셨던 목적에 부합하는 삶을 살지 못합니다. 하나님을 알고, 사랑하고, 교제함으로써 그분을 찬송하고 영화롭게 하는 일을 전혀 하지 못하게 된 것입니다. 정반대로 세상을 좋아하고 자기중심적으로 살아가게 되었습니다.

"한 사람으로 말미암아 죄가 세상에 들어오고,
죄로 말미암아 사망이 왔나니,
이와 같이 모든 사람이 죄를 지었으므로
사망이 모든 사람에게 이르렀느니라(로마서 5:12)"

불순종이란 하나님의 법을 어기는 것입니다. 이것을 죄라고 합니다.

여기서 사람들은 많은 불평을 합니다. 한 사람의 단 한 번의 불순종이 그렇게 큰 영향력을 미치는 것이 말이 되는가? 왜 남이 지은 죄 때문에 내가 고통을 받아야 하나? 이런 질문은 참으로 답하기 곤란한 질문일 것입니다. 그러나 우선 알아야 할 것은 인간이란 어떤 존재인가 하는 것입니다. 인간은 기본적으로 사회적 존재입니다. 대표적으로 군대의 경우, 사병이 잘못을 하면 지휘 책임을 물어서 직속상관이 처벌을 받습니다. 사실, 남이 저지른 잘못 때문에 고통을 당하는 경우가 주위에는 참 많습니다. 어떻게 보면 참으로 불평등합니다. 그러나 이것이 바로 인간의 삶입니다.

하나님은 사람을 자신의 형상으로 창조하셔서, 자신을 알고, 사랑하고, 교제하고, 찬양하도록 하셨습니다. 이것이 인간에게 복입니다. 반대로 이것에서 벗어나는 것이 비참입니다. 아담은 선악과를 먹음으로 하나님의 모든 율법을 거부하였습니다. 그 결과로 죄가 세상에 들어오고 결국 사망이 모든 사람에게 임하게 되었습니다. 사람들은 모든 사람이 죽는다는 '사실'은 인정하면서도, 그것이 죄의 결과라는 것은 인정하지 않습니다. 선악과 이야기는 말도 안 되는 신화라고 생각합니다. 하지만, 그렇게 생각하는 사람들은 영원히 비참에서 [해방될 수 없습니다].

비참에서 해방되기 위해서 그들은 자연과학을 연구하고, 생명을 연장시키는 기술을 개발합니다. 그러나 그것이 얼마나 도움이 되겠습니까? 근본적인 해결방법을 찾아야 합니다.

왜 모든 인간이 죄를 범할까요? 어떻게 예외 없이 모든 인간이 죄를 지을까요? 유일한 답은, 인간의 본성 자체가 부패하였기 때문입니다. 그렇다면, 하나님은 인간을 선하게 창조하셨는데, 왜 이런 일이 벌어졌을까요? 역시 그 유일한 답은, 인간의 본성을 대표하는 아담이 하나님께 불순종하였기 때문입니다.

이 비참한 상황에서 무엇을 할 수 있을까?

만약 모든 인간이 부패하였고, 모든 인간이 죄를 지어서 사망에 이르게 되었다면, 우리 자신에게는 아무런 소망이 없습니다. 어떻게 해 볼 도리가 없기 때문입니다. 이것이 인간에게 주어진 비참의 본질입니다. 우리의 비참이 아담에게서 왔다면, 우리의 위안도 우리 내부에서 찾을 수 없고 [외부]에서 와야만 할 것입니다.

중생이란 옛 사람이 죽고 새 사람이 사는 것을 의미합니다.

하이델베르크 요리문답은 **중생**의 필연성을 이야기하고 있습니다. 옛 사람이 죄에 대해서 죽었기 때문에 더 이상 죄가 우리를 지배하지 못합니다. 따라서 부패도 우리를 주장하지 못합니다. 이것은 오직 하나님의 성령으로만 가능합니다.

함정에 빠진 사람, 늪에 빠진 사람, 물에 빠진 사람은 스스로 구원할 수 없습니다. 빠져 나오려고 할수록 힘이 빠져서 죽음에 이르게 됩니다. 오직 우리의 도움은 밖에서 와야 합니다. 새 생명이 우리 안에 들어와서 우리를 새롭게 하는 수밖에 없습니다.

이 중생의 토대를 놓으신 분이 예수님이십니다. 아담의 불순종으로 말미암아 죄가 세상에 들어오고, 사망이 모든 사람을 지배하게 되었습니다. 마찬가지로 예수 그리스도의 순종으로 말미암아 의가 세상에 들어오게 되고 많은 사람이 새 생명을 얻게 되었습니다. 우리가 그리스도를 믿을 때, 그리스도는 그에게 속한 자들에게 성령을 주셔서 그들을 죄와 비참에서 해방시켜 하나님의 본성에 참여하도록 하십니다.

9문: 하나님께서 사람이 행할 수 없는 것을
　　　그의 율법에서 요구하신다면
　　　이것은 부당한 일이 아닙니까?

답: 아닙니다.
　　하나님은
　　　사람이 행할 수 있도록 창조하셨으나,¹
　　사람은 마귀의 꾐에 빠져
　　　고의(故意)로 불순종하였고,²
　　　그 결과 자기 자신뿐 아니라 그의 모든 후손도
　　　하나님의 그러한 선물들을 상실하게 되었습니다.³

10문: 하나님께서는 그러한 불순종과 반역을
　　　형벌하지 않고 지나치시겠습니까?

답: 결코 그렇지 않습니다.
　　하나님께서는
　　　원죄(原罪)와 자범죄(自犯罪) 모두에 대해
　　　심히 진노하셔서
　　　그 죄들을
　　　이 세상에서 그리고 영원히
　　　의로운 심판으로 형벌하실 것입니다.⁴
　　하나님께서는
　　　"누구든지 율법 책에 기록된 대로 온갖 일을
　　　항상 행하지 아니하는 자는
　　　저주 아래 있는 자라"(갈라디아서 3:10)고 선언하셨습니다.⁵

11문: 그러나 하나님은 또한 자비하신 분이 아닙니까?

답: 하나님은 참으로 자비하신 분이나⁶
　　　동시에 의로우신 분입니다.⁷
　　죄는 하나님의 지극히 높으신 엄위를
　　　거슬러 짓는 것이므로
　　하나님의 공의는
　　　이 죄에 대해 최고의 형벌,
　　　곧 몸과 영혼에
　　　영원한 형벌을 내릴 것을 요구합니다.⁸

---

1) 창세기 1:27; 2:16-17
2) 창세기 3:4-6,13; 요한복음 8:44; 디모데전서 2:13-14
3) 로마서 5:12
4) 창세기 2:17; 출애굽기 20:5; 34:7; 시편 5:4-5; 7:11-13; 나 1:2;
　 로마서 1:18; 5:12; 에베소서 5:6; 히브리서 9:27
5) 신명기 27:26
6) 출애굽기 20:6; 34:6-7
7) 출애굽기 20:5; 23:7; 신명기 7:9-11; 히브리서 10:30-31
8) 나훔 1:2-3; 마태복음 25:45-46; 데살로니가후서 1:8-9

진노를 내리시는 하나님이 불의하시냐?

하나님께서 사람을 본래 선하게 창조하셨는데, 왜 타락하게 되었을까요? 혹시 율법이 너무 어려워서 지킬 수 없었던 것은 아닐까요? 애초에 지킬 수도 없는 율법을 주면서 지키라고 하셨다면, 하나님은 인간을 부당하게 대우하신 것은 아닐까요? 이것이 바로 9문이 제기하는 의문입니다. 여기에 대해서 요리문답은, 하나님께서 인간이 율법을 지킬 수 '있도록' 창조하셨다고 답을 하면서, 그가 사단의 유혹에 빠져 고의로 불순종함으로 자신뿐만 아니라 후손들까지 하나님의 율법을 지킬 수 있는 은사를 '잃게 되었다'고 가르칩니다.

여전히 의문은 남습니다. 아담은 그렇다고 치더라도, 아담 안에서 태어난 우리는 율법을 지킬 수 없으니 그것이 우리에게 무슨 소용이 있는가? 율법을 지킬 수 없는 우리에게 율법을 지키라고 요구하시는 하나님은 불의한 것이 아닌가?? 사실 이것도 대단히 어려운 질문입니다.

율법 지킬 것을 요구하신다?
▲
율법을 지킬 수 있기 때문에
VS.
율법을 지킬 수 없음을 알고도
▼
율법 지킬 것을 요구하신다!

정의란 무엇인가

고대 교회에 '펠라기우스'라는 이단이 있었습니다. 그는 하나님께서 율법을 우리에게 요구하시는 것은 우리가 지킬 수 있기 때문이라고 주장하였습니다. 그게 아니라면 하나님은 불의한 분이 될 수밖에 없다고 그는 생각한 것입니다. 반면에 우리 신앙의 선배들은, 하나님께서 우리에게 율법을 요구하시는 것은 우리가 그것을 지킬 수 있기 때문이 아니라고 주장하였습니다. 하나님은 율법을 통해 자신의 뜻이 무엇인지를 분명히 드러내기를 원하셨는데, 이것은 우리가 그것을 지킬 수 있는가의 여부와는 상관이 없다고 생각한 것입니다. 즉, 우리의 능력과 상관없이 율법은 하나님의 의를 드러내며, 이것이 율법의 가장 중요한 본질입니다. 우리가 하나님이 의로우신가 불의하신가를 판단할 때의 기준은, 우리가 그 명령을 지킬 수 있는가 없는가가 아니라, 그 율법 자체의 요구가 의로운가 그렇지 않은가가 되어야 합니다.

율법

하나님께서 드러내시고자 하는 뜻이 무엇인가?

군대에서 고참이 졸병에게 돈 1천 원을 주며 이런 말을 합니다. "야, 라면 두 개, 통닭 한 마리, 사이다 한 병 사와라. 그리고 거스름돈 오백 원 꼭 챙겨와라!?" 누가 보아도 불의한 명령입니다. 만약 하나님이 인간에게 "너희들도 걸어만 다니지 말고, 새처럼 날아다니고, 물고기처럼 바다 속에서 살아야 한다!"라고 명령했다면, 그것은 부당한 명령입니다. 앞의 고참의 경우에, 5만원을 주고 명령을 했다면 그것은 불의한 명령이 아닐 것입니다. 하나님도 인간에 날개를 달아 주고, 아가미를 만들어 준 뒤에 그런 명령을 하셨다면, 괜찮을 것입니다. 하지만 어떤 일에 필요한 능력은 주지 않고, 그 일을 하라고 요구하는 것은 누가 보아도 불의할 것입니다.

그러나 조금 다른 성격의 명령이 있습니다. 어떤 하인이 주인에게 1억 원을 빌렸다고 칩시다. 그런데 그 돈을 흥청망청 다 써버려서 알거지가 되었습니다. 기한이 되어서 이제 돈을 갚아야 하지만, 종은 10원도 갚을 능력이 없습니다. 주인은 자기 종이 돈을 못 갚는다는 것을 압니다. 자, 그렇다면 주인이 갚으라고 말을 해서는 안 되는 것일까요? 갚으라고 말을 합니다. 그렇게 함으로써, 주인은 종에게 자신이 그 돈을 받겠다는 뜻을 보이고, 종에게 그 돈을 갚을 책무가 있다는 것을 알리는 것이지요. 은행의 경우에도 돈을 빌린 사람에게 갚을 수 있는 능력과는 상관없이 독촉장을 보냅니다. 빌린 돈에 대해 갚을 수 없다는 이유만으로 독촉을 하지 않는다면, 그 은행이야말로 잘못하는 것입니다.

정당하게 돈을 갚으라고 하는 주인이 불의하다고 할 수 없듯이, 율법을 준수하지 못한 인간들에게 하나님이 율법을 여전히 요구한다고 해서 그 분이 불의하시다고 할 수 없습니다. 하나님은 그렇게 하심으로써 우리가 얼마나 죄인인지를 알게 하십니다. 만약, 그렇게 하시지 않는다면, 그야말로 하나님이 불의한 것입니다. "나는 더 이상 율법을 지킬 수 없어. 그런데 자꾸 나보고 지키라고? 어쩌라는 말이야! 아, 정말 짜증나." 이렇게 인간이 말할 때, "아! 그래. 미안하다. 내가 괜한 걸 시켰구나. 다시는 안 할게."라고 하나님께서 말하시는 것이 오히려 불의한 것입니다. 차라리 "하나님, 잘못했습니다. 죽을 죄를 지었으니, 무슨 벌이든 달게 받겠습니다."라고 말하는 것이 죄인 된 인간의 올바른 태도입니다.

벌을 내리셔야 마땅하시다.

하나님은 그렇게 율법을 지킬 수 없고 지키지도 않는 자들을 어떻게 하실까요? 요리문답은 이렇게 질문해봅니다. "하나님께서 그냥 넘어 가실 수도 있지 않을까?" 정말 그럴까요? 어떤 사람이 뺑소니를 목격하였습니다. 어떻게 해야 할까요? 신고해서 벌을 받게 해야 할 것입니다. 하지만 어떤 사람은 신고하지 않기도 합니다. 신고를 하면 경찰서에도 불려 다녀야 하고, 보복을 당할 수도 있고, 이래저래 번거롭다고 생각합니다. 하나님께서 어떤 법을 직접 제정하셨는데, 그것을 어기는 사람을 일일이 벌을 주는 것은 인간적인 측면에서 보면 번거로운 일입니다. "하나님께서는 하실 일도 참 많으실 텐데, 좀 넘어 가시면 안 될까요?" 이것이 제10문의 질문입니다.

하나님은 어떻게 하실까요? 만약 부모가 계속 말을 듣지 않고, 자기 하고 싶은 대로 하는 자녀들에게 아무런 화도 내지 않고 벌도 내지 않는다면, 그 말은 의미 없는 잔소리가 되고 맙니다. 자녀들이 부모의 말을 잔소리로 생각하는 순간, 자녀들은 부모의 말 전부를 무시하게 됩니다. 부모 말을 지키든지 지키지 않든지 아무런 차이가 없기 때문입니다. 율법을 단지 지키라고 요구만 하시고, 그 율법을 불순종하는 자들을 그냥 두신다면, 하나님은 자신이 세운 법에 무관심한 존재가 되는 바, 그런 하나님은 하나님이라고 할 수

도 없을 것입니다. 하나님은 법을 세우실 뿐 아니라 지키지 않는 인간에게 진노하시고, 더 나아가 그들에게 벌을 내리십니다. 진노와 벌, 이것이 불순종에 대한 하나님의 정당한 반응입니다.

하나님의 진노를 우리가 두려워해야 할 이유는 그 진노가 우리에게 '영원한' 심판으로 실행되기 때문입니다. 심판에 대한 하나님의 경고는 단순한 협박이 아닙니다. 실제로 시행이 될 것이고, 결코 취소될 수 없습니다. 여기서 우리는 또 의문을 제기하곤 합니다. '영원한' 형벌로 진노하시는 것은 너무 심한 것 아닌가? 이런 질문은 하나님이 어떤 분인지 전혀 모르는 사람이 하는 것입니다. 하나님의 법을 어기는 사람에게 어떤 벌이 적당할까요? 법을 만드는 사람이 벌도 정하는 것이지, 그 법을 지켜야 하는 사람이 정하지 않습니다.

오늘날 '진노하시는 하나님'에 대한 거부감 때문에, 그 반작용으로 오히려 하나님에 대해 오해하게 만드는 생각들이 유행합니다. 예를 들면, 우리가 법을 어기면 하나님께서 가슴 아파하신다는 식으로 이야기합니다. 그러나 이런 식의 표현은 왜곡된 인식을 조장합니다. 하나님은 가슴 아파하시는 것이 아니라, 진노하십니다. 로마서 1장 18절은 "하나님의 진노가 불의로 진리를 막는 사람들의 모든 경건치 않음과 불의에 대하여 하늘로 좇아 나타난다."고 선언합니다. 하나님은 인간의 불순종에 대해서 두 가지 방식으로, 예를 들면 이 세상에서는 여러 가지 재난으로 자신의 진노를 나타내시고, 마지막 날에는 최종적이고 영원한 벌로 진노를 나타내십니다.

하나님의 자비 vs 하나님의 의

요리문답 제11문은 마지막으로 이렇게 질문합니다. "물론 하나님께서 의로우신 분이시고, 그것 때문에 불순종하는 사람들에게 형벌을 내리시지만, 하나님은 또한 자비로우신 분이 아닌가?" 하나님의 자비로 그냥 죄인들을 용서하실 수 없는가? 사실 이것은 역사적으로도 많은 논쟁이 있었던 질문이기도 합니다. 특히 이 질문은 하나님의 전능성과 관련하여 논쟁이 되었습니다. 하나님은 모든 것을 하실 수 있으니, 죄인들을 벌하지 않고 마음만 먹으면 그냥 용서하실 수 없겠는가…?

여기서 기억해야 할 것은 하나님이 어떤 분이신가입니다. 하나님은 무한, 영원, 불변하시기 때문에 하나님의 속성들 사이에 모순이 있어서는 안 됩니다. 하나님의 자비가 하나님의 공의와 충돌해서는 안 됩니다. 즉, 하나님께서 우리 죄를 용서하심으로 자신의 자비를 나타내시기로 하셨다면, 나타내는 방식에 있어서도 하나님의 의로움이 손상될 수 없습니다. 하나님의 자비를, "하나님은 사랑이 무한하시니 잘못을 비는 사람은 누구나 다 차별 없이 용서해 주신다."는 식으로 이해해서는 안 됩니다. 그것은 하나님의 사랑을 빙자하여 인간의 방종을 초래하는 것입니다. 하나님의 사랑을 **경홀**히 여기게 합니다.

경홀(輕忽) : 말이나 행동이 가볍고 소홀함

우리는 하나님의 자비로우심을 믿습니다. 그러나 우리는 또한 그 하나님의 자비로우심이 하나님의 의로우심을 손상하지 않는다는 것을 믿습니다. 두 가지를 다 믿는 것이 바른 신앙입니다. 그렇다면, 우리의 유일한 참된 위안은 하나님의 자비로우심이 의롭게 실천되는 것에 있습니다. 이것을 위해 하나님이 정하신 방법은, 바로 예수 그리스도의 대속의 형벌을 통한 인간의 구원입니다. 그리스도께서 우리가 받아야 할 영원한 하나님의 진노와 형벌을 대신 받게 하시고, 우리를 다시 당신의 자녀로 삼으신 것입니다. 이것이 모든 신자들에게 구원을 주시는 하나님의 복음입니다.

자비와 의는 반대 개념?

많은 사람이 [하나님의 자비]와 [하나님의 의]는 서로 반대되는 것이라는 생각을 은연 중에 합니다. 하나님의 의는 우리의 죄를 벌하시는 것으로, 하나님의 사랑은 우리를 구원하시는 것으로 이해하는 것입니다. 그러나 성경에는, 특히 시편에는 "주의 의로 우리를 구원하시옵소서!"라는 기도가 많이 실려 있습니다. 로마서 1장 17절에는 복음에 하나님의 의가 나타났다고 선언합니다. 즉, 하나님의 의는 우리를 벌하시는 의가 아니라 우리를 구원하시는 의입니다. 물론 이것은 오직 그리스도 안에 있는 신자들에게 적용이 됩니다. 그리스도밖에 있는 자에게, 하나님의 의는 그들을 향한 진노와 형벌의 근원이지만, 그리스도 안에 있는 자에게, 하나님의 의는 구원을 위한 토대가 되는 것입니다.

그리스도 "밖에" 있을 때	그리스도 "안에" 있을 때
▲	▲
진노와 형벌의 근원	구원을 위한 토대

'하나님의 구원하시는 의'는 신자들에게만 적용됨

| 에필로그

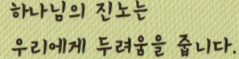

오직 예수 그리스도를 통해서만!
하나님의 심판을 면하고 참된 위안의
삶을 살 수 있음을 꼭 기억합시다.

| 확인질문

질문을 읽고 답을 먼저 적어본 후, 참조 페이지를 열어 자신의 답과 비교해 보세요.

1. 참된 위안 가운데 복된 인생으로 살고 죽기 위해 우리가 알아야 할 것은 무엇입니까?(2문 복습)

2. 우리는 무엇을 통해 우리의 죄와 비참함을 알게 됩니까?

3. 웨스트민스터 소요리문답에서는 죄에 대한 정의를 어떻게 내리고 있습니까?

4. 율법은 무엇인가요? 예수님은 율법의 본질에 대해 2가지로 요약해 주셨는데 그것은 무엇 무엇인가요?

5. 우리는 율법을 온전히 지킬 수 있습니까? 그 이유도 설명해 보세요.

6. 아담의 불순종이 왜 우리에게까지 영향을 미치는 것입니까?

7. 죄와 비참한 상태로부터 빠져나오기 위한 유일한 길은 무엇입니까? 왜 그렇습니까?

8. 아담 안에서 태어난 우리는 어차피 율법을 지킬 수 없으므로 율법을 지키라고 요구하시는 하나님은 불의하다는 주장에 대해 반론해 보세요.

9. 율법을 지킬 수도 없고 지키지도 않는 자들에 대해 하나님은 어떻게 하십니까? 이에 대해 신자로서 우리의 자세는 어떠해야 합니까?

10. 하이델베르크 요리문답이 1부에서 먼저 죄에 대해서 이야기하는 이유가 무엇일까요? 부록 마인드맵을 통해 전체 구조를 보면서 그 이유를 찾아 말해봅시다.

1) p.32 2) p.38 3) p.40 4) p.40-42 5) p.43 6) p.48-50 7) p.50-51 8) p.53-55 9) p.55-56

3문. 죄와 비참함을 어디에서 아는가?
답. 하나님의 율법에서 압니다.

> 죄와 비참함을 율법에서 안다, 이것이 3문의 핵심이고, 이와 관련된 내용이 4~11문까지 진행되었습니다. 죄와 비참과 율법의 관계에 있어서 4~11문까지 어떤 흐름이 드러나는지를 복습해 보겠습니다.

4문. 율법이 우리에게 무엇을 요구합니까?
답. 하나님 사랑과 이웃 사랑.

> 다 좋은 말이지요?
> 여기까지는 물 흐르듯 좋습니다.

> 그런데 그 다음 5문에서 곧바로,
> 율법을 다 지킬 수 있느냐고 물어봅니다.

5문. 이 모든 것을 온전히 지킬 수 있습니까?
답. 아닙니다.
나에게는 본성적으로 하나님과 나의 이웃을 미워하는 경향이 있습니다.

> 갈등의 시작입니다. 복된 인생을 살기 위해 책을 폈는데, 먼저 죄와 비참함을 알아야 한다고 하더니, 하나님의 율법을 알고 지켜야 한다고 하지를 않나…. 이제 와서는 그걸 또 지킬 수 없다고 말합니다. 기가 막힐 일입니다. 그래서 여기서부터 다소 '삐딱한' 질문들이 쏟아집니다.

6문. 하나님이 사람을 그렇게 창조하셨습니까?
7문. 그렇다면 사람의 타락한 성질은 어디에서 오는 것입니까?
8문. 어떤 선행에 대해서도 전적으로 무능하고 온갖 악행에 기울어질 만큼 그렇게 타락했습니까?

9문. 사람이 행할 수 없는 것을 율법에서 요구하시는 것은 부당하지 않습니까???
　답. 아닙니다. 왜냐하면…

그리고 급기야 핵심적인 질문이 나옵니다. 마치, 참다 못해 튀어나오는 듯한 질문입니다.

10문. (그러면) 하나님께서는 그러한 불순종과 반역을 내버려두기를 원하십니까???
　답. 결코 그렇지 않습니다. 오히려…

11문. 그렇다면 하나님께서는 자비롭지 않으십니까???
　답. 하나님께서는 참으로 자비로우십니다. 하지만…

율법의 요구 VS 타락의 형편
딜레마

6, 7, 8, 9, 10, 11문….

이러한 흐름을 가만히 보시면 어떤 느낌이 드십니까? 답답하고 꽉 막힌 느낌, 뭔가 '외통수'에 걸린 듯한 느낌이 들지 않으세요? 이 부분을 읽을 때마다 "대화를 하자는 거야 말자는 거야" 하는 생각이 듭니다. 이것은 요리문답 저자가 일부러 그렇게 구성한 것입니다. 하이델베르크 요리문답이 죄와 비참함에 대해 설명할 때의 특징이 바로 이러합니다.

질문과 답변을 가만히 보면, 어떻게든 빠져나갈 구멍을 찾는 질문이 계속되는데, 완고하고 분명한 대답이 맞아섭니다. 애써 반론을 해보지만, 더더욱 어쩔 수 없는 상태로 빠져들게 만듭니다. 이 부분을 초신자나 기독교 교리에 대한 기초 지식이 없는 사람이 자연스럽게 따라가면서 이해하기란 쉽지 않습니다.

사실 여기에는 신의 속성과 인간의 속성, 그 사이의 관계에 대한 깊은 철학적 사유가 다 들어있습니다. 이를 통해, 질문자, 즉 "인류"가 빠져있는 현실이 대체 어떤 것인지를 정확하게 인식하도록 만들어주는 논리적 구조를 갖고 있습니다. 요리문답 1부가 하는 일이 그것입니다. 그래서 제목부터가, 나의 죄와 비참이 얼마나 '큰 가'! 입니다. 여기서 이 "크다"는 말은, 사이즈를 말하는 것이 아니라, 도무지 어떻게 할 수 없는, 두 손 두 발 다 들었다! 라는 상황을 표현하는 것입니다. "이거 뭐, 답이 없네! 아, 도저히 안 되겠다!"

따라서 하이델베르크 요리문답 제 1부를 공부하실 때는, 각각의 문답을 쪼개서 본다거나, 어느 한 문답을 강조하거나 하지 마시고, 전체 논리 구조를 통으로 관찰하며 보셔야 합니다. 이 책을 읽을 때는 항상 그렇게 "숲을 보는 눈"을 가지시길 바랍니다. ^^

제 2부
우리의 구속에 관하여

이제, 하이델베르크 요리문답의 제 2부를 시작합니다. 요리문답의 전제에 동의하고 여기까지 오신 분들은 제 1부를 공부하고 나서 오히려 좌절감이 들 수 있을 것입니다. 그런데 그게 정상적인 반응이니 걱정하지 마세요!

하이델베르크 요리문답 총 129문		
전제	1문.	살아서나 죽어서나 당신의 유일한 위로는 무엇입니까?
		내가 내 것이 아니요, 몸과 영혼이 다 예수 그리스도의 것이라는 사실입니다.
	2문.	이러한 위로 가운데, 복된 인생으로 살고 죽기 위해... 무엇을 알아야 합니까?
1부	**첫째,** 나의 죄와 비참함이 얼마나 큰가 (3~11문)	
2부	**둘째, 나의 모든 죄와 비참함으로부터 어떻게 구원을 받는가** (12~85문)	
3부	**셋째,** 그러한 구원을 주신 하나님께 어떻게 감사를 드려야 하는가 (86~129문)	

1부에서 우리를 괴롭혔던 질문들이 2부를 통해 시원하게 해결됩니다. 숲을 보듯 전체 구조를 파악하고 있으면 그 대답이 더욱 극적이고 감동적으로 다가올 것입니다. 힘을 내서 2부 학습을 마치시기 바랍니다.

12~15문
중보자

하나님은 빛이십니다. 그에게는 어두움이 조금도 없으십니다(요한서 1:5). 이것은 그분이 어떠한 죄도 용납하지 않으신다는 것을 의미합니다. 때문에 하나님은 자신에게 죄를 짓는 자들에게 진노하시고, 뿐만 아니라 그들에게 영원한 형벌로 갚으십니다. 하나님은 빛이시기에, 그리고 어두움이 조금도 없으시기에, 하나님의 의는 어떤 경우에도 손상되어서는 안 됩니다. 우리가 죄와 어떤 식으로든지 연관이 있는 한, 우리는 하나님과 함께 할 수 없습니다. 자, 그러면 우리는 어떻게 해야 되는 것일까요?

우리는 1부를 통해 나의 죄와 비참함의 상태가 어떠한지 배웠습니다. 그리고 이러한 상태를 해결할 수 있는 방안에 대해 하이델베르크 요리문답 제 2부에서 다루게 됩니다.

2부는 매우 독특한 하나의 질문으로부터 시작합니다.

9문. 사람이 행할 수 없는 것을 율법에서 요구하시는 것은 부당하지 않습니까???

　답. 아닙니다. 왜냐하면...

10문. (그러면) 하나님께서는 그러한 불순종과 반역을 내버려두기를 원하십니까???

　답. 결코 그렇지 않습니다. 오히려…

11문. 그렇다면 하나님께서는 자비롭지 않으십니까???

　답. 하나님께서는 참로 자비로우십니다. 하지만…

율법의 요구
vs
타락의 형편

딜레마

 독특한 질문 12문.

12문. "어떻게 이 형벌을 피하고 다시 하나님의 은혜를 입을 수 있겠습니까?"

이 질문, 어떻게 보면 참 독특합니다. 그도 그럴 것이, 1부의 딜레마에 빠졌던 질문자가, "너는 답이 없어!"라고 이미 말했는데, 계속 답을 찾고 있습니다. 어찌 보면 정말 처절한 상황입니다. 죄로 인한 형벌이 너무도 극심하므로, 이것을 피하기는 해야 하겠는데 방법이 없는 상황… 그러면 도대체 이제 우리는 어떻게 해야 하는가!라고 부르짖고 있는 것입니다.

절박한 질문 앞에서 어떤 답이 나올지 기다려집니다. 짠~

| 현재 위치 점검

> 답: "우리 자신이나 혹은 다른 이에 의해"
> 하나님의 의(義)가 만족되어야 합니다.

> 진짜 하나마나 한 답변이 나옵니다. ㅠ_ㅠ
>
> 1부에서 질문자의 숨을 턱까지 막히게 해놓고는, 최후의 울부짖음에 대해 대답한다는 것이 고작 "하나님의 의가 만족되어야지."라고요? 너무하다는 생각이 들 수 있습니다.

> 하지만 자세히 살펴보면 대안이 있습니다.

> "..다른 이에 의해.."

> "...다른 이에 의해..."? 눈이 번쩍 뜨이는 소식이 아닐 수 없습니다. 1부에서는 인간으로서 어쩔 수 없는 딜레마에 빠진 상태로 단원을 마무리했다면, 2부의 도입부터 그 해결의 실마리가 등장하는 셈인데, 그것이 바로 [중보자]입니다.
>
> 오! 어떻게 그것이 가능한가!? 13문부터 그 가능성을 묻는 희망의 질문이 뒤따릅니다. 어떤 식으로 묻고 답하고 있을까요? 결론이 어떻게 날까요?

> 이 단원에서는 바로 이러한 흐름을 자세히 공부합니다.

(1부 내용이 뭐였더라~)

(앞으로 돌아가서 1부에서 2부로 이어지는 전체구조가 어떠한지 복습해보자!)

12문: 하나님의 의로운 심판에 의해
　　　　우리는 이 세상에서 그리고 영원히
　　　　형벌을 받아 마땅한데,
　　　　어떻게 이 형벌을 피하고
　　　　다시 하나님의 은혜를 입을 수 있겠습니까?

답: 하나님께서는
　　　자신의 의(義)가 만족되기를 원하십니다.[1]
　　따라서 우리는 우리 스스로든
　　　아니면 다른 이에 의해서든
　　　죗값을 완전히 치러야 합니다.[2]

13문: 우리가 스스로
　　　　하나님의 의를 만족시킬 수 있습니까?

답: 결코 그렇지 않습니다.
　　오히려 우리는 날마다
　　　우리의 죄책(罪責)을 증가시킬 뿐입니다.[3]

1) 창세기 2:17; 출애굽기 20:5; 23:7; 에스겔 18:4; 히브리서 10:30
2) 이사야 53:11; 마태복음 5:26; 로마서 8:3-4
3) 욥기 9:2-3; 시편 130:3; 마태복음 6:12; 로마서 2:4-5

14문: 어떠한 피조물이라도 단지 피조물로서
　　　우리를 대신하여
　　　하나님의 의를 만족시킬 자가 있습니까?

답: 하나도 없습니다.
　　첫째, 하나님께서는 인간의 죄책 때문에
　　　　다른 피조물을 형벌하기를 원치 않으십니다.[4]
　　둘째, 어떠한 피조물이라도 단지 피조물로서는
　　　　죄에 대한 하나님의 영원한 진노의 짐을
　　　　감당할 수도 없고,
　　　　다른 피조물을
　　　　거기에서 구원할 수도 없습니다.[5]

15문: 그렇다면 우리는
　　　어떠한 중보자와 구원자를 찾아야 합니까?

답: 참인간이고[6]
　　　의로운 분이시나[7]
　　동시에 참하나님이고
　　　모든 피조물보다 능력이 뛰어나신 분입니다.[8]

---

4) 에스겔 18:4; 히브리서 2:14-17
5) 시편 49:7-8; 130:3; 나훔 1:6; 히브리서 10:4
6) 고린도전서 15:21; 히브리서 2:17
7) 고린도후서 5:21; 히브리서 7:26
8) 이사야 7:14; 9:6; 예레미야 23:6; 요한복음 1:1; 로마서 8:3-4

싹싹 빌면 해결될까?

우리가 죄를 지었을 때, 하나님과 어떻게 다시 화목할 수 있을까요? 자녀가 부모에게 뭔가 잘못을 했을 때, 잘못을 인정하고 "잘못했어요."라고 말하면 부모는 용서해 줍니다. 하나님도 이런 식으로 우리를 용서해 줄 수는 없으셨을까요? 보통 이렇게 부모와 하나님을 비교하면서, 하나님도 우리가 회개만 하면 용서해 주실 거라고 주장하는 신학자들이 있는데, 이들의 결정적인 약점은, 부모는 죄인이고 하나님은 죄가 없는 분이라는 사실을 모른다는 데 있습니다. 부모들은 자신이 죄인이기 때문에, 웬만한 죄는 자식이기 때문에 그냥 넘어갑니다. 그러나 바로 그 이유 때문에 자식들이 바르고 의롭게 살기 보다는 버릇없이 자기 마음대로 사는 경우가 많습니다. 즉, 그냥 용서해 주는 것이 아이를 살리는 것이 아니라 오히려 망치는 것입니다.

하나님은 그런 식으로 우리를 용서하지 않으십니다. 의로우신 하나님은 의로운 방식으로 용서하십니다. 이것은 큰 차이입니다. 인간은 의롭지 않은 방식으로 죄를 용서하는 경우가 많습니다. 이 차이점을 제대로 이해할 때, 소위 [값싼 복음]의 위험에서 벗어 날 수 있습니다. 오늘날, 예수님이 우리 죄를 대신해서 죗값을 치르셨다는 이 복음을 너무나 쉽게 이해합니다. 그 결과 복음이 우리 삶에 아무런 영향을 미치지 못하고 있습니다.

진노를 피하고, 하나님과 화목하는 길

요리문답 12문은 마땅히 하나님의 진노와 심판을 받아야 할 우리가 어떻게 "그 진노를 피할 수 있는지", 그리고 "하나님과 다시 화목하여 은혜를 받을 수 있는지"를 묻습니다. 이 두 가지 문제는 서로 긴밀하게 연결되어 있지만 또한 구분해야 합니다.

어떤 사람들은 하나님의 진노를 피하기만 하면 된다고 생각합니다. 가인이 아벨을 죽였을 때, 그는 어떻게 하든지 하나님의 벌을 피하기만을 원했습니다. 많은 사람들이 죄를 지으면 어떻게 하든지 그 벌을 피하기만을 바랍니다. TV에서 인사청문회를 볼 때면, 그곳에 나온 사람들은 어떻게든 그 순간을 모면하기만을 바랍니다. 진심으로 과거의 삶을 부끄러워하고 속죄하면서 겸손하게 새로운 삶을 살고자 하는 사람이 거의 없습니다. 그냥 재수 없어서 걸렸다고 생각을 합니다. 왜 나만 가지고 그러냐고 뻔뻔스럽게 항변하기도 합니다.

우리가 하나님의 진노를 피하고 그분과 다시 화목하기 위한 [유일한 길]은 하나님의 의가 만족되는 것뿐입니다. 다른 길은 없다는 것입니다. 이것은 구원을 이해할 때 대단히 중요한 사실입니다. 대부분의 신자들이 예수님의 죽으심을 하나님의 사랑으로만 이해하는데, 그것이 전부가 아닙니다. 만약 하나님이 사랑의 하나님이라면, 십자가 없이도 우리를 구원하실 수 있기 때문입니다. 예수님께서 십자가에 죽으신 이유는 바로 '하나님의 의를 만족시키기 위함'이었습니다.

하나님은 빛이시기 때문에 어둠을 조금도 허용하지 않으십니다. 우리가 죄를 지으면 하나님은 본성적으로 그것을 벌하셔야만 합니다. 그냥 넘어갈 수 없습니다. 죄에 대해 무관심한 하나님을 어떻게 우리가 하나님이라고 부를 수 있습니까? 따라서 우리는 우리가 지은 죄에 대해서 하나님께 뭔가를 해야 하는데, 그것은 바로 하나님의 의를 만족시키는 것입니다.

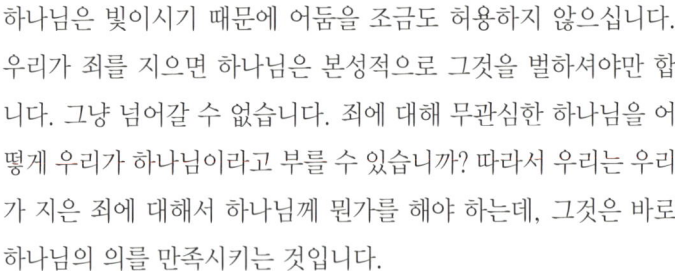

대부분의 불신자들은 우리가 착한 일을 많이 하면 하나님께서 용서하실 것이라고 생각합니다. 그러나 곰곰이 생각해 봅시다. 인간이 하는 착한 일이라는 것은 하나님께 하는 것이 아니고 일반적으로 사람들에게 하는 행위입니다. 사람에게 한 착한 일에 대해서 하나님께서 보상하거나 그것 때문에 죄를 용서해야 할 이유가 있을까요? 우리가 하나님께 죄를 범하였다면, 하나님께 직접 보상해야 할 것입니다. 우리가 갑이라는 사람에게 죄를 지었는데, 갑과는 전혀 상관없는 을에게 착한 일을 많이 한다고 해서 갑이 우리를 용서해 줄 의무는 없는 것입니다.

누가 우리를 구원할 수 있을까?

따라서 하나님의 의를 만족시키는 유일한 길은, '우리가 그것을 만족시키든지' 아니면 '우리 아닌 어떤 다른 존재가 만족시키든지'입니다. 먼저 우리는 더 이상 하나님의 의를 만족시킬 수 없게 되었습니다. 의를 만족시키기 보다는 오히려 죄에 빠져서 하나님 앞에서 진노를 쌓기만 할 뿐입니다. 바울은 탄식합니다. 원하는 것은 하지 않고, 미워하는 것을 행합니다(로마서 7:15). 원하는 바 선은 하지 아니하고, 원치 아니하는 악은 행하는도다(로마서 7:19). 오호라. 나는 곤고한 사람이로다. 이 사망의 몸에서 누가 나를 건져내랴(로마서 7:24). 사실, 이 질문이 정확하게 하이델베르크 요리문답 14, 15문답이 제기하는 질문입니다. 어떤 사람이 우리의 구원자가 될 수 있는가?

우리 자신이 할 수 없다면, 다른 누가 우리 죄를 해결할 수 있을까요? 구약 시대의 경우, 하나님은 백성들의 죄를 사하기 위해 다른 동물의 피를 요구하셨습니다. 죄의 종류에 따라서 하나님은 비둘기, 양, 소 등의 제물을 정하셨습니다. 만약 하나님께서 오늘날도 그것들을 요구하신다면, 그대로 순종해야 할 것입니다. 하지만 그런 구약의 제사 제도는 오늘날 다 폐지되었습니다. 그들이 용서받은 것은 일시적인 죄였을 뿐입니다. 하나님께 받을 영원한 형벌이 그러한 일시적인 제물로 용서를 받을 수는 없습니다. 사실 하나님은 우리 형벌을 그런 짐승들에게 넘기기를 원치 않으십니다. 더구나 그것들이 우리가 받을 형벌을 대신할 수도 없는 것입니다.

그렇다면 유일한 길은 무엇입니까? 인간이 죄를 지었기 때문에 죄에 대한 형벌을 감당해야 할 자는 당연히 [인간]이어야 합니다. 그러나 이 세상에 어떤 사람이나 피조물도 하나님의 영원한 형벌을 감당할 수가 없습니다. 따라서 그 분은 인간임과 동시에 [하나님]이셔야 합니다.

하나님만이 가능하시다!

결론은 단 하나입니다. 오직 하나님만이 그 의를 만족시킬 수 있습니다. 사랑의 하나님께서 친히 인간이 되셔서 하나님의 의를 온전히 만족시킨 것입니다. 보통 우리는 예수님께서 우리 죄를 대신해서 십자가에서 죽으셨다는 것만 너무 강조를 하는 경향이 있습니다. 그러나 그것은 한 부분일 뿐입니다. 예수님의 사역은 하나님의 의를 만족시킨 것입니다. 그는 우리에게 임할 영원한 형벌을 감당하셨습니다. 동시에 율법을 온전히 순종하셨습니다. 하나님께서 그에게 주신 모든 명령들을 하나도 남김없이 순종함으로, 하나님의 의를 만족시킨 것입니다.

그 결과 그리스도는 우리에게 영원한 중보자와 구원자가 되셨습니다. 이것은 우리 삶에 아주 중요한 영향을 줍니다. 많은 경우, 우리가 죄를 고백하기만 하면 하나님은 자동적으로 우리를 용서하신다고 생각합니다. 한 번 구원을 받아 놓으면 무슨 짓을 해도 걱정 없다고 생각합니다. 이것은 구원을 잘못 이해한 것입니다. 엄밀하게 말하면, 죄를 고백했기 때문에 하나님께서 우리 죄를 용서해 주시는 것이 아니고, 그리스도께서 하나님의 의를 만족시킨 것에 근거를 해서 우리 죄의 고백을 받아 주시는 것입니다. 인간이 그리스도의 중보 없이, 그리스도에 대한 확실한 믿음 없이 하나님께 나아갈 때, 하나님은 우리에게 여전히 진노하신다는 사실을 잊어서는 안 될 것입니다.

하나님과 화목을 이룸
▲
하나님의 의를 만족시켜야 함
▲
참 인간이면서, 참 하나님
하나님이 내주신 유일한 방법

인간	다른 제물들
형벌을 감당할 수 없음	인간을 대신할 수 없음

인간의 죄에 대한 형벌을 감당할 방법

| 에필로그

그리스도께서 하나님의 의를 만족시킴으로 우리가 하나님과 화목하게 되었습니다.

그리스도께서 다 하셨으니 우리가 할 일은 하나도 없겠네요?

하이델베르크 요리문답의 주된 가르침 ▶ 감사!

그렇지 않습니다. 우리가 할 일은 하나님께 감사하는 삶을 사는 것입니다.

문제는 우리 힘으로 감사의 삶도 제대로 살 수 없다는 것입니다.

그래서 필요한 것이 성령의 도우심!

성령께서 우리 안에 계셔서
우리로 하여금 감사하는 삶을 살게 해주시는 것입니다.

예수 그리스도로 말미암아 하나님께 감사하리로다 (로마서 7:25)

| 확인질문

질문을 읽고 답을 먼저 적어본 후, 참조 페이지를 열어 자신의 답과 비교해 보세요.

1. 하나님을 부모와 비교하여, 인간의 죄 문제를 해결하려 한다면 어떤 부작용이 생길까요?

2. 인간이 하나님의 의를 만족시키고 화목할 수 있습니까? 그렇지 않다면, 왜 그런가요?

3. 사람이 착한 일을 많이 하면 하나님께서 하나님께 지은 그 사람의 죄를 용서해 주십니까?

4. 하나님께서 지정해주신 동물들을 제물 삼았던 구약 제사가 오늘날 폐지된 이유는 무엇입니까?

5. 인간의 죄에 대한 형벌을 감당하려면 제물이 필요한데, 어떤 조건을 갖추어야 합니까?

6. 우리의 죄로 인해 받아야할 하나님의 진노를 피할 유일한 방법은 무엇인가요? 그 방법과 실행은 누구에게서 나온 것입니까?

7. 우리가 죄를 고백하는 것으로, 하나님께서 우리 죄를 용서해 주실 충분한 근거가 됩니까?

8. 구원받은 신자의 삶은 어떤 삶이어야 합니까? 그런 삶을 살기 위해 어떤 도움이 필요합니까?

9. 이 단원에서 공부한 것이 우리에게 왜 감사할 조건이 됩니까?

10. 하이델베르크 요리문답의 전체 흐름을 살펴보세요. '죄'와 '구원' 사이에 무엇이 있는지 말해봅시다. 그리고 왜 그러한지도 말해봅시다.

숲보기

11. 하이델베르크 요리문답 1부는 2부에 비해 아주 짧습니다. 왜 이렇게 짧은 1부를 굳이 독립적으로 구분해 두었을까요? 작성자들의 의도를 추측해봅시다.

숲보기

1) p.70 2) p.72 3) p.72 4) p.73 5) p.73 6) p.73 7) p.74 8) p.75

| 역사 속으로

1560년대 유럽의 종교적 상황

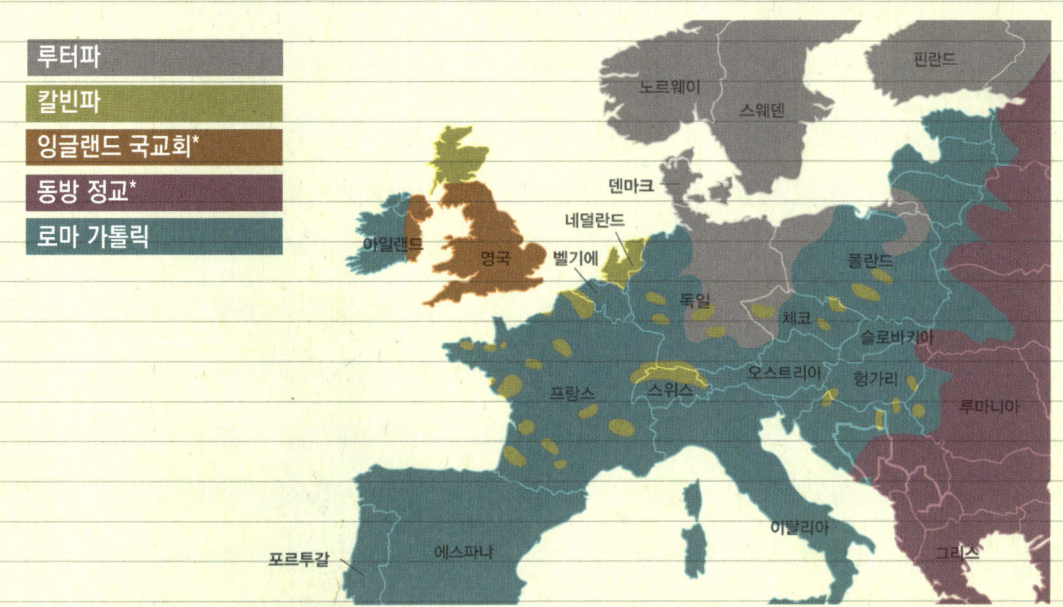

지도의 국가와 영토 표시는 현대의 것으로서, 16세기 당시와 조금 다릅니다.

1560년대 유럽의 종교적 상황입니다. 특히 로마 가톨릭의 강력한 영향 아래 있던 서유럽 전역에 종교개혁의 바람이 불면서 구교(로마 가톨릭)와 신교로, 신교는 다시 루터파, 칼빈파 등으로 나뉘게 됩니다. 이 당시엔 국가와 종교가 밀접한 관계였습니다. 한 나라의 군주가 로마 가톨릭의 신앙을 고백하면, 백성들도 같은 신앙을 고백해야 했습니다. 그렇지 않을 경우, 삶의 터전을 잃고 쫓기는 신세가 되기 일쑤였습니다.

*동방 정교 : 삼위일체에 대한 고백 등 교리, 정치적 차이로 인해, 11세기 무렵에 서방 정교와 동방 정교로 나누어짐. 서방정교는 로마 가톨릭으로, 서유럽에, 동방 정교는 그리스, 러시아 등 동유럽 쪽에 영향을 미침.

*잉글랜드 국교회 : 성공회라 부르기도 함. 헨리 8세가 교황과의 단절을 선언하고 가톨릭과 개신교의 특징을 절충하고 고안하여 이를 국교로 삼았음.

16~19문

중보자의 조건

여기서는 하나님의 의를 완전히 만족시킬 수 있는 [자격]이 구체적으로 어떤 것인지를 살펴봅니다. 요리문답은 두 가지 조건을 이야기하면서 그 근거를 설명합니다. 첫째, 그 분은 참 사람임과 동시에 의로운 자여야 합니다. 둘째, 그 분은 참 되신 하나님이어야 합니다. 이것은 삼위일체 교리와 더불어서 기독교의 핵심 교리라고 할 수 있습니다. 이것을 올바로 고백하지 않는다면, 그 사람은 참된 그리스도인이라고 할 수 없습니다.

16문: 중보자는 왜
　　　참인간이고 의로운 분이셔야 합니까?

답: 하나님의 의는
　　　죄지은 인간이 죗값 치르기를 요구하나,[1]
　　누구든지 죄인인 사람으로서는
　　　다른 사람을 위해
　　　값을 치를 수 없기 때문입니다.[2]

17문: 중보자는 왜
　　　동시에 참하나님이셔야 합니까?

답: 그의 신성(神性)의 능력으로,[3]
　　　하나님의 진노의 짐을[4]
　　　그의 인성(人性)에 짊어지시며,[5]
　　또한 의와 생명을 획득하여
　　　우리에게 돌려주시기 위함입니다.[6]

---

1) 이사야 53:3-5; 예레미야 33:15; 에스겔 18:4,20; 로마서 5:12,15; 고린도전서 15:21; 히브리서 2:14-16
2) 시편 49:7-8; 히브리서 7:26-27; 베드로전서 3:18
3) 이사야 9:6; 로마서 1:4; 히브리서 1:3
4) 신명기 4:24; 시편 130:3; 나훔 1:6
5) 이사야 53:4,11; 요한복음 10:17-18
6) 이사야 53:5,11; 54:8; 요한복음 3:16; 사도행전 20:28; 고린도후서 5:21; 베드로전서 3:18

18문: 그러나 누가 참하나님이시며[7]
　　　　동시에 참인간이고[8] 의로우신 그 중보자입니까?[9]

답: 우리 주 예수 그리스도,[10]
　　　즉 하나님께로서 나와서
　　　우리에게 지혜와
　　　의로움과 거룩함과 구속(救贖)함이 되신 분입니다.[11]

19문: 당신은 이것을 어디에서 압니까?

답: 거룩한 복음에서 압니다.
　　　하나님께서는 이 복음을
　　　　처음에 낙원에서
　　　　친히 계시하셨고,[12]
　　　후에는 족장들과[13] 선지자들을[14] 통해
　　　　선포하셨으며,
　　　또한 율법의 제사들과 다른 의식(儀式)들로써
　　　　예표하셨고,[15]
　　　마지막에는 그의 독생자를 통해
　　　　완성하셨습니다.[16]

---

7) 예레미야 23:6; 말라기 3:1; 로마서 8:3; 갈라디아서 4:4; 요한1서 5:20
8) 누가복음 1:42; 2:6-7; 로마서 1:3; 빌립보서 2:7; 히브리서 2:14,17; 4:15
9) 이사야 53:9,11; 예레미야 23:5; 누가복음 1:35; 요한복음 8:46; 히브리서 4:15; 7:26; 베드로전서 1:19; 2:22; 3:18; 요한1서 3:5
10) 마태복음 1:23; 누가복음 2:11; 요한복음 1:1,14; 14:6; 로마서 9:5; 디모데전서 2:5; 3:16; 히브리서 2:9
11) 고린도전서 1:30; 고린도후서 5:21
12) 창세기 3:15
13) 창세기 12:3; 22:18; 26:4; 28:14; 49:10
14) 이사야 42:1-4; 43:25; 49:6; 52:13-53:12; 예레미야 23:5-6; 31:32-33; 미 7:18-20; 요한복음 5:46; 사도행전 3:22-24; 10:43; 로마서 1:2; 히브리서 1:1
15) 레위기 1-7장; 골로새서 2:17; 히브리서 10:1,7
16) 로마서 10:4; 갈라디아서 3:24; 4:4-5; 골로새서 2:17; 히브리서 1:1-2

조건 1. 인간의 죄는 인간이 해결해야 한다. 하지만…

먼저 요리문답은 하나님의 의를 만족시켜야 할 존재는 [참 사람] 이어야 한다는 점을 지적합니다. 하나님의 공의가 그것을 요구하기 때문입니다. 인간이 죄를 지었으니 인간이 벌을 받아야 한다는 것입니다. 너무나 당연합니다. 인간이 죄를 지었는데, 동물이나 천사가 그 죄를 대신할 수 없습니다. 심지어 하나님도 대신할 수 없습니다. 고통을 당하실 수가 없다는 것도 문제이지만, 인간을 위해 하나님이 벌을 받는다는 것은 말이 되지 않습니다. 가치에 있어서 비교가 되지 않으며, 하나님의 공의에도 어긋납니다.

게다가 인간이라고 해서 모든 인간이 다 하나님의 의를 만족시킬 수 없습니다. 죄가 없어야 합니다. 파산한 사람이 다른 사람의 빚을 대신할 수 없듯이, 물에 빠진 사람이 물에 빠진 다른 사람을 구할 수 없듯이, 죄인을 구원하기 위해서는 오직 죄가 없는 사람만이 그 일을 할 수 있는 것입니다. 히브리서 4장 15절은 이 교리를 보다 분명하게 말씀합니다. "우리에게 있는 대제사장은 우리 연약함을 체휼하지 아니하는 자가 아니요, 모든 일에 우리와 한결같이 시험을 받은 자로되 죄는 없으시니라."

이 점에 있어서 히브리서 5장 7~9절은 예수님께서 육체를 가지신 이유를 잘 설명하고 있습니다. "그는 육체에 계실 때에 자기를 죽음에서 능히 구원하실 이에게 심한 통곡과 눈물로 간구와 소원을 올렸고 그의 경외하심을 인하여 들으심을 얻었느니라. 그가 아들이시라도 받으신 고난으로 순종함을 배워서 온전하게 되었은즉, 자기를 순종하는 모든 자에게 영원한 구원의 근원이 되시도다." 겟세마네에서 예수님은 땀방울이 핏방울로 변하기까지 통절한 기도를 드렸고, 십자가에서 마지막으로 "나의 하나님, 나의 하나님 어찌 하여 나를 버리셨나이까?"라고 기도를 드렸습니다. 죄가 없는 예수님은 이런 고난을 당하실 이유가 없습니다. 그러나 스스로 그러한 고난을 감당하시기 위해 육체를 취하셨고, 그 속에서 온전히 순종하였기 때문에, 이제 예수 그리스도 안에 있는 모든 자에게 구원이 가능하게 되었습니다.

하나님과 화목을 이룸
▲
하나님의 의를 만족시켜야 함
▲
참 인간이면서, 참 하나님
하나님이 내주신 유일한 방법

인간	다른 제물들
형벌을 감당할 수 없음	인간을 대신할 수 없음

인간의 죄에 대한 형벌을 감당할 방법

조건 2. 인간은 하나님의 진노를 감당할 수 없다. 그래서…

우리 죄를 해결하시는 분은 또한 [하나님]이셔야 합니다. 가장 큰 이유는 하나님의 진노의 짐을 감당할 수 있어야 하기 때문입니다. 하나님의 진노는 인간이 감당하기에 너무나 큰 짐입니다. 더군다나, 그가 감당해야 할 죄는 현재에 존재하는 인간 뿐만 아니라 과거에 태어났던, 그리고 앞으로 태어날 모든 인간들의 죄입니다. 이 무거운 죄의 짐을, 아무리 죄가 없는 인간이라도 혼자 질 수 없습니다. 오직 하나님만이 이 무거운 죄의 짐을 대신 질 수 있는 것입니다. 그러나 하나님만으로서는 이 짐을 질 수가 없습니다. 왜냐하면 하나님은 고통을 당할 수도, 형벌을 당할 수도 없기 때문입니다. 그래서 하나님은 참된 인성을 취하시고, 그 인성 속에서 고통을 당하셨습니다. 즉 하나님의 아들이 인성을 취하신 이유는 우리의 죄 짐을 지시기 위해서입니다.

또 하나의 이유는 의와 생명을 우리에게 주시기 위해서입니다. 만약 중보자가 우리를 위한 죄의 형벌만 받았다면, 우리는 잠시 동안만 위안을 받을 수 있을 것입니다. 만약 죄의 형벌을 받고도 우리가 또 죄를 짓는다면, 더 큰 형벌이 우리를 기다리고 있을 것이고, 이것은 더 큰 절망만 안겨 줄 것입니다. 과연 우리가 죄의 용서를 받은 후 계속 죄를 짓지 않고 살 수 있을까요? 그렇게 하기 위해서 필요한 것은 무엇일까요?

의+생명
인간에게 주심

▲

인간의 죄에 대한 형벌을 감당하시기 위해

▲

하나님의 아들이 인성을 가지신 이유

요리문답은 두 가지를 이야기하고 있습니다. 그것은 바로 [의와 생명]입니다. 우리가 더 이상 하나님의 진노 아래 살지 않기 위해서는 의가 필요합니다. 그리고 생명은 하나님과의 영원한 교제를 의미합니다. 의와 생명은 사람이 줄 수 없습니다. 심지어 육체적 생명도 인간이 줄 수 있는 것이 아니지요. 어머니는 아기를 태어나게 하지만 그 아기의 생명까지 줄 수 있는 것은 아닙니다. 오직 하나님만이 자신의 의와 생명을 인간에게 전가시킬 수 있는 것입니다.

로마서 5장 18절은 이렇게 말씀합니다. "한 의로운 행위로 말미암아 많은 사람이 의롭다하심을 받아 생명에 이르렀느니라."

참 인간이면서 참 하나님이신 유일한 분

그렇다면 의로우신 참 인간이심과 동시에 하나님이신 분이 누구입니까? 바로 예수 그리스도이십니다. 그렇기 때문에 오직 그리스도만이 하나님과 우리 사이에 중보자가 될 수 있습니다. "하나님은 한 분이시요 또 하나님과 사람 사이에 중보자도 한 분이시니…(디모데전서 2:5)" 심지어 성부 하나님이나 성령 하나님도 우리의 중보자가 될 수 없습니다. 성부, 성자, 성령 삼위 하나님 중에서 오직 성자만이 인성을 취하셨기 때문입니다.

그러나 교회가 창립된 직후, 이 문제 앞에서 이단들이 많이 생겼습니다. 예수님은 참 인간이요 참 하나님이라는 교리. 쉽게 넘겨버릴 수도 있지만, 곰곰이 생각해 보면 이것만큼 믿기 힘든 교리도 없을 것입니다. 하나님이면 하나님, 인간이면 인간이지, 어떻게 동일한 한 인격이 하나님이면서 인간이 될 수 있을까요? 예를 들어 하나님은 무한하고 인간은 유한합니다. 무한과 유한이 어떻게 하나가 될 수 있을까요? 하나님은 전지(全知)하고 인간은 전지하지 않습니다. 예수님이 '하나님이면서 인간'이라면, 종말의 날짜에 대해서 한 편으로는 알기도 하시고, 다른 한편으로는 모르신다는 말인데, 어떻게 그럴 수 있을까요?

이런 문제를 해결하기 위해 이단들은 합리적인 설명을 시도합니다. 그것은 그리스도의 하나님 되심이나 인간되심 중 하나를 희생시키는 것이었습니다. 이단이 가지고 있는 중요한 특징 중의 하나는 성경의 말씀을 그대로 받는 것이 아니라 인간의 이성으로 재단하는 것입니다.

어떤 이단은 그리스도의 하나님이심을 부인합니다. 예수님은 단지 인간으로 태어났는데, 하나님께서 그의 신실하심을 보고 하나님과 같게 만드셨다고 주장합니다. 하나님이 인간이 되신 것이 아니라 인간이 하나님이 되었다는 것입니다. 성경의 가르침과 정반대로 주장합니다. 오늘날 대다수의 사람은 예수를 아주 훌륭하고 선한 사람으로 보지만, 더 나아가 특별한 존재로도 보지만, 참 하나님이라는 것은 부인합니다.

어떤 이단은 그리스도께서 육체로 오신 것을 부인합니다. 요한1서 4장 2~3절은 "예수 그리스도께서 육체로 오신 것을 시인하는 영마다 하나님께 속한 것이요, 예수를 시인하지 아니하는 영마다 하나님께 속한 것이 아니니 이것이 곧 적그리스도의 영이니라."고 말씀합니다. 그리스도의 육체로 오심을 부인하는 이들은 하나님이 인간을 취한다는 것은 불가능하다고 봅니다. 육체는 죄로 인해 오염되었기 때문에, 하나님이 인간이 되셨다는 것은 하나님이 죄인이 되었다는 말과 동일하게 보고, 있을 수 없는 일로 여깁니다. 따라서 예수님은 참 인간이 아니라 인간의 모습을 잠시 빌린 진짜 하나님이라고 주장을 합니다. 이들은 예수님의 하나님 되심을 너무나 강조하다 보니 예수님의 인성을 희생시키고 말았습니다.

[참고자료]
또 다른 중보자?

로마 가톨릭 교회는 예수님을 중보자로 인정하면서도 [또 다른 중보자]에 대해 말하기를 좋아했습니다. 그들에게 마리아는 예수님과 거의 동격의 지위를 가졌습니다. 그들은 마리아를 하나님의 어머니라고 부르는 것을 주저하지 않았습니다. 어떤 경우에는 마리아를 [중보녀]라고 부르기도 합니다. 죄가 없는 상태에서 예수님을 낳았으며, 그 이후에도 은혜가 충만한 상태로 있었기 때문에 죽음을 보지 않고 승천하였다고 주장하기도 합니다. 그래서 성도들의 기도가 더 잘 응답되도록 도와준다는 것입니다.

게다가 천사들도 이런 중보적 역할을 하고, 순교자나 성인들도 이와 비슷한 역할을 한다고 말합니다. 순교자의 순교의 피는 다른 신자들을 위한 공로를 가진다고 주장합니다. 로마교회는 물론 이들을 예수님과 같은 수준으로 이야기하지는 않습니다. 그러나 예수님의 중보 사역에 보조하는 역할을 부여함으로써, 유일하신 중보자 예수 그리스도의 사역을 현저히 손상시켰습니다.

"거룩한 복음"을 통하여!

요리문답 19문은 '예수 그리스도만이 우리의 중보자가 되신다는 사실을 어떻게 알 수 있는지'를 묻습니다. 여기에 대한 답은 "거룩한 복음"입니다. 일반적으로 이런 질문에 [성경]이라고 답하기 쉬운데, 물론 틀린 답은 아니지만 정확하지 않습니다. 성경이 만일 답이라면, 성경이 기록되기 전에는 그리스도에 대한 지식을 하나님의 백성들이 가질 수 없었을 것입니다. 그러나 하나님은 중보자에 대한 지식을 [복음]을 통해 자기 백성들에게 가르쳤습니다. 이 복음은 인간이 타락한 직후부터 전파되기 시작하였습니다. 하나님은 아담과 하와에게 여자의 씨를 통해서 사탄의 권세가 파멸될 것이라는 약속을 이미 창세기 3장 15절에서 주었습니다.

"내가 너로 여자와 원수가 되게 하고 네 후손도 **여자의 후손**과 원수가 되게 하리니 여자의 후손은 네 머리를 상하게 할 것이요 너는 그의 발꿈치를 상하게 할 것이니라 하시고"

이 복음은 아브라함을 비롯한 족장들에게서 더 분명히 제시되었고, 구약의 제사법을 통해서 예표적으로 나타났습니다. 또한 선지자들을 통해 주의 백성들에게 가르쳐졌습니다. 특히 구약의 제사법이야 말로 죄 사함이 어떻게 이루어지는지를 확실하게 보여주었습니다. 그리고 마침내 복음의 진리는 예수 그리스도를 통하여 모든 성도에게 분명히 계시되었습니다. 그분의 삶을 보면, 그 분이야 말로 참으로 의로운 사람임과 동시에 참 하나님이시라는 것을 알 수 있습니다.

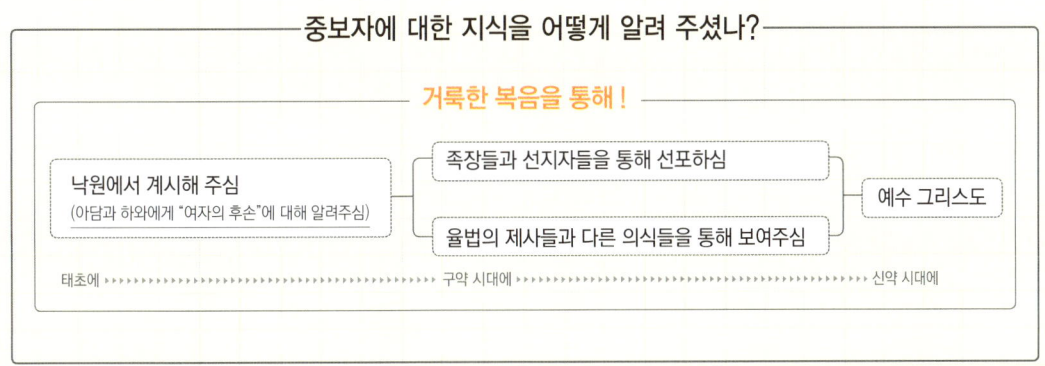

| 에필로그

그리스도가 우리의 중보자라는 사실,
이것이 바로 모든 인간을 향한 복음입니다.

하나님의 공의
▲
만족시키심
▲
예수 그리스도
참 인간　참 하나님

사도 바울은 바로 이 복음을 위해
이방인의 스승이 되었다고 고백합니다.

바울 사도의 노력은 오늘날 모든 교회들을
통하여 실천되어야 합니다.

그리스도께서 **유일한 중보자**시며 구원자가 되신다는
사실, 우리도 **온 세상에 전해야겠지요?**

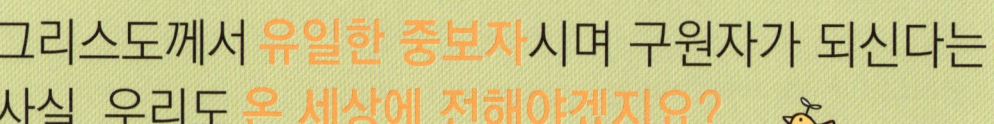

| 확인질문

질문을 읽고 답을 먼저 적어본 후, 참조 페이지를 열어 자신의 답과 비교해 보세요.

1. 중보자의 2가지 조건은 무엇입니까?

2. 예수님께서 육체를 가지신 이유는 무엇입니까?

3. 예수님께서 참 하나님이셔야 하는 이유는 무엇입니까?

4. 우리가 죄에 대해 용서를 받은 후 계속 죄를 짓지 않고 살기 위해 필요한 것은 무엇이라고 설명하고 있습니까?

5. 그리스도의 하나님이심을 부인하면, 어떤 오류에 빠지게 될까요?

6. 그리스도께서 육체로 오신 것을 부인하면, 어떤 오류에 빠지게 될까요?

7. 로마 가톨릭에서는 예수님을 유일한 중보자로 인정했습니까?

8. 그리스도께서 우리의 중보자 되심을 받아들이고 전하는 데 있어 우리가 취해야할 자세는 무엇인지, 함께 나누어 보세요.

9. '중보자의 조건'에 대해 설명하면서, 하이델베르크 요리문답은 어떤 방식을 취하고 있는지 설명해 봅시다.

숲보기

10. 앞에서 공부한 5문과, 이어지는 15~19문을 비교해보세요. 무엇이 문제였고, 이제 그것이 어떻게 해결되었나요?

숲보기

1) p.82-83 2) p.82 3) p.83-84 4) p.84 5) p.85-86 6) p.86-87 7) p.86 8) p.88

4단원 | 중보자의 조건 | 16~19문

|역사 속으로

종교개혁의 꽃, 신앙고백서와 요리문답

1541
제네바 요리문답
존 칼빈 다른 요리문답들의 기초

1560
스코틀랜드 신앙고백서
존 녹스 바른 교회를 강조

1561
벨기에* 신앙고백서
귀도 드 브레 재세례파 경계

1563
하이델베르크 요리문답
올레비아누스, 우르시누스, 프리드리히 3세
참된 믿음을 강조

1619
도르트신경
국제회의 알미니안주의를 배격함

1647
웨스트민스터 신앙고백서
웨스트민스터 총회 영국에서 공인됨

*1561년 당시에는 벨기에와 네덜란드가 하나의 국가였습니다.

16~17세기는 종교개혁이 꽃을 피운 시절이었습니다. 유럽 전역에서 로마 가톨릭 교회에 대항하여 개신교 신앙을 고백하는 사람들이 늘어났습니다. 스위스, 독일, 헝가리, 스코틀랜드, 네덜란드 등지에서 수많은 신앙고백서와 요리문답이 작성되고 출판됐습니다. 각 나라가 처한 상황에 따라 교회가 반드시 붙잡아야할 진리의 핵심 내용을 문서로 정리하고 가르치며 널리 공유한 것입니다. 특별히 주목할 것은, 이 신앙고백서들이 각각 고유의 특징을 갖고 있되, 핵심은 전부 일치하고 있다는 사실입니다. 인터넷도 없던 당시에, 어떻게 이런 일이 가능했을까요? 신앙고백서와 신조를 작성했던 사람들이 대개 종교개혁자 칼빈과 직접적인 교류가 있었거나 그 가르침을 잘 계승했기 때문입니다.

루터에 이어 종교개혁의 중추 역할을 담당했던 개혁자 중의 한 사람인 존 칼빈은 고국 프랑스의 박해를 피해 도피하다가 스위스 제네바에 정착하게 됩니다. 그는 제네바 시의회와 힘을 합쳐 교회 뿐 아니라 법, 행정 등 도시 운영에 있어서도 개혁 작업에 박차를 가합니다. 여기에 우르시누스, 올레비아누스, 귀도 드 브레, 존 녹스 등의 유명한 개혁자들도, 하나님의 섭리로 다양하게 빚어내신 그들 인생의 여정에 따라, 제네바의 칼빈과 교류하게 됩니다. 또, 이들은 진리의 풍성함을 드러내고 누렸던 제네바 시를 보면서 깊은 감명을 받고 용기도 얻습니다. 이로써 각 나라의 개혁자들은 동일한 신앙의 도리를 갖추게 될 뿐만 아니라, 종교개혁 작업의 구체적인 '모델'을 구상할 수 있었습니다.

이들은 마치 이상적인 거룩한 도시처럼 보였던 제네바에서 결코 머물지 않았습니다. 자신이 부름받은 사역지로 다시 돌아가, 미신과 우상숭배에 빠져 고통당하던 고국의 성도들을 위해 목숨을 건 개혁작업을 시도합니다. 그 열매로, 성도들이 삶의 부패와 타락에서 돌이켜 하나님의 영광을 더욱 환하게 드러내도록 그들의 모는 힘을 쏟아 부었던 것입니다. 요리문답과 신앙고백서를 작성하고 가르치는 일은 항상 이러한 작업의 첫 걸음이 되었습니다. 세상의 압제와 핍박에 저항하고 하나님의 말씀을 지켜내는 수단으로, 이 문서들을 사용했던 것입니다.

여기에는 항상 첨예한 다툼과 극심한 핍박과 갈등이 뒤따랐습니다. 정치문제와 종교문제가 긴밀하게 맞물려, 힘든 과정이 계속 되었습니다. 이러한 상황은 신앙고백서의 내용에도 영향을 미치면서, 각 고백서와 요리문답마다 조금씩 차이를 보이게 됩니다. 시대는 변했지만, 그 시대의 문제들은 지금 이 시대에도 변함이 없습니다. 따라서 그 시절의 다양한 문서들을 겸손히 읽어나가는 과정은, 지금 우리들의 삶과 무관하지 않을뿐더러, 더더욱 필수적이라고 말할 수 있습니다.

20~22문

참된 믿음이란?

예수 그리스도를 통해 복음의 진리가 분명히 계시되었습니다. 그런데 무엇이 더 필요해서 요리문답은 계속되고 있는 것일까요? 이 단원은 하이델베르크 요리문답 전체의 중심 축이 되는, 아주 중요한 내용을 다루고 있습니다. 앞에서, 그리스도께서 우리를 위해 행하신 그 모든 일이, 어떻게 우리에게 [적용]이 될까요? 지금부터 그 답을 찾아가 보겠습니다. 비교적 짧은 단원이지만, 여기서부터 길고도 험한 여행이 시작될 것입니다.

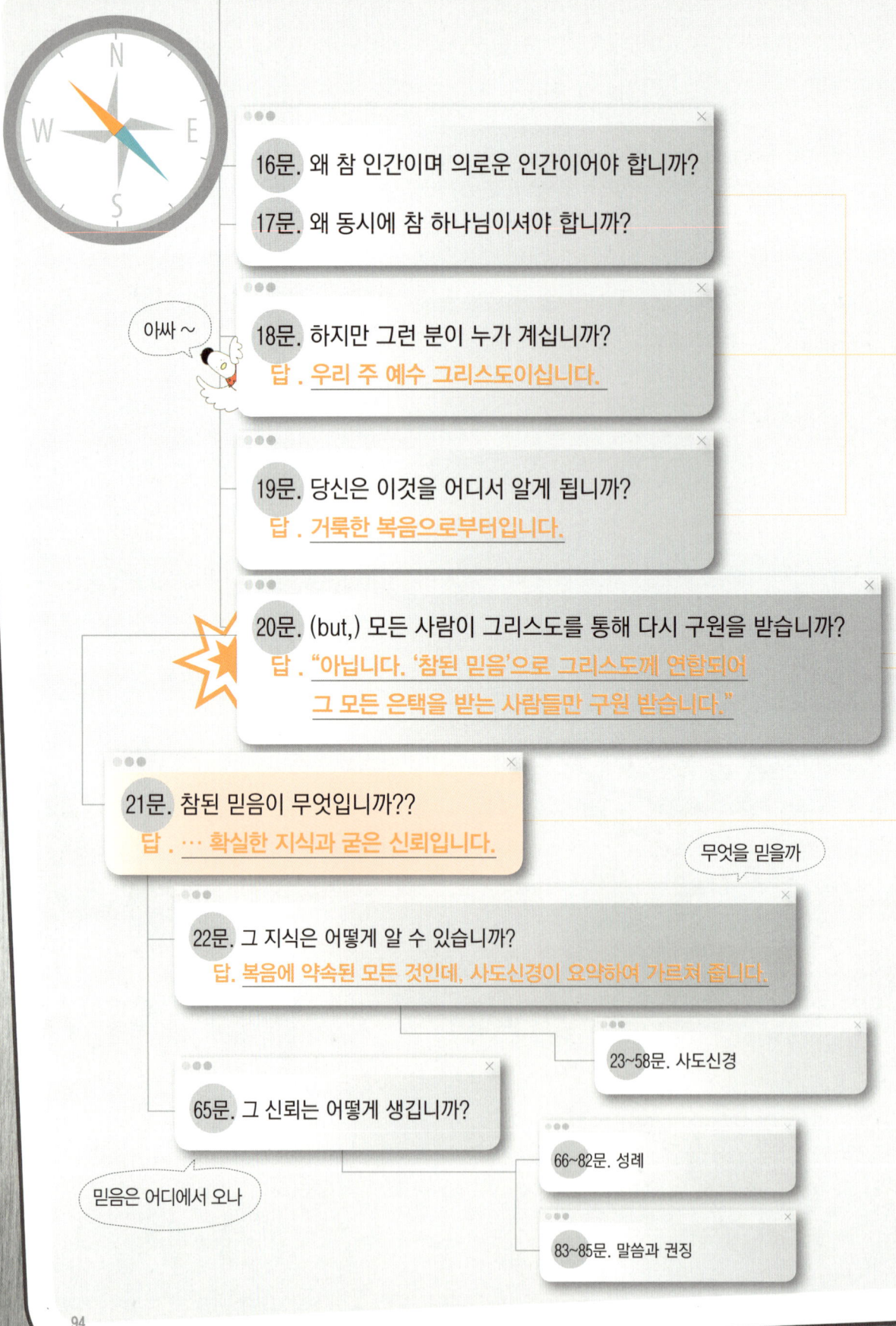

| **현재 위치** 점검

 앞에서 이미 공부한 내용을 빠르게 되새겨봅시다.

사람이면서 동시에 하나님이신 분만이 중보자가 되실 수 있는데, 그런 분이 계신가? 계시다! 예수 그리스도가 계신다! 그러므로 이제 우리는 살았다, 이겁니다. 그런데 여기서 아직 긴장을 풀 수 없습니다. 극적인 반전에 성공하나 싶었는데, 아직은 아닙니다. 만약 하이델베르크 요리문답이 여기까지만 언급하고 "와~ 그럼 중보자 예수 그리스도가 계시니, 우린 구원 받겠네~" 이렇게 한다면, 요리문답은 여기서 그냥 끝나버려도 될 것입니다.

그러나 이어지는 문답이 계속 있습니다.
자, 뭔가 구원 가능성이 열린 것처럼 말했습니다.
그런데…. !?

정말 무서운 대답입니다. 이것은 별 생각 없이 1문부터 읽어 나가서는 결코 이해할 수 없는 내용입니다.
일단 새로운 단어들이 나옵니다. [연합]은 무엇이며, [은택]은 무엇인지? 그리고 [참된 믿음]이라니? 이건 또 뭐지?? 마음이 다급 해지지 않을 수 없습니다.

질문자 입장이 되어봅시다.

"어? 뭐가 있어야 된다고? 중보자가 다 알아서 해주는 것 아니었나? 믿음이면 믿음이지, '참된 믿음'이라고 말하는 이유는 무엇일까? 나에게는 참된 믿음이 있을까?"

이렇게, 뭔가 내가 준비해야 할 것 같은 불안감이 들면서, 21문과 같은 다급한 질문이 나오는 것입니다.

어떠십니까? 하이델베르크 요리문답 전체를 통틀어 가장 중요한 핵심 단어가 무엇이냐고 묻는다면, "위로"나 "위안" 등의 단어보다는 여기 나오는 이 "참된 믿음"이라는 단어라고 할 수 있겠습니다. 대답을 봅시다.
웨스트민스터 대·소요리문답에서도 1문의 대답을 두 가지로 표현했듯이, 여기서도 두 가지로 표현합니다.
참된 믿음은 "확실한 지식"과 "진정한 신뢰"라고 합니다. 바로 이 질문과 대답이 나머지 2부 전체 내용의 [분기점]이 됩니다.

20문: 그러면 아담 안에서 모든 사람이 멸망한 것처럼
　　　그리스도를 통하여 모든 사람이 구원을 받습니까?

　　답: 아닙니다.[1]
　　　　참된 믿음으로
　　　　　그리스도에게 연합되어
　　　　　그의 모든 은덕(恩德)을 받아들이는 사람들만
　　　　구원을 받습니다.[2]

21문: 참된 믿음이란 무엇입니까?

　　답: 참된 믿음은 하나님께서
　　　　　그의 말씀에서 우리에게 계시하신 모든 것이
　　　　　진리라고 여기는 확실한 지식이며,[3]
　　　　동시에 성령께서[4]
　　　　　복음으로써[5] 내 마음속에 일으키신
　　　　　굳은 신뢰입니다.[6]
　　　　곧 순전히 은혜로,
　　　　　오직 그리스도의 공로 때문에
　　　　하나님께서 죄 사함과 영원한 의로움과 구원을[7]
　　　　　다른 사람뿐 아니라 나에게도 주심을[8] 믿는 것입니다.[9]

22문: 그러면 그리스도인은 무엇을 믿어야 합니까?

　　답: 복음에 약속된 모든 것을 믿어야 합니다.[10]
　　　　이 복음은
　　　　　보편적이고
　　　　　의심할 여지없는
　　　　　우리의 기독교 신앙의 조항들인
　　　　　사도신경이
　　　　　요약하여 가르쳐 줍니다.

---

1) 마태복음 7:14; 22:14
2) 시편 2:12; 마가복음 16:16; 요한복음 1:12-13; 3:16,18,36;
　　로마서 3:22; 11:20; 히브리서 4:2-3; 5:9; 10:39; 11:6
3) 요한복음 17:3; 로마서 4:20-21; 히브리서 11:1,3; 야고보서 1:6
4) 마태복음 16:17; 요한복음 3:5; 사도행전 16:14; 고린도후서 4:13; 빌립보서 1:19
5) 마가복음 16:15; 사도행전 10:44; 16:14; 로마서 1:16; 10:17; 고린도전서 1:21
6) 시편 9:10; 로마서 4:16-21; 5:1; 10:10; 에베소서 3:12; 히브리서 4:16
7) 누가복음 1:77-78; 요한복음 20:31; 사도행전 10:43;
　　로마서 3:24; 5:19; 갈라디아서 2:16; 에베소서 2:8; 히브리서 10:10
8) 디모데후서 4:8
9) 하박국 2:4; 로마서 1:17; 갈라디아서 3:11; 히브리서 10:38
10) 마태복음 28:19-20; 마가복음 1:15; 요한복음 20:31

예수님의 구원이 나와 무슨 상관인가?

예수께서 하나님의 의를 다 만족시켰으니 이제 모든 인간이 구원을 받게 되는 것이 아닐까요? 아담이 죄를 지었기 때문에 모든 인간이 다 영원한 형벌을 받게 되었으니, 마찬가지로 예수께서 하나님의 의를 만족시켰기 때문에 모든 인간이 다 영원한 생명을 받는 것이 당연하지 않겠습니까? 이것이 바로 20문이 제기하는 질문입니다.

그렇게만 된다면야 얼마나 좋겠습니까? 실제로 이렇게 주장하는 신학자들이 많습니다. 그들은 심지어 지옥이 없다고 주장하거나, 지옥이 있다 하더라도 그곳에서 벌을 다 받은 다음에 궁극적으로는 모든 인간들, 심지어 사탄까지도 구원을 받을 것이라고 주장합니다. 이런 주장은 호소력이 크기 때문에 쉽게 받아들여집니다. 모든 사람들이 구원을 받는다고 하는 것과 일부만 구원을 받는다는 것 중에서, 여러분은 어떤 것을 선택하시겠습니까?

그리스도의 사역으로 '모두'가 구원을 받는다면 무슨 문제가 있을까요? 사람들이 무슨 짓을 하건, 심지어 그리스도를 조롱하고 무시하고 그의 구원 사역을 믿지 않는다고 하더라도 하나님은 구원을 하셔야 할 것입니다. 이렇게 인간을 모두 구원하는 것은 하나님의 의로운 성품을 욕보이는 것입니다.

그렇다면, 그리스도께서 우리를 위해 하신 모든 일이 어떻게 우리에게 적용이 될까요? 그리스도께서 행하신 일을 받기 위해서 우리가 뭔가 힘써 노력을 해야 할까요? 자, 우리 각자는 아담과 상관이 없는 개개인입니다. 그럼에도 불구하고 아담의 죄에 대해 책임을 지는 이유는 무엇입니까? 아담이 모든 인간의 대표로서 하나님 앞에 언약관계에 있기 때문입니다. 그리스도도 마찬가지입니다. 그리스도는 원래 우리와 아무런 상관이 없었습니다. 따라서 그리스도가 우리 '밖에' 계시는 한, 그리스도께서 하신 구속의 사역은 우리에게 아무런 의미가 없습니다. 오직 그리스도와 우리가 '하나'가 될 때, 그분의 사역이 우리를 구원합니다.

20문에서는 이것을 가리켜 "접붙임"이라는 표현을 사용합니다. 이 접붙임에 대한 교훈은 로마서 11장 17절부터 아주 잘 나타나 있습니다. 원래 참 감람나무가 있었습니다. 그런데 그 가지들이 열매를 맺지 않았습니다. 그래서 농부가 옆에 있던 돌 감람나무 가지를 참 감람나무에 붙였습니다. 비록 그들은 돌 감람나무 가지였으나 참 감람나무 가지에 접붙여졌기 때문에 참 감람나무 열매를 맺게 됩니다. 그 가지들이 열매를 맺게 되는 것은 가지 때문이 아니고, 뿌리 때문입니다. 그리고 그 뿌리의 진액을 받게 된 것은 접붙임 덕분인데, 이것은 오직 하나님만이 하실 수 있습니다. "접붙이실 능력이 하나님께 있음이라(로마서 11:23)".

어떻게 그리스도께 접붙여질 수 있을까요?
요리문답은 오직 [참된 믿음]을 통해서 가능하다고 답을 합니다.

그리고 참된 믿음에 대해서 두 가지 요소를 언급합니다.
"확실한 지식"과 "굳은 신뢰"입니다.

1. 지식으로서의 믿음

먼저, 믿음의 지식적인 요소를 간과해서는 안될 것입니다. 오늘날 많은 사람들이 믿음에 있어서 이 지식적인 요소를 무시하는 경향이 매우 높아지고 있습니다. 따지지 않고 무조건 믿는 것이 좋은 믿음이라고 생각하는 사람들이 아주 많습니다. 그러나 이것은 맹목이지 믿음이 아닙니다. 이런 신앙관 때문에 교회의 힘이 점점 더 약화되어 가고 있습니다. 맹목이 지식을 배제한 믿음이라면, 믿음은 지식에 굳게 토대를 둔 믿음입니다.

"하나님께서 말씀 속에서 우리에게 계시하신 모든 것이 진리"라는 사실을 확실하게 아는 것이 바로 믿음입니다. 즉, 참된 믿음은 반드시 말씀에 근거합니다. 믿음이 분명한 지식이라는 말은, 믿어야 할 모든 내용을 철저하고 완전하게 알아야 한다는 것을 의미하지 않습니다. 그럼에도 불구하고 분명하게 가져야 할 지식이 있으니, 그것은 바로 우리가 믿어야 할 내용이 모두 '말씀'에서 나왔다는 사실을 확실히 알아야 한다는 것입니다. 자녀가 부모의 말을 다 알고 이해해서 믿는 것이 아니라, 어떤 말이 적어도 자기 부모가 한 말임은 알아야 한다는 것입니다.

"피해야 할 두 가지 극단"

우리도 어떤 말이나 설교를 다 이해하지는 못하더라도, 그 말이 하나님의 말씀에서 나오는 것인지는 확실히 알고 있어야 합니다. 이 점에서 우리는 두 극단을 피해야 합니다.

A. 성경에 없는 내용?

로마 가톨릭 교회나 이단들은 성경에 있는 내용뿐 아니라 성경에 없는 내용도 믿으라고 강요합니다. 그중에는 유익한 것도 있습니다. 그러나 그것이 구원을 주지는 못합니다. 오직 성경에 계시된 것만이 우리를 그리스도께 연합시킵니다. 더 나아가서 그런 가르침은 대체로 우리 영혼에 해를 끼칩니다.

B. 성경의 일부만 강조?

반대로 오늘날 복음주의자들이나 오순절주의자들은 성경의 일부만을 강조하거나, 과장 또는 잘못 해석합니다. 예수님은 사도들에게 분명히 "내가 너희에게 분부한 모든 것을 가르쳐 지키게 하라!"고 명하셨습니다. 그러나 많은 사람들이 모든 것을 가르치기 보다는 일부분만 가르치는 경우가 많습니다.

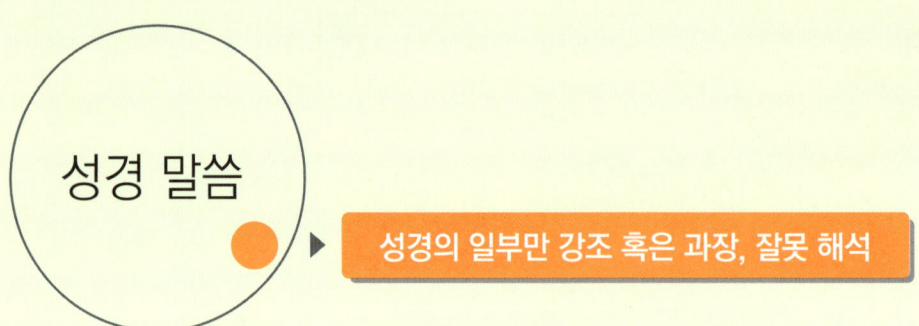

2. 신뢰로서의 믿음

또 믿음은 단지 지식만 아니라 "굳은 신뢰"입니다. 여기서 우리는 한 가지 생각할 것이 있습니다. 지식과 신뢰가 서로 다른 것이 아니라는 것입니다. 말씀에 대한 분명한 지식은 반드시 굳은 신뢰로 이어집니다. 분명한 지식을 가졌는데 신뢰로 이어지지 않는다면, 그 지식은 지식일 뿐 참된 믿음으로서의 지식이 아닙니다. 요리문답은 이 신뢰가 어디에서 오는가에 대한 중요한 답을 제공하고 있습니다. 이 신뢰는 '성령 하나님께서, 복음을 통하여, 우리 마음에, 일으키신 것'입니다. 성령 하나님은 우리가 하나님을 신뢰하게 하시는 분이고, 복음은 그 신뢰를 가능하게 하는 수단이고, 그 신뢰의 자리는 우리의 마음입니다. 따라서 믿음은 머리만의 문제가 아니고 마음의 문제입니다.

이 신뢰는 내가 스스로 가지는 확신이나 신념이 아니라 성령님께서 일으키셔야 참된 믿음이라는 것입니다. 아무리 강한 믿음이라 할지라도 그것이 우리에게서 시작된 것이면 참된 믿음이라고 할 수 없습니다. 이 점에서 오늘날 믿음을 '결단'으로 이해하는 것을 주의해야 합니다. 신학적으로 빈곤한 선교단체나 많은 교회들이 믿음의 본질을 결단으로 이해합니다. 그래서 부흥회 시간마다 결단의 시간을 가집니다. 마지막 순간에 "결단하십시오! 결단하십시오!"라는 메시지를 전달합니다. 전혀 틀린 것은 아니지만, 결단을 강요한다는 인상을 지울 수 없습니다. 믿음은 인간이 일으킬 수 없습니다.

이것이 핵심입니다. 믿음은 "하나님의 선물"입니다. 따라서 그 기원이 우리에게 있지 않고, 하나님께 있습니다. 하나님께서 그렇게 하신 이유가 있는데, 그 이유는 바로 우리가 하나님 앞에서 자랑하지 못하도록 하기 위해서입니다. 믿음이 하나님의 선물이라는 사실에서 우리는 하나님과 사람 앞에서 겸손하게 됩니다. 믿음을 선물로 아는 사람은 자신의 믿음을 사람 앞에서 결코 자랑할 수 없습니다.

믿음이란? (2)
'아는 것'에 대한
굳은 신뢰!

▲

복음을 통하여

어떻게 가능? ▲

성령 하나님께서
우리 마음에 일으켜 주심

성령님은 이 일을 직접적으로 하시지 않고 어떤 외적인 수단을 사용하시는데, 이것이 바로 [복음]입니다. 즉, 복음을 통하지 않고 성령님께서 역사하시지 않습니다. 역사하신다 하더라도 그것은 우리의 구원과는 아무런 상관이 없습니다. 성령님께서는 자신의 능력으로 이 세상을 돌보시고, 모든 만물에게 생명을 불어 넣으십니다. 그러나 그런 성령님의 일반적 사역이 우리를 구원에 이르게 하지는 않습니다. 믿음은 오직 성령님께서 복음을 통해서 역사하실 때 우리 속에 생기게 되는 것입니다. 따라서 교회가 열심히 노력해야 할 부분이 여기에 있습니다. 그것은 바로 주님께서 우리에게 주신 외적인 수단을 열심히 사용하는 것입니다. 우리가 열심히 전도할 때, 성령님께서는 그 복음을 사용하셔서 일하십니다.

웨스트민스터 소요리문답 88문에 따르면 말씀, 성례, 기도입니다.

"어떻게 하면 구원을 받을 수 있는가?" 오직 그리스도를 믿는 믿음으로만 구원을 받습니다. 기독교인이라면 누구나 동의를 합니다. 그러나 중요한 것은, 그 믿음이 도대체 어떤 믿음인가 하는 것이었습니다. 믿음은 하나님의 말씀에 근거해 있어야 하는 '지식과 신뢰'입니다. 그리고 그 믿음은 특별한 믿음이 아니라 '모든 교회가 고백하는 보편적 믿음'이어야 합니다. (심화학습 참조) 이 믿음이 우리를 구원하고, 우리의 가족을 구원하고, 우리 교회를 구원할 것입니다. 이런 참된 믿음을 가지고 이 세상에서 하나님의 백성이라는 확신 속에 당당히 살아가시기를 바랍니다.

"다음 단원부터는 [사도신경]에 대해 본격적으로 다룹니다. 이 지점에서 전체 문답의 구조를 한 번 더 살펴보신 후, 자세한 내용으로 들어가시길 권합니다. ^^"

단원의 연결고리 : 보편적 믿음 – 사도신경

요리문답은 22문에서 그리스도인이 무엇을 필수적으로 믿어야 하는지를 질문합니다. 그 답은 [복음에 약속된 모든 것을 믿는 것]입니다. 이것은 성경을 다 알아야 한다는 말과는 조금 다릅니다. 성경의 모든 계시가 다 진리이지만, 그 모든 진리가 우리를 구원에 이르게 하지는 않습니다. 므두셀라가 969살까지 살았다는 것은 사실이지만, 그것을 믿는다고 구원 받는 것은 아닙니다. (물론 그렇다고 해서 계시된 것 중 일부만 믿어도 된다는 뜻은 아닙니다.)

구원받기 위해서 무엇을 믿어야 할까요? 이것은 사도신경에 요약되어 있습니다. 이 사도신경에 나온 신앙의 조항들은 [보편적]입니다. 여기서 우리는 보편적 신앙의 중요성을 강조해야 합니다. 오늘날 많은 사람들이 구원을 확실히 보장 받기 위해서는 뭔가 특별한 신앙이 있어야 한다고 생각합니다. 그래서 자꾸 뭔가 특별한 것을 추구합니다. 교회들도 뭔가 차별화를 꾀하고 있습니다. 그 결과, 평범하고 보편적인 신앙을 우습게 봅니다. 우리나라의 모든 교회는 사도신경을 암송하고 믿는다고 말합니다. 그러나 그 내용은 제대로 공부하지 않습니다. 심지어 사도신경이 성부, 성자, 성령, 삼위 하나님에 대한 고백이라는 것을 아는 경우도 많지 않습니다. 그러다 보니, 사도신경을 강조하고 사도신경의 의미를 잘 설명하는 교회가 오히려 이상한 교회가 되어버리는 실정입니다.

교회는 '하나'입니다. 교회가 고백하는 신앙이 하나이기 때문입니다. 내 교회가 믿는 신앙과 다른 교회가 믿는 신앙이 달라서는 안 됩니다. 모든 교회의 성도들이 구원을 받기 위해서는 하나의 보편적 신앙을 믿어야 합니다. 그것이 사도신경에 잘 요약되어 있습니다. 요약되어 있다는 말은, 그 속에 담겨진 풍성한 내용을 잘 끄집어내서 이해해야 한다는 것을 의미하기도 합니다.

한국교회는 신자들이 필수적으로 알아야 할 것은 제대로 가르치지 않으면서, 오히려 몰라도 되는 것에는 너무 많은 투자를 합니다. 그리스도의 승천이 우리에게 어떤 의미를 주고 있는지, 성도가 서로 교통하는 것이 무슨 뜻인지, 대부분의 신자들은 아주 피상적인 이해에 머물러 있습니다. 승천을 몰라도, 성도의 교통을 전혀 몰라도 구원 받을 수 있다고 생각합니다. 사도신경을 단순히 암기하는 것은 구원이 아닙니다. 사도신경에 나온 모든 내용을 잘 '이해해야' 합니다.

| 에필로그

'믿음'이란 말을, 우리는 여러 의미로 사용합니다.

 좀 있으면 면접. ㅎㄷㄷ

잘하리라 믿는다!

 대답 못하면 어떡하지? ㅠㅠ

걱정 마셔, 모든 게 잘 될 거야~! 홧팅!

물론 우리는 이런 종류의 희망도 가져야 합니다.

꼭 낫고 싶어!

하지만, 우리가 다루는 '믿음'은 구원에 이르게 하는 믿음입니다.

교회에서 일반적으로 '믿음이 좋다'고 하면 대부분 뭔가를 [열심히] 하는 사람을 의미합니다.

봉사! 교회 출석율! 헌금! 부서 활동!

이런 것들은 믿음에 대한 증거가 될 수 있을지 모르지만, 믿음 그 자체와는 구분할 필요가 있습니다.

열심 = 믿음? 흠…

실제로 그렇게 열심히 일하는 사람 중에서 교회에서 문제를 일으키는 경우도 간혹 있기 때문입니다.

그렇지.. 바로 그 때, 내가 가진 '열심'이 어떤 믿음에서 나온 건지 드러나는 것 같아…

교회에서 중요한 결정을 내려야 할 때, 옳고 그른 것을 분별하지 못하고 옳지 않은 방향으로 치닫게 만드는 경우도 있고…

| 확인질문

질문을 읽고 답을 먼저 적어본 후, 참조 페이지를 열어 자신의 답과 비교해 보세요.

1. 그리스도께 접붙여질 수 있으려면 무엇을 통해 가능합니까?

2. 믿음에 있어서 지식적인 요소를 간과하면 교회에 어떤 부작용이 생기는지 나누어 보세요.

3. 저자는 우리가 믿어야할 내용이 모두 "말씀"에서 나왔다는 것을 확실히 알아야 한다고 강조합니다. 이에 대해 로마 가톨릭과 오늘날 복음주의자들이나 오순절주의자들이 범하는 잘못은 무엇일까요? 과거에, 우리 모습은 어떠했는지 나누어 봅시다.

4. 굳건한 신뢰는 참된 믿음에 있어 중요한 요소입니다. 이 신뢰는 어디에서 누구에 의해 어떻게 일으켜집니까?

5. 이 책은 복음을 전해 받은 사람이 잘 믿기로 결단하는 것을 참된 믿음으로 보는 것에 의문을 제기합니다. 왜 그렇습니까?

6. 여러분은 사도신경에 대해 어떻게 생각하고 있었나요? 기존에 알고 느꼈던 것과 이번에 배우고 깨달은 것을 비교해 보세요.

7. 과거에 여러분은 '참된 믿음은 무엇, 혹은 어떤 것'이라고 들었거나 생각해본 적이 있을 것입니다. 그것에 대해 함께 나누어 보고, 요리문답의 답변과 비교해 보세요.

8. 이 단원에서 출발한 '참된 믿음'이라는 주제가 앞으로 몇 문까지 이어집니까?

9. 이 단원은 요리문답의 중요한 분기점이라고 했습니다. '왜' 그러한지 설명할 수 있어야 하겠습니다. 전체 요리문답의 구조를 보면서 설명해봅시다.

1) p.98 2) p.99 3) p.100 4) p.101-102 5) p.101 6) p.103 7) p.104

| 역사 속으로

> Prince 프리드리히 3세   Preacher 올레비아누스   Professor 우르시누스

프리드리히 3세 (Frederick III, The Pious, 1515-1576)

팔츠의 선제후, 프리드리히 3세는 로마 가톨릭의 영향을 받고 자랐습니다. 그는 브란덴부르크 제후의 딸 마리아와 혼인하면서, 루터의 소요리문답으로 양육을 받은 아내로부터 개신교 신앙을 소개받고 이를 받아들이게 됩니다. 신앙의 차이로 인해 부모로부터 경제적인 지원을 받지 못했던 그는 오랫동안 가난하고 이름 없는 왕족으로 살아가야 했습니다. 하지만 오히려 이 시기에 신앙을 지키고 하나님을 더욱 의지하는 법을 배웁니다.

한편, 팔츠 지역은 오토 하인리히가 통치하고 있었습니다. 오토 하인리히는 개신교 신앙을 받아들여 팔츠 지역에서 로마 가톨릭의 구습과 미신을 버리고 종교개혁을 적극 추진하던 인물이었습니다. 하지만 하이델베르크에는 개신교 신앙을 확립하기 위한 이론과 이를 가르칠만한 신학자들을 아직 충분히 확보하지 못했고, 루터를 따르는 사람들이 주류를 이루었습니다. 오토 하인리히의 짧은 통치가 끝난 후, 후계자였던 프리드리히 3세가 팔츠의 선제후로 등장합니다.

아름다운 네카강이 흐르는 하이델베르크는 팔츠의 중심지였으며 여전히 종교개혁이 진행 중인 상태에 있었습니다. 자신이 통치하는 지역에 개신교 신앙을 더욱 확고하게 뿌리내리고자 했던 프리드리히 3세는 예상치 못한 어려움에 부딪혔습니다. '성찬'에 대한 해석 차이 때문에 루터와 칼빈을 따르는 사람들 간에 논쟁이 빚어졌기 때문입니다. 기존에 우세한 지위에 있었던 루터파 사람 중, 지나치게 강경하고 엄격하게 루터의 견해를 고수하고자 했던 사람들로 인해 갈등은 더욱 깊어지고 혼란스러운 상황이 발생했습니다. 프리드리히 3세는 이에 대해 공개토론을 열고, 양측의 견해를 들었습니다. 토론을 통해 양측의 차이점은 더욱 분명하게 드러나고, 프리드리히 3세는 진리를 더욱 환하게 밝혀주는 칼빈의 신학을 확고히 지지하게 됩니다.

루터파와 칼빈의 성찬에 대한 이해 차이는 p.298의 도표를 참조하세요.

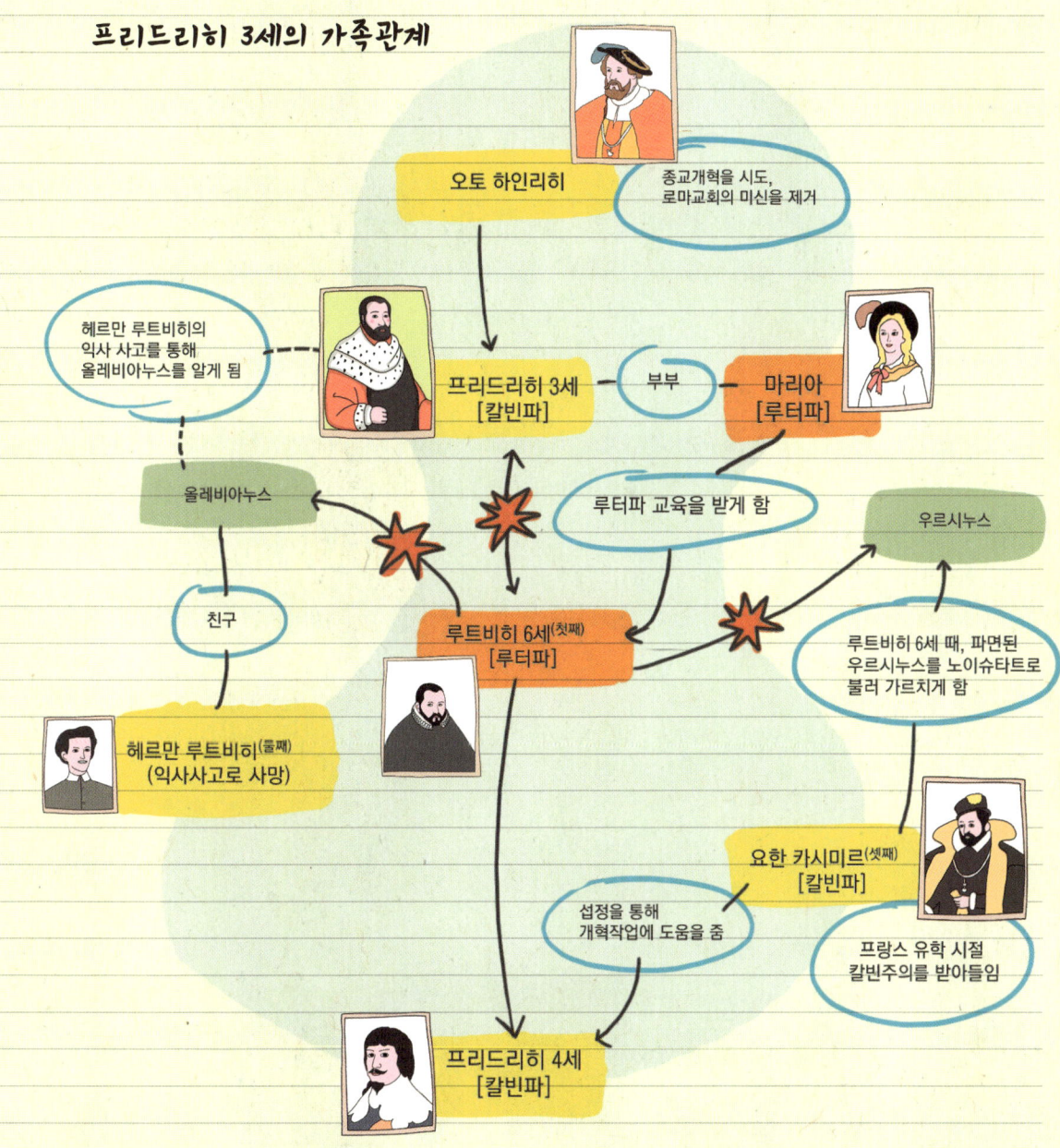

| 역사 속으로

프리드리히 3세는 훌륭한 인재들을 하이델베르크에 불러 모아 종교, 행정, 교육 등 전반적인 개혁을 단행하였습니다. 우르시누스와 올레비아누스는 당대의 뛰어난 학자이자 설교자로서 프리드리히 3세의 든든한 보호 아래, 하이델베르크에서 교수직과 설교 등을 맡아 일했습니다. 프리드리히 3세는 그가 다스리는 지역이 하나의 신앙으로 일치하고 또 어린 후손들을 잘 교육할 수 있도록 위원회를 소집하여 요리문답을 작성하게 했는데 이로써 하이델베르크 요리문답이 탄생했습니다. 우르시누스는 요리문답을, 올레비아누스는 교회법을 연구하면서 그를 잘 도왔습니다.

프리드리히 3세는 주변 국가에서 신교를 받아들였다는 이유로 생명의 위협과 핍박을 받는 개신교도들과 고향에서 쫓겨난 피난민들을 적극 지원해 주었습니다. 프랑스의 위그노와 네덜란드에서 반란자로 낙인찍힌 사람들을 돕기 위해 자신의 군대를 파병하거나, 지원금을 제공하기도 했습니다.

그는 61세의 나이로 생을 마감했습니다. 안타깝게도, 그의 아내는 남편과 달리 루터파를 지지했는데, 프리드리히 3세의 뒤를 이은 아들 루트비히 6세 역시 어머니처럼 루터파를 따랐습니다. 그는 아버지가 등용한 사람들을 쫓아내고, 그 자리를 루터파 사람들로 대체했습니다. 우르시누스와 올레비아누스 역시 이 때 파면을 면치 못했고, 그들이 진행하던 개혁 작업들도 모두 중단되고 말았습니다.

하지만 하나님의 섭리는 참 신비합니다. 루트비히 6세로 인해 해고 당하고 쫓겨난 사람들은 각 곳에 흩어져 종교개혁의 바람을 더욱 불러 일으키게 됩니다. 우르시누스는 프리드리히 3세의 아들인 요한 카시미르의 부름으로 노이슈타트로, 올레비아누스는 헤르보른으로 거처를 옮겨 연구와 가르치는 일을 계속했습니다. 이들은 교회와 학교를 통해 진리를 전파하고 보호하는 일과, 하나님을 아는 지식에서 비롯되는 풍성한 지식들을 교육을 통해 학문적으로 발전시키는 데 크게 기여했습니다.

하이델베르크 가는 길~

구시가지를 내려다 보는 하이델베르크성

신시가지에서 바라본 하이델베르크 풍경. 카를 테오도르 다리를 지나 성령교회가 보이고, 언덕 위엔 하이델베르크 성이 서 있음

성 아래 해자엔 물 대신 굶주린 사자를 풀어두었다고 함

전쟁으로 폐허가 되버린 성

고국에서 쫓겨난 개신교도들을 자신의 영지에서 살 수 있도록 받아주는 프리드리히 3세 (프랑켄탈)

피난민들에게 제공됐던 임시거처. 원래 로마 가톨릭의 수도원으로 사용되었으나 종교개혁 이후 다른 용도로 사용됨 (프랑켄탈)

23~28문

그 지식의 요약,
사도신경⁽¹⁾
성부 하나님.

참된 믿음에 대해 [지식]과 [신뢰] 두 가지로 설명합니다. 여기서부터 그 첫 번째 내용인 지식에 대해서 공부하는데, 사도신경은 그것을 잘 가르쳐주는 요긴한 수단이 됩니다. 구원에 이르게 하는 참된 믿음. 이 믿음은 말씀 안에서 계시된 것을 확실하게 알고 그것에 신뢰하는 것이며, 모든 참된 교회가 함께 고백하는 보편적 믿음입니다. 신자가 정말로 구원에 이르기를 원한다면 다른 무엇보다도 사도신경에 담겨진 신앙의 내용을 잘 이해해야 합니다. ^^

둘째, 나의 모든 죄와 비참함으로부터 어떻게 구원을 받는가 (12~85문)

12문. 어떻게 이 형벌을 피할 수 있고, 다시 은혜를 입을 수 있으며 하나님과 화해할 수 있습니까?
답. 하나님의 의가 만족되길 원하십니다.

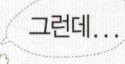
그런데…

20문. (but,) 모든 사람이 그리스도를 통해 다시 구원을 받습니까?
답. "아닙니다. '참된 믿음'으로 그리스도께 연합되어 그 모든 은택을 받는 사람들만 구원 받습니다."

21문. 참된 믿음이 무엇입니까??
답. … 확실한 지식과 굳은 신뢰입니다.

22문. 그 지식은 어떻게 알 수 있습니까?
답. 복음에 약속된 모든 것인데, 사도신경이 요약하여 가르쳐 줍니다.

23~58문. 사도신경

24문. 세 부분으로 나누어집니다.

26~28문. 첫째 부분은 성부 하나님과 우리의 창조에 관한 것입니다.

29~52문. 둘째 부분은 성자 하나님과 우리의 구원에 관한 것입니다.

53~58문. 셋째 부분은 성령 하나님과 우리의 성화에 관한 것입니다.

65문. 그 신뢰는 어떻게 생깁니까?

| **현재 위치** 점검

여기서 만약에 숲을 보지 못하는 사람이 본문을 앞에서부터 쭉 읽어나가기만 한다면 어떤 일이 생길까요? 22문부터 64문까지 기나긴 공부를 마치고 이제 65문을 마주치는 순간, 이것이 22문에서 분기된 것임을 기억해 내기란 쉽지 않을 것입니다.

상상해봅시다. 만약 교회에서 21문을 3월쯤 공부하고 65문을 6월 셋째 주쯤 공부한다고 해 봅시다. 그 사이에 우린 다 까먹습니다. 바로 지난 주 설교 말씀도 잘 생각나지 않는 우리인데, 세 달 전에 배운 내용을 어떻게 기억하나요? "진정한 신뢰? 이게 왜 갑자기 튀어나오지?" 이렇게 궁금증을 갖기라도 한다면 다행일 것입니다. 대부분은 여기서부터 새로운 파트가 시작된다는 사실조차 인식하지 못합니다. 그래서 우리가 마인드맵으로 전체 숲을 그려보면서 공부하는 것은 너무나도 중요합니다.

지금 우리는 "참된 믿음" 즉, 하이델베르크 요리문답의 가장 핵심적인 사상을 공부하는 중인데, 그런 중요한 시점에서 맥을 잃어버리면 안 되겠지요. 그런데도 우리는 자주 그런 실수를 합니다. 왜냐하면 본문이 너무 길고, 함께 모여 공부하는 것은 띄엄띄엄 하기 때문입니다. 그래서 중간에 사도신경 부분을 상당히 많은 분량을 할애해서 공부하다 보니까, 전체 맥락을 놓치는 경우가 많습니다.

따라서 먼저 전체적인 구조를 먼저 보실 분은 이 부분을 넘어가시기 바라고, 머릿속에 숲을 이미 그리신 분은 6~8단원을 펼쳐서 사도신경의 내용을 차분히 공부하시기 바랍니다.

앞으로 무려 세 단원에 걸쳐, 35개나 되는 문답으로 사도신경을 공부합니다. 예배 시간마다 고백하는 "짧은" 사도신경인데, 뭐가 이리 공부할 것이 많아! 싶으실지도 모르겠습니다. 그러나 요리문답의 현재 위치와, 또한 사도신경의 전체 구조를 먼저 정리한 뒤에 공부하면 그리 힘들지 않습니다. 지치지 말고 공부하시길요!

별책부록으로 드린 대형 마인드맵을 항상 네비게이션 삼아 참고하시기 바랍니다!

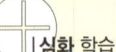 **심화 학습**

"하나님은 한 분만 계신데, 왜 성부, 성자, 성령을 이야기하는가?"

그에 대해서는 '하나님이 자신의 말씀 속에서, 이 구별된 위격들이 하나이며, 참되고, 영원한 하나님이라는 것을 계시하셨기 때문'이라고 답을 합니다.

우리가 섬기는 하나님과 다른 이들이 섬기는 신은 무엇이 다를까요? 이 세상에는 많은 종교가 있고, 그 종교의 신들이 있습니다. 어떤 신은 우리가 믿는 신과 전혀 다르지만, 또 어떤 신은 우리가 믿는 신과 비슷한 것처럼 보입니다. 예를 들어서, 유대인들이 믿는 여호와 하나님과 우리가 믿는 하나님은 같은 하나님일까요, 다른 하나님일까요?

사도신경의 구조

성부	전능하사 천지를 만드신 하나님 아버지를 내가 믿사오며
성자	그 외아들 우리 주 예수 그리스도를 믿사오니 이는 성령으로 잉태하사 동정녀 마리아에게 나시고 본디오 빌라도에게 고난을 받으사 십자가에 못박아 죽으시고 장사한지 사흘 만에 죽은 자 가운데서 다시 살아나시며 하늘에 오르사 전능하신 하나님 우편에 앉아 계시다가 저리로서 산 자와 죽은 자를 심판하러 오시리라
성령	성령을 믿사오며 거룩한 공회와 성도가 서로 교통하는 것과 죄를 사하여 주시는 것과 몸이 다시 사는 것과 영원히 사는 것을 믿사옵나이다 아멘

| 심화 학습

세상 종교는 크게 두 개로 나눌 수 있습니다. 어떤 이들은 다신론을 믿습니다. 그들은 왜 꼭 신이 하나만 있어야 하냐고 반문합니다. 참 신이 하나만 있다고 주장하니까 서로 싸울 수밖에 없고, 평화가 유지 될 수 없다고 주장합니다. 참 신은 많을수록 좋고, 각 나라에는 그 나라의 신이 있으니 존중 받아야 한다고 말합니다. 어떻게 보면 좋은 말 같지만, 어떤 한 나라만의 신을 참된 신이라 할 수 있을까요? 이와 반대로 유일신을 주장하는 종교도 있습니다. 이슬람이나 유대인들입니다. 이들은 하나님은 절대적으로 하나이기에, 신성 안에서 어떠한 구별도 반대한다고 합니다. 성부, 성자, 성령 하나님을 말하는 삼위일체 교리를 삼신론이라고 비판합니다.

그러나 교회는 이러한 주장에 대해서 삼위 하나님이야 말로 이 세상에 어떤 다른 신과도 비교할 수 없는 유일하신 참 하나님이라고 고백하고 그 분을 예배하여 왔습니다. 삼위 하나님에 대한 올바른 신앙이 없으면, 우리가 믿는 하나님과 다른 종교에서 말하는 하나님과 근본적인 차이가 없게 됩니다. 이 삼위 하나님에 대한 올바른 고백이 사도신경에 요약되어 있습니다. 그래서 사도신경이 귀한 것입니다.

하이델베르크 요리문답 제 1문답의 구조

성자

그리스도께서는
그의 보혈로 나의 모든 죗값을 완전히 치르고
나를 마귀의 모든 권세에서 해방하셨습니다.

성부

또한 하늘에 계신 나의 아버지의 뜻이 아니면
머리털 하나도 땅에 떨어지지 않도록
나를 보호하시며,
참으로 모든 것이 합력하여
나의 구원을 이루도록 하십니다.

성령

그러하므로 그의 성령으로
그분은 나에게 영생을 확신시켜 주시고,
이제부터는 마음을 다하여
즐거이 그리고 신속히
그를 위해 살도록 하십니다.

23문: 사도신경의 조항들은 무엇입니까?

답: I. 1. 전능하신 성부 하나님, 천지의 창조주를
　　　　　나는 믿사오며,
　　II. 2. 그의 독생자 우리 주 예수 그리스도를
　　　　　또한 믿사오니,
　　　　3. 그분은 성령으로 잉태되사,
　　　　　동정녀 마리아에게서 나셨으며,
　　　　4. 본디오 빌라도 하래에서 고난을 받으사,
　　　　　십자가에 못 박히시고 죽으시고 장사되셨고,
　　　　　음부에 내려가셨으며,
　　　　5. 사흘날에 죽은 자들 가운데서 부활하셨고,
　　　　6. 하늘에 오르셨고,
　　　　　전능하신 성부 하나님 우편에 앉아 계시며,
　　　　7. 거기로부터 살아 있는 자들과 죽은 자들을
　　　　　심판하러 오실 것입니다.
　III. 8. 성령을 나는 믿사오며,
　　　　9. 거룩한 보편적 교회와 성도의 교제와
　　　　10. 죄 사함과
　　　　11. 육신의 부활과
　　　　12. 영원한 생명을 믿사옵나이다. 아멘.

24문: 이 조항들은 어떻게 나누어집니까?

답: 세 부분으로 나누어집니다.
　　첫째, 성부 하나님과 우리의 창조,
　　둘째, 성자 하나님과 우리의 구속(救贖),
　　셋째, 성령 하나님과 우리의 성화(聖化)에 관한 것입니다.

**25문: 오직 한 분 하나님만 계시는데,[1]
당신은 왜 삼위, 곧 성부, 성자, 성령을 말합니까?**

답: 왜냐하면 하나님께서 자신을
　　그의 말씀에서 그렇게 계시하셨기 때문입니다.
　　곧 이 구별된 삼위는
　　한 분이시요 참되고 영원하신 하나님이십니다.[2]

---

1) 신명기 6:4; 이사야 44:6; 45:5; 고린도전서 8:4,6; 에베소서 4:5-6
2) 창세기 1:2-3; 이사야 61:1; 63:8-10; 마태복음 3:16-17; 28:19; 누가복음 1:35; 4:18; 요한복음 14:26; 15:26; 사도행전 2:32-33; 고린도후서 13:13; 갈라디아서 4:6; 에베소서 2:18; 디도서 3:4-6

믿는 대상을 분명히!

사도신경은 [구원에 이르게 하는 믿음]에 관한 것입니다. 이 믿음은 궁극적으로 삼위 하나님에 대한 고백입니다. 예수님과 연합하기 위해서는 예수님만 믿으면 된다는 생각을 하기가 쉽습니다. 실제로 우리가 믿음이라고 하면, "예수 믿으세요"라고 하는데, 그것만으로는 불충분합니다. 왜냐하면, 예수님을 가장 잘 믿는다고 자부하는 사람들 중에는 이단들도 많기 때문입니다. 물론 우리가 전도할 때는 "예수 믿으세요"라고 이야기할 수밖에 없지만, 제대로 예수를 믿기 위해서는 예수님이 어떠한 분인지를 알아야 하는데, 이 때는 그 분이 하나님의 아들이라는 것을 믿어야 하고, 또한 그 분을 보내신 성부 하나님에 대해서도 알아야 합니다. 그 분은 아들을 이 세상에 보내셨을 뿐 아니라 성령을 교회에 보내신 분이기도 합니다. 따라서 참된 믿음을 갖기 위해서는 성부, 성자, 성령 하나님에 대해서 알아야 하고, 이것이 우리로 하여금 보편적인 믿음으로 이끌며, 우리를 구원으로 이끕니다.

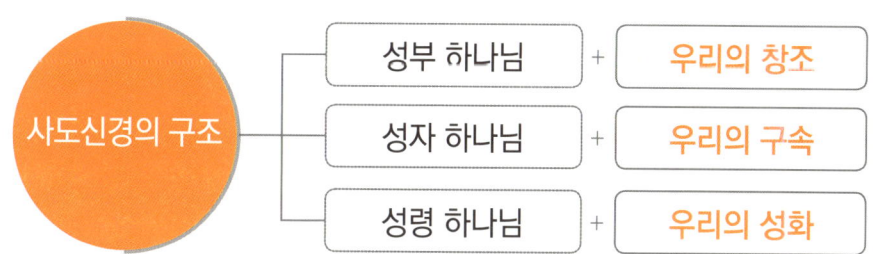

믿으라고 말하기는 하는데...

이 점에서 오늘날 한국교회는 심각한 결함이 있습니다. 믿음의 대상이 불분명합니다. 정확히 무엇을 믿어야 하는지를 구체적으로 가르치지 않습니다. 그래서 성도들은 그냥 무조건 열심히 믿으면 좋다고 생각합니다. 신앙은 치우치지 말아야 하는데, 어떤 사람은 "오직 예수"라는 구호에 사로잡혀서, 성부와 성령에 대해서는 별 관심이 없습니다. "오직 예수"에 싫증을 느낀 사람들은 "오직 성령"으로 옮겨갔습니다. 성경에 계시된 가르침은, 성부, 성자, 성령은 서로 분리시켜 생각할 수 없다는 것입니다. 비록 서로 구분되는 위격으로 계시지만 한 하나님으로 존재합니다. 우리는 성부, 성자, 성령, 삼위 하나님을 항상 같이 섬기고 예배드립니다. 이 삼위 하나님 앞에서, 우리의 창조, 구속, 성화를 생각해야 합니다.

사도신경은 [하나님에 대한 지식]과 [인간에 대한 지식]이 어떻게 긴밀하게 연결되어 있는지를 잘 보여 줍니다. 고백이라는 것은 단순한 객관적 사실이 옳다고 인정하는 것이 아니라, 고백하는 대상과 자신과의 관계를 표현하는 것입니다. 성부, 성자, 성령 하나님은 단순히 객관적으로 창조자, 구속자, 성화자가 아닙니다. 삼위 하나님은 '우리의' 창조자, '우리의' 구속자, '우리의' 성화자입니다. 반대로 이야기 한다면, 우리는 피조물이고, 포로이고, 죄인이라는 말입니다. 우리는 그래서 하나님이 필요합니다. 만약 우리가 피조물이 아니고, 죄의 포로가 아니고, 본성이 부패된 죄인도 아니라면, 삼위 하나님을 필요로 할 이유가 무엇이겠습니까?

만약 성부 하나님이 우리 창조주이고 우리가 그분의 피조물이라면 우리가 어떻게 살아야 하겠습니까? 그냥 그것을 인정하는 것에서 끝날 수 있겠습니까? 그렇다면 그것은 믿음의 고백이 아니라 그저 객관적 진술일 뿐입니다. 모든 창조자는 무엇을 만들 때 목적을 가지고 만듭니다. 우리가 하나님이 우리의 창조자라는 것을 믿는다면, 우리는 우리를 향하신 그분의 뜻에 따라서 살아야 마땅합니다. 입으로만 고백하고 실제 삶에서는 멋대로 살아간다면, 그 믿음은 가짜 믿음입니다.

만약 성자 하나님이 우리 구속자이고, 우리가 마귀와 육신이 포로였다는 것을 믿는다면 우리는 어떻게 살아야 하겠습니까? 성자 하나님은 친히 인간이 되셔서 십자가에서 자신을 주심으로 우리를 죄에서 해방시켰습니다. "라이언 일병 구하기"같은 영화를 보셨을 것입니다. 많은 부대원이 한 사람을 구하기 위해서 죽었습니다. 그런데 구원을 받은 사람이 "이렇게 애써 준 것은 고맙지만, 아무리 생각해도 나는 이대로가 좋네요. 다시 돌아갈래요."라고 할 수 있을까요?

영화 〈라이언 일병 구하기〉
2차 세계대전 중 다른 형제를 모두 잃은, 막내 동생을 구해 집으로 돌려보내기 위한 험난한 작전을 그린 영화.

만약 성령 하나님이 우리 안에 계셔서 우리를 거룩하게 하시는 분이라면 어떻게 살아야 하겠습니까? 비록 우리는 삼위 하나님에 대한 믿음으로 말미암아 그리스도와 연합함으로 구속과 해방을 얻었지만, 죄인 되었을 때의 못된 심성은 그대로 가지고 있습니다. 이 못된 심성을 제거하기 위해서 우리는 육신대로 사는 것이 아니고 성령님의 뜻에 따라 살아야 합니다. 그럴 때 우리의 삶이 변화되고, 성령의 열매를 맺는 거룩한 삶을 살게 됩니다.

오늘날 많은 사람들이 이런 삶을 싫어합니다. 그것은 또 다른 노예의 삶이 아닌가? 참된 자유인은 어떤 것에도 얽매이지 않고, 스스로 결정을 내리고 스스로 살아가는 것이 아닌가? 라고 주장합니다. 여기에 대해서 무신론자였던 임마누엘 칸트가 아주 중요한 말을 하였습니다. '진정한 자유는 자기 마음대로 하는 것이 아니다. 진정한 자유는 보편적 규범에 따라 행동할 수 있는 것이다.' 이것을 성경대로 표현한다면, 참된 자유인은 자유를 가지고 자기 하고 싶은 대로 하는 것이 아니고 하나님의 말씀대로 순종하는 것이라고 할 수 있을 것입니다.

삼위 하나님에 대한 교리는 우리가 온전히 이해할 수 있는 것은 아닙니다. 그러나 우리가 이것을 믿는 이유는 성경에 분명히 계시되었기 때문입니다. 성부도 하나님이시고, 성자도 하나님이시고, 성령도 하나님이시지만, 우리에게는 한 하나님이 존재하신다는 것입니다. 이분만이 참 하나님이시고, 다른 것은 다 인간이 만들어낸 우상일 뿐입니다.

26문: "전능하신 성부 하나님, 천지의 창조주를
　　　나는 믿사오며"라고 고백할 때
　　　당신은 무엇을 믿습니까?

답: 우리 주 예수 그리스도의 영원하신 아버지께서
　　　아무것도 없는 중에서
　　　하늘과 땅과 그 가운데 있는 모든 것을
　　　창조하셨고,[1]
　　또한 그의 영원한 작정과 섭리로써
　　　이 모든 것을
　　　여전히 보존하고 다스리심을 믿으며,[2]
　　이 하나님께서
　　　그의 아들 그리스도 때문에
　　　나의 하나님과 나의 아버지가 되심을
　　　나는 믿습니다.[3]
　　그분을 전적으로 신뢰하기에
　　　그가 나의 몸과 영혼에 필요한 모든 것을
　　　채워 주시며,[4]
　　　이 눈물 골짜기 같은 세상에서 당하게 하시는
　　　어떠한 악도
　　　합력하여 선을 이루게 하실 것을
　　　나는 조금도 의심치 않습니다.[5]
　　그는 전능하신 하나님이기에 그리하실 수 있고,[6]
　　　신실하신 아버지이기에 그리하기를 원하십니다.[7]

1) 창세기 1:1; 2:3; 출애굽기 20:11; 욥기 38:4-11; 시편 33:6; 이사야 40:26; 44:24; 사도행전 4:24; 14:15
2) 시편 104:2-5,27-30; 115:3; 마태복음 10:29-30; 로마서 11:36; 에베소서 1:11
3) 요한복음 1:12; 20:17; 로마서 8:15; 갈라디아서 4:5-7; 에베소서 1:5
4) 시편 55:22; 마태복음 6:25-26; 누가복음 12:22-24
5) 시편 84:5-6; 로마서 8:28
6) 창세기 17:1; 18:14; 로마서 8:37-39; 10:12; 요한계시록 1:8
7) 마태복음 6:32-33; 7:9-11

27문: 하나님의 섭리란 무엇입니까?

답: 섭리란 하나님의 전능하고
　　　　언제 어디나 미치는 능력으로,[1]
　　하나님께서
　　　　마치 자신의 손으로 하듯이,
　　　　하늘과 땅과 모든 피조물을
　　　　여전히 보존하고 다스리시는 것입니다.[2]
　　그리하여 잎새와 풀, 비와 가뭄,[3] 풍년과 흉년,
　　　　먹을 것과 마실 것, 건강과 질병, 부와 가난,
　　참으로 이 모든 것이[4]
　　　　우연이 아니라
　　　　아버지와 같은 그의 손길로
　　　　우리에게 임합니다.[5]

**28문: 하나님께서 모든 것을 창조하시고
　　　섭리로써 여전히 보존하심을 아는 것이
　　　우리에게 어떤 유익을 줍니까?**

답: 우리는 어떠한 역경에서도 인내하고,[6]
　　　　형통할 때에 감사하며,[7]
　　또한 장래 일에 대해서도
　　　　우리의 신실하신 하나님 아버지를 굳게 신뢰하여
　　　　어떠한 피조물이라도
　　　　우리를 하나님의 사랑에서
　　　　끊을 수 없으리라 확신합니다.[8]
　　모든 피조물이 완전히 하나님의 손안에 있으므로
　　　　그의 뜻을 거슬러 일어나거나 되는 일은
　　　　하나도 없습니다.[9]

1) 시편 94:9-10; 이사야 29:15-16; 예레미야 23:23-24; 에스겔 8:12; 마태복음 17:27; 사도행전 17:25-28
2) 히브리서 1:3
3) 예레미야 5:24; 사도행전 14:17
4) 잠언 22:2; 요한복음 9:3
5) 잠언 16:33; 마태복음 10:29-30
6) 욥기 1:21-22; 시편 39:9; 로마서 5:3-4; 야고보서 1:3
7) 신명기 8:10; 데살로니가전서 5:18
8) 시편 55:22; 로마서 5:4-5; 로마서 8:38-39
9) 욥기 1:12; 2:6; 잠언 21:1; 사도행전 17:25-28

전능하신 아버지, 하늘과 땅의 창조주

모든 기독교인들은 하나님을 아버지라고 고백하고, 기도할 때도 아버지라고 부릅니다. 이 때문에 한국에 있는 불신자들이 우리들을 향해 "너희들은 촌수도 없냐?"라고 가끔씩 조롱 섞인 말을 합니다. 할아버지도 하나님을 아버지라고 부르고, 아버지도 하나님을 아버지로 부르고, 아들도 하나님을 아버지라고 부르면 도대체 이들 사이의 촌수가 어떻게 되는가? 이것이 그 조롱 속에 깔려 있는 근거입니다. 물론 이 논거는 하나님을 인간과 동일한 차원에서 생각하기 때문에 가능한 것입니다. 그들은 하나님의 초월성을 전혀 이해하지 못하고, 따라서 모든 신자들의 아버지 되심을 이해하지 못합니다.

그들은 또한 우리에게 이렇게 조롱하기도 합니다. "하나님이 아버지라면 너희가 사는 꼴이 그게 뭐냐?" 이런 조롱은 특히 가난하고 어렵게 사는 신자들에게 있어서 큰 고통입니다. 예수를 안 믿다가 믿으면, 자녀들이 잘 되고 직장에서도 승진하고 사업도 잘 되어야 하는데, 오히려 자녀들이 병에 걸리고, 직장에서는 해고당하고, 사업도 망하고...... 따라서 "너희 꼴이 그게 뭐냐?"라는 말은 "네가 믿는 하나님은 왜 그렇게 무능하냐?"라는 말이라고 할 수 있습니다.

이런 세상의 조롱 앞에서 우리는 매 주일 예배 속에서 사도신경을 통해, "전능하신 아버지 하나님"을 고백합니다. 하나님이 전능하시다는 것, 그리고 그 전능하신 분이 바로 우리의 아버지라는 것은 우리의 신앙고백 중에서 가장 기초가 됩니다. 보통 우리는 믿음이라고 하면 예수 그리스도에 대한 믿음이라고 생각합니다. 물론 그렇습니다. 사도신경을 보더라도 예수님에 대한 고백이 가장 많습니다. 그러나 이미 예수를 믿은 신자들에게 있어서 신앙의 출발은 성부 하나님에 대한 고백이라는 것을 기억하는 것이 좋겠습니다.

하나님은 전능하시다.

사도신경은 하나님의 여러 성품 중에서 전능만을 이야기하고 있습니다. 사실, 하나님의 속성 중에는 여러 가지가 있습니다. 전능만 있는 것이 아니라 거룩, 무한, 불변, 유일 등의 속성도 있습니다. 어떻게 보면, 우리의 삶 속에 '전능'이란 단어는 좀 추상적인 느낌을 갖습니다. 뭔가 우리의 삶과는 멀다는 느낌을 갖습니다. 잘못 이해되면, 아무런 원칙도 없이 마음대로 하시는 분이라는 인상을 가질 수도 있습니다. 그러나 우리가 하나님의 능력에 대해서 정확히 고백하는 것은 우리의 신앙생활에 있어서 대단히 중요합니다. 우리가 하나님의 전능에 대해서 불신하는 순간, 신앙에서 떠나는 경우가 많기 때문입니다.

만약 이 전능하신 하나님께서 우리와 무관하게 일하신다면 어떻게 될까요? 우리와 아무 관계가 없을 때, 전능하신 하나님은 그야말로 두려움의 대상일 뿐입니다. 이것은 이방 종교를 보면 알 수 있습니다. 그들에게 하나님이란 막연한 의미에서의 신입니다. 더구나 신을 아버지라고 생각하지도 않습니다. 그래서 그들은 어떻게 하든지 신을 [달래야] 한다고 생각합니다. 예를 들어, 태풍이 불고, 가뭄이 심하면 그들은 기우제나 제사를 지냅니다. 우리는 여기서 하나님이 아버지 되심이 얼마나 중요한지를 알게 됩니다. 만약 모든 일을 할 수 있는 분이 우리의 죄악에 대해 제 삼자의 입장에서 멀찍감치 서계시거나 분노만 하신다면 우리는 어떻게 되겠습니까? 그야말로 멸망 그 자체일 것입니다. 그런 경우, 하나님의 '전능'은 우리에게 공포와 절망이 될 수밖에 없습니다. 따라서 우리에게

어찌 이런 일이??

전능하신 하나님이 어떻게 우리 같은 피조물의 아버지가 될 수 있을까요? 그것은 하나님께서 우리의 하나님이 되시기 전에 이미 "우리 주 예수 그리스도의 영원하신 아버지"이시기 때문입니다. 사실 하나님을 아버지라고 부를 수 있는 분은 예수 그리스도 뿐입니다. 그러나 우리가 예수 그리스도와 하나가 되었기 때문에, 예수 그리스도께서 가지고 있는 모든 특권을 우리가 누리게 된 것입니다. 따라서 '그리스도 안에서' 우리는 하나님을 아버지라고 부를 수 있게 되었습니다. 뒤에서 더 자세히 공부합니다.

유일한 소망이 있다면, 그것은 바로 하나님이 우리의 아버지가 되신다는 사실입니다.

하나님은 창조주이시다.

사도신경에 따르면, 전능하시며 아버지가 되신 하나님께서 우리를 위해서 하신 대표적인 일은 "창조"입니다. 이것은 성경의 가장 첫 부분에 나오는 가장 분명한 성경적 가르침입니다. 물론 하나님께서는 심판도 행하시고, 구속도 행하시고, 성령을 통해 중생케 하시는 일도 합니다. 그러나 창조의 사역이야 말로 전능하신 아버지가 어떤 분이라는 것을 가장 잘 나타내 줍니다.

창조의 교리는 이미 초대교회 시절부터 공격을 받았습니다. 헬라철학이나 영지주의자들은 이 세상을 악하다고 보았습니다. 따라서 하나님이 이 악한 세상을 창조했다는 것은 말이 되지 않는다고 생각했습니다. 이 세상은 하나님이 아니라 하나님보다 열등한 어떤 신이 만들었고, 이 죄 많은 세상에서 벗어나 하나님의 세상으로 가는 것이 구원이라고 가르쳤습니다. 사도신경은 바로 이들에 대항하여, 우리가 믿는 하나님이 바로 이 세상의 창조주라는 것을 분명하게 선언하였습니다. 따라서 이 고백은 우리로 하여금 이 세상을 보다 긍정적으로 보게 합니다. 구원은 죄 많은 세상을 벗어나는 것이 아니라, 세상 속에 살면서 하나님께 순종하다가, 결국 이 세상과 함께 새롭게 되어 하나님의 통치 속에 들어가는 것이라고 할 수 있습니다.

하나님을 창조주로 고백하는 순간, 우리는 또한 우리 자신이 피조물이라는 것을 고백합니다. 우리와 무관한 하나님에 대한 지식은 우리에게 아무 소용이 없습니다. 또 우리가 피조물이라는 사실은 우리가 스스로 존재하지 않고, 이 세상과 우리가 무에서 창조되었음을 의미합니다. 이것을 요리문답에서 분명히 언급하고 있는데,

"아무 것도 없는 중에서" 창조하셨다고 고백하고 있습니다. 이 무(無)에서의 창조야 말로 기독교의 고유한 교리입니다. 이 세상에 많은 종교가 있고, 신에 대해서 이야기하고 있고 창조에 대해서도 이야기 하고 있지만 오직 기독교만이 무에서의 창조를 분명하고 확실하게 말하고 있습니다. 다른 신들은 다 이미 있는 어떤 물질에서 세상의 창조(?)를 말할 뿐입니다.

창조의 교리를 말한다는 것은 또한 우리의 모든 존재가 창조주이신 하나님께 전적으로 의존한다는 것입니다. "우리는 진흙이요, 주는 토기장이시니 우리는 다 주의 손으로 지으신 것이라(이사야 64:8)" 이 비유만큼 창조주와 피조물의 관계를 잘 보여주는 것도 없을 것입니다. 결국 이 사실은 인간으로 하여금 겸손하게 합니다. 창조를 거부하는 것은 하나님에 대한 인간의 독립을 선언하는 것이며, 이것은 모든 죄의 출발점입니다. 사실 바로 이 때문에, 창조 교리는 항상 많은 공격을 받아온 것입니다.

참조하기

존 칼빈 (Jean Calvin, 1509 ~ 1564)
종교개혁자 칼빈의 [기독교강요, 1559년판] 상권을 보면 제1권 [창조주 하나님에 관한 지식]에서 제1장의 제목은 다음과 같습니다.

"하나님에 관한 지식과 우리 자신에 관한 지식은 서로 연결되어 있다. 그러면 이 둘은 어떻게 서로 관련되어 있는가"

[심화학습]
"전능하신 하나님을 아버지로 두셔서 좋으시겠어요!?"
"네, 물론입니다! ^^"

언제나, 어디에나 미치는 하나님의 손길

하이델베르크 요리문답은 창조를 설명하면서 이미 섭리를 잠시 언급합니다. 섭리는 창조한 세상에 대한 하나님의 다스림을 표현하는 전문 용어입니다. 이 섭리는 창조와 떨어질 수 없지만 구분되어야 합니다. 창조가 하나님께서 무엇을 하셨는가에 대한 고백이라면, 섭리는 그 하나님께서 지금 무엇을 하시는가에 대한 고백이라고 할 수 있습니다. 하나님의 백성은 세상이 어떻게 만들어졌는지도 알아야 하지만, 또한 세상이 어떻게 움직이고 있는 지도 알아야 합니다.

이상하게 들리겠지만, 기독교 신앙을 고백하는 자 중에서 창조를 믿는 자는 많지만 섭리를 믿는 자는 그렇게 많지 않습니다. 세상에서 일어나는 일만 보면 하나님의 손길이 미친다는 것을 아예 실감할 수 없거나 아주 미미하게 느껴지기 때문입니다. 그러나 요리문답은 하나님의 손길이 항상, 모든 곳에 미치고 있다고 합니다. 그렇다면 섭리가 무엇이며, 이 교리가 우리에게 주는 교훈은 무엇일까요? 이 세상이 도대체 어떻게 움직여 가고 있는가에 대해서는 역사상 많은 답변들이 제시되었습니다. 지금부터 살펴보겠지만, 이 모든 답변들은 그러나 우리에게 궁극적으로 [절망]을 주고 맙니다.

어떤 철학자들은 세상이 우연에 의해서 움직인다고 주장하였습니다. 이것은 요리문답이 명시적으로 거부하는 세계관입니다만, 과학이 발달하지 않았던 시대에는 먹혔던 이야기입니다. 기근이나 폭우와 같은 자연적인 요소에 사람들이 큰 영향을 받았고, 이런 것이 다 우연에 의해서 발생한다고 생각했습니다. 반대로 스토아 철학자들은 세상이 어떤 운명에 의해 지배된다고 생각하였습니다. 세상 역사는 결국 정해진 길로 간다는 것입니다. 일부분은 맞는 것 같습니다. 대표적인 예로, 인간은 언젠가 다 죽게 될 것입니다. 누구도 이것을 피할 수 없습니다. 정해진 길입니다.

그러나 이런 세계관을 가지면 어떻게 될까요? 우리 삶이 '로또'와 같다고 생각해 봅시다. 그런 삶 속에서는 어떠한 의미도 찾을 수 없는 것입니다. 모든 것이 다 우연히 일어난 일일 뿐입니다. 하루 하루 우연에 의지해 살아가면 그 뿐입니다. 왜 그런 일이 일어나는지는 알 수가 없습니다. 운명의 탓으로 돌려도 마찬가지입니다. 세상에서 선을 위해 애쓸 이유가 딱히 없어집니다. 그 운명이 선을 향해 결정되어 있다면 다행이지만, 악을 향해 결정되어 있다면 그야말로 절망입니다. 우리는 선인지 악인지도 모르는 운명을 향해 달려갈 뿐인 존재가 됩니다.

현대에 와서는 이 세상이 어떤 법칙에 의해 '진보'한다는 생각이 자리를 잡았습니다. 그 법칙을 잘 연구해서, 발견하여, 그 법칙대로만 살아간다면, 세상은 천국이 될 거라고 생각합니다. 혹자는 그것을 과학 기술이라고 생각합니다. 그러나 과학이 좋은 것을 준 것은 사실이지만, 반대로 악한 기술도 그에 못지않게 발전했습니다. 인간은 세상을 창조할 수는 없지만, 적어도 이 세상을 수십 번도 넘게 멸망시킬 수 있는 힘은 갖고 있습니다.

또 어떤 이들은, 미래는 우리가 만들어 가는 것이라고 생각합니다. 그러나 문제는 가야할 방향이 '사람마다 다르다'는 것입니다. 자기가 추구하는 생각이 절대적으로 옳다는 보장을 누가 할 수 있을까요? 더구나 인간은 기본적으로 타락했기 때문에 공공의 선이라는 명목으로, 사실은 다 자기 자신, 자기편의 이익을 추구하고 있을 뿐입니다. 인간이 만들어 내는 사회가 우리의 소망이 될 수 없습니다.

악의 존재: 하나님의 섭리에 대한 큰 도전

앞에서 우리는 이 세상의 인간들이 제시한 몇 가지 세계관을 살펴 보았습니다. 그것들이 옳고 그르고를 떠나서 그것들은 우리에게 소 망을 줄 수 없다는 것이 분명합니다. 오직 선하신 참 하나님이 이 세 상을 다스린다는 가르침만이 우리에게 소망을 줄 수 있을 뿐입니다. 이 섭리를 믿을 때, 이 세상은 어떤 목적에 의해서 움직이고, 그 나 아가는 방향이 궁극적으로 선이 될 것이라는 확신을 가지게 됩니다.

그러나 이런 섭리의 교리를 완전히 신뢰할 수 없도록 하는 요소가 이 세상에 있습니다. 그것은 바로 이 세상에 악도 존재한다는 사실 입니다. 그 악도 그냥 사소한 악이 아니라 엄청나게 큰 실체로 존 재하고 있습니다. 사탄은 재앙을 사용해서 하나님의 섭리에 대한 우리의 믿음을 흔들려고 노력합니다. 욥이 대표적인 경우입니다. 그는 누가 보아도 선한 사람이었습니다. 하나님을 경외하고 철저 하게 신뢰하였던 사람입니다. 그런 그에게 큰 재앙, 말로 할 수 없 는 재앙이 닥쳤습니다. 하루아침에 모든 재산을 잃었고, 모든 자 녀를 잃었고, 마지막에는 자기의 건강까지 잃었습니다. 사탄이 그 래도 아내는 남겨 두었는데, 욥이 불쌍해서 그런 것이 아니고 그 에게 악담을 퍼부으라고 남겨 둔 것입니다. "당신이 그래도 온전 함을 굳게 지키느냐? 하나님을 욕하고 죽어라!"

욥이 무엇이라고 대답을 합니까? "그대의 말이 한 어리석은 여자 의 말 같도다. 우리가 하나님께 복을 받았은즉 화도 받지 아니 하 겠느냐?" 욥의 말에서 우리는 지혜가 무엇이고 어리석음이 무엇인 지를 보게 됩니다. 세상적인 관점에서 보면 욥의 아내가 아주 지 혜롭습니다. 그렇지만 욥은 대답합니다. 만약 하나님이 참 하나님 이라면, 우리에게 복만 내리시는 분만이 아니라 화도 내리셔야 한 다는 것입니다. 복만 내리시는 하나님은 참 하나님이 아니라는 것 이지요. 하나님은 복과 화를 모두 주관하시는 분입니다. 이것이 바 로 성경이 제시하는 참 하나님입니다. 복만 추구하거나 고통만 추 구하는 신자는, 섭리를 제대로 모르는 것입니다.

하나님의 전능에 대한 구체적인 고백

섭리는 능력입니다. 이 능력은 전능하신 능력이고 언제 어느 곳에든지 미치는 능력입니다. 그 능력으로 모든 피조물을 보존하시고 다스리는데, 이것을 섭리라고 합니다. 요리문답은 그 능력이 미치는 구체적인 예도 언급하고 있습니다. 잎새와 풀, 비와 가뭄, 풍년과 흉년, 먹을 것과 마실 것, 건강과 질병, 부와 가난. 하나님의 능력이 이런 모든 것에 아버지의 손길처럼 임한다는 것입니다. 많은 사람들은 하나님께서 자연현상은 주관하더라도, 적어도 인간의 자유에 대해서는 간섭할 수 없다고 생각합니다. 실제로 수많은 사람들이 자신들의 자유의지를 사용하여서 죄를 짓고 있습니다. 그러나 문제는 그렇게 많은 죄들이 하나님의 의지와 상관없이 일어난다면, 하나님은 그야말로 무능력하거나 무책임한 존재가 되어 버립니다.

물론 우리가 어떤 결정을 내릴 때, 그 결정은 우리가 하는 것입니다. 내가 아닌 다른 사람이 하는 것이 아닙니다. 심지어 하나님이 결정을 하는 것도 아닙니다. 그러나 문제는 과연 내가 결정을 내릴 때, 그 결정이 하나님의 뜻과는 아무런 상관없이 이루어지느냐 입니다. 이 점에서 우리는 빌립보서 2장 13절에 주목할 필요가 있습니다. "너희 안에서 행하시는 이는 하나님이시니 자기의 기쁘신 뜻을 위하여 너희에게 소원을 두고 행하게 하시나니." 이 본문을 통해서 우리는 하나님의 다스림에는 제한이 없는 것을 보게 됩니다.

"그 분은 심지어 우리 안에서도 역사하십니다. 우리로 하여금 의지를 가지게 하시고 심지어 행동을 하도록 하기도 하십니다. 우리가 결정하고 행동하는 것이 분명하지만, 그 모든 것이 하나님의 기쁘신 뜻을 위하도록 하신다는 것입니다. 이것이 우리가 이해할 수 없는 하나님의 능력입니다."

하나님은 모든 것을 자신의 기쁘신 뜻을 위하여 하십니다. 식물이나 동물을 먹이실 때는 자연의 법칙을 사용하시고, 인격적인 천사나 인간들을 돌보실 때에는 그들의 자유의지를 사용하십니다. 그 결과, 세상에는 좋은 일 뿐만 아니라 나쁜 일도 일어납니다. 하지만, 그 모든 것이 선한 뜻을 이루도록 하나님께서 간섭하시고 계십니다. 이것이 섭리에 대한 우리의 신앙고백입니다.

섭리를 믿는 것이 우리의 삶에 어떤 유익을 줍니까? 역경 속에서 [인내]를 하게 됩니다. 역경 속에서는 화를 내는 것이 당연한데, 욥은 그것을 어리석은 것이라고 간주했습니다. 형통할 때에는 또한 감사를 합니다. 그 복이 우리에게서 난 것이 아니라 하나님께서 주신 선물이라는 것을 알기 때문입니다. 섭리를 믿는 신자는 어떤 상황 속에서도 신실하신 아버지 하나님을 붙들고 살아갑니다. 물론 우리가 왜 하나님께서 우리에게 역경을 주시는지는 다 알 수 없습니다. 그러나 확실한 것은 그 역경도 우리에게 궁극적으로 유익이 된다는 것입니다. 또한 하나님이 전능하시기 때문에, 어떤 것도 하나님 보다 힘이 세지 못하며, 따라서 우리를 붙들고 있는 하나님의 손을 잡아 뗄 수는 없다는 것을 확신할 수 있습니다. 결국, 섭리에 대한 믿음은 하나님의 신실함에 대한 고백이라고도 할 수 있는 것입니다.

고백한 대로

하이델베르크 요리문답의 사도신경 해설에는 "유익(benefit)"에 대한 언급이 많이 나옵니다. 흑곰북스의 또다른 교리학습서 [특강 소요리문답]으로 '웨스트민스터 소요리문답'을 공부하신 분은, 다음과 같은 질문을 자주 접하셨을 것입니다. "오늘 공부한 것이 당신에게 무슨 유익을 줍니까? 오늘 배운 내용이 감사가 되십니까?". 이 책에도 마찬가지 질문이 계속 나옵니다. 교리를 공부하거나 가르칠 때 이것을 명심해야 합니다. 하나님에 대해, 복음에 대해 배웠다면, 우리 신앙이 그대로일 수 있을까요? 제대로 대답하고, 대답한 그대로 또한 [살아야] 합니다. 이것이 내용 몇 줄을 더 아는 것보다 훨씬 더 중요합니다!

| 확인질문

질문을 읽고 답을 먼저 적어본 후, 참조 페이지를 열어 자신의 답과 비교해 보세요.

1. 사도신경은 하나님에 대한 지식과 인간에 대한 지식이 긴밀하게 연결되어 있음을 보여준다고 저자는 설명합니다. 성부, 성자, 성령 하나님께서 우리의 창조자, 우리의 구속자, 우리의 성화자가 되심은 우리 삶에 어떤 영향을 미치나요?

2. 창조와 섭리에 대해 간단히 설명해 보세요.

3. 창조 교리는 인간을 겸손하게 합니다. 왜 그런가요?

4. 세상이 우연에 의해 움직이거나, 어떤 정해진 운명에 의해 움직인다면, 이런 세계관은 우리에게 소망이 되지 못합니다. 왜 그렇습니까?

5. 이 세상에 악이 존재한다는 것은 하나님의 섭리를 무너뜨리지 못합니다. 왜 그렇습니까?

6. 교회를 다니면서도 복만 추구하거나 고통만 추구하는 신자는 어떤 한계에 부딪히게 될까요? 생각을 나누어 보세요.

7. 하나님은 모든 것을 무엇에 목적을 두고 행하십니까?

8. 섭리를 가르치고 배우고 믿는 것이 우리 삶에 어떤 유익을 줍니까?

9. 섭리에 대해 배운 뒤, 섭리를 알지 못했던 시절의 나와 지금의 나 사이에 어떤 차이가 있는지 비교해 보세요.

10. 사도신경의 전체 구조를 종이에 그려봅시다. 크게 몇 부분으로 나눌 수 있는지, 세부적으로는 또 몇 부분으로 나눌 수 있겠는지요?

숲보기

11. 우리는 왜 성부 하나님에 대해 잘 알아야 합니까? 그 대답을, 요리문답의 전체 구조를 보면서 설명해보십시오.

숲보기

1) p.118 2) p.126 3) p.125 4) p.126~127 5) p.128 6) p.128 7) p.130 8) p.130

| 역사 속으로

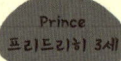
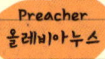
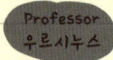

올레비아누스 (Caspar Olevianus, 1536~1587)

올레비아누스는 로마 가톨릭의 중심 도시, [트리어]에서 태어났습니다. 그는 비교적 부유한 집안에서 태어나 14세에 법학을 공부하기 위해 프랑스 유학길에 올랐습니다. 파리에서 종교개혁의 현장을 경험했고, 목숨을 걸고 신앙을 지키기 위해 사는 사람들과 함께 했습니다. 올레비아누스는 이곳에서 칼빈의 글을 열심히 공부했고 독실한 개신교도가 되었습니다.

대학 생활 중에 헤르만 루트비히라는 친구를 사귀었는데, 어느 날 강에서 이 친구가 탄 보트가 뒤집힌 것을 보았습니다. 올레비아누스는 친구를 구하기 위해 강물에 뛰어들었지만 그도 곧 위험에 처하고 말았습니다. 급박한 상황에서 헤르만 루트비히의 시종은 두 사람 중에서 올레비아누스를 자신의 주인으로 착각해서 구해냈고, 정작 헤르만 루트비히는 죽고 말았습니다. 이 일로 인해, 올레비아누스는 평생 설교를 하며 살겠노라고 하나님께 서원하게 됩니다.

이 사건은 훗날 그가 하이델베르크 요리문답을 작성하게 되는 중요한 계기가 됩니다. 헤르만 루트비히는 다름 아닌 팔츠의 선제후 프리드리히 3세의 아들이었고, 이 때 프리드리히 3세가 올레비아누스를 눈여겨 본 까닭입니다.

올레비아누스는 제네바에 가서 존 칼빈에게 직접 기독교의 진리에 대해 배우고, 또 칼빈의 제자인 테오도르 베자와 평생지기로 인연을 맺습니다. 그는 다시 고향에 돌아가 불과 몇 개월만에 훌륭한 설교자로 이름을 떨쳤습니다. 마치 도시 전체가 완전히 개신교로 개종할 듯이 열띤 분위기가 이어지자, 로마 가톨릭의 핍박이 시작됩니다. 올레비아누스는 곧 감옥에 갇히는 처지가 되는데, 이 소식을 들은 '어떤 개신교도 영주'가 보석금을 내주고 그를 감옥에서 구해냅니다. 그리고 자신의 도시에서 개신교 신앙이 확고히 자리 잡을 수 있도록, 종교개혁 작업을 도와달라고 제안합니다. 덕분에 올레비아누스는 무사히 트리어를 떠나 [하이델베르크]로 옮겨 대학에서는 교수로, 교회에서는 설교가로 그 영주를 돕게 됩니다. 올레비아누스는 우르시누스를 도와 하이델베르크 요리문답을 작성하는 데 참여하고, 특히 그 지역의 교회법을 작성하는 데 주도적인 역할을 담당합니다. 요리문답을 가지고 실제적으로 교육과 의식 등에 사용할 수 있는 방안을 법으로 제도화하여 개혁교회, 개혁 도시를 질서있게 세워나갔던 것입니다.

네, 그렇습니다. 이 모든 일을 뒤에서 구상하고 진행한 그 어떤 개신교도 영주는 바로 강에서 아들을 사고로 잃었던 팔츠의 선제후, 프리드리히 3세였습니다.

올레비아누스의 집, 지금은 상점이 되었음 (트리어)

올레비아누스의 이름을 딴 거리 이름 (트리어)

올레비아누스 기념관 (트리어)

성령교회 : 올레비아누스가 설교하고, 우르시누스가 주일 오후에 요리문답 설교를 한 곳. (하이델베르크)

하이델베르크에서 떠난 올레비아누스가 가르치는 일로 섬겼던 학교, 호헤슐레 입구 (헤르보른)

지금은 호헤슐레의 일부가 레스토랑으로 운영되고 있음. 식당 내부에 전시보관 중인 당시의 강단. (헤르보른)

29~52문

그 지식의 요약, 사도신경(2) 성자 하나님

계속해서 사도신경을 공부합니다. 사도신경은 삼위 하나님에 대한 고백이지만, 특별히 성자 하나님에 대한 고백이 가장 많은 부분을 차지합니다. 중보자이신 예수 그리스도를 통하여 우리가 삼위 하나님에 대한 지식을 가장 잘 알 수 있기 때문입니다. 한편으로는 역사적으로 예수 그리스도에 대한 오해가 그만큼 많았다는 것을 반증하기도 합니다.

※ 그렇다 보니 이 단원의 분량이 아주 많습니다.^^ 다른 단원의 세 배쯤 됩니다. 그렇다고 단원을 둘이나 셋으로 나누면, 전체 흐름을 보기 어려워집니다. 따라서 공부를 하실 때 이 단원을 하나의 시야로 보시되, 적당한 곳에서 끊어서 읽으시는 것이 좋습니다. 항상 숲과 나무를 동시에 보는 것이 중요합니다.

29문: 왜 하나님의 아들을 예수,
　　　곧 구주(救主)라 부릅니까?

답: 그가 우리를
　　　우리 죄에서 구원하시기 때문이고,[1]
　또 그분 외에는 어디에서도
　　　구원을 찾아서도 안 되며
　　　발견할 수도 없기 때문입니다.[2]

30문: 그렇다면 자신의 구원과 복을
　　　소위 성인(聖人)에게서,
　　　혹은 자기 자신이나
　　　다른 데서 찾는 사람들도
　　　유일한 구주이신 예수를 믿는 것입니까?

답: 아닙니다.
　그들은 유일한 구주이신 예수를
　　　말로는 자랑하지만
　　　행위로는 부인합니다.[3]
　예수가 완전한 구주가 아니든지,
　아니면 참된 믿음으로 이 구주를 영접한 자들이
　　　그들의 구원에 필요한 모든 것을
　　　그에게서 찾든지,
　둘 중의 하나만 사실입니다.[4]

---

1) 마태복음 1:21; 히브리서 7:25
2) 이사야 43:11; 사도행전 4:11-12; 디모데전서 2:5; 요한1서 5:11-12
3) 고린도전서 1:13,30-31; 갈라디아서 5:4
4) 이사야 9:7; 요한복음 1:16; 골로새서 1:19-20; 골로새서 2:10; 히브리서 12:2; 요한1서 1:7

한 단어씩 자세히 살펴보기

사도신경에서 성자에 대한 고백은 두 부분으로 나눌 수 있습니다. 첫째는 예수님이 어떤 분인가를 다루고, 둘째는 예수님께서 무엇을 하시는가를 다룹니다. 예수님이 누군가라고 했을 때 사도신경은 네 가지로 고백합니다. 예수, 그리스도, 독생자, 주.

이 순서는 사도신경이 원래 쓰였던 라틴어 어순을 그대로 따른 것입니다. 참고로, 우리나라 번역은 독생자, 주, 예수, 그리스도라고 되어 있습니다. 바로 이 이유 때문에, 하이델베르크 요리문답은 당연히 우리나라 번역을 따르지 않고, 원문에 따라 [예수], [그리스도], [독생자], [주님]이 무엇을 뜻하는지 차례대로 다루고 있는 것입니다.

예수. 그리스도. 독생자. 주님

이 네 가지 용어를 그다지 구분하지 않고 대충 사용하는 경우가 많습니다. 특별히 [예수]와 [그리스도]는 거의 함께 사용되기에, 어떤 경우에는 마치 한 단어처럼 이해되기도 합니다. 물론 예수와 그리스도는 동일한 인물입니다. 그러나 예수는 중보자의 이름이고, 그리스도는 중보자의 직분이라고 할 수 있습니다. 예를 들어 저는 목사이고 제 이름은 이성호입니다. 그러나 '성호'와 '목사'가 같다고 말해서야 되겠습니까? 우리가 이 호칭들을 잘 구별하여 사용할 때, 우리는 우리가 고백하는 성자 하나님을 보다 풍성하게 이해할 수 있을 것입니다.

예수: 죄에서 구원하실 분

[예수]는 육신을 취하신 성자 하나님을 지칭하는 이름입니다. 이는 '구원하다'는 뜻의 히브리어 [여호수아]를 헬라식으로 표기한 것입니다. 이 이름이야 말로 예수님이 누구신지를 가장 잘 드러내 줍니다. "아들을 낳으리니, 이름을 예수라 하라. 이는 그가 자기 백성을 저희 죄에서 구원할 자이심이라 하니라."(마태복음 1장 21절) 그러나 예수라는 이름은 당시에 그렇게 독특한 이름은 아니었습니다. 아브라함이나 이삭, 요셉과 같이, 여호수아 혹은 예수라는 이름도 이스라엘 사람들이 흔히 선호하는 이름 중 하나였습니다.

당시 로마의 지배를 받고 있었던 많은 이스라엘 사람들은 자기 아들 이름을 구원자라는 뜻인 예수라고 짓기를 좋아하였습니다. 혹시나 그 아들이 자라서 자신들을 로마의 지배에서 해방시켜줄까 하고 바랐던 것입니다. 많은 예수가 있었지만, 어느 누구도 로마의 지배에서 이스라엘을 해방시키지 못했습니다. 이 점에서는 예수님도 마찬가지입니다. 예수님은 자신을 따르던 무리들을 로마의 지배에서 구원시킨 것이 아니었기 때문입니다. 그런데 왜 예수님을 구원자라고 부를 수 있을까요? 예수님은 자기 백성을 애굽이나 바벨론이나 로마보다 더 큰 어둠의 세력인 죄에서 구원시키셨습니다.

불행하게도 오늘날 많은 사람들이 여러 가지 다른 이유로 예수를 믿습니다. 보다 물질적인 풍요로운 삶을 얻고자, 정신적으로 평안함을 누리고자, 병에서 나음을 얻고자 예수를 믿으려 합니다. 어떤 이들은 경제적인 억압과 착취에서 해방하는 것이야 말로 진정한 구원이라고 생각합니다. 병에서의 구원, 가난에서의 구원, 억압에서의 구원, 차별에서의 구원…… 물론 이런 구원이 필요 없다는 것은 아닙니다. 그리스도인은 병든 사람을 돌보고, 굶주린 사람을 먹이는 일을 해야 합니다. 실제로 예수님은 이 세상에 있으면서 병을 고치시기도 하고, 굶주린 사람을 먹이기도 하셨습니다. 그러나 예수님은 그런 사역들 보다는 보다 근본적인 사역에 힘쓰셨습니다.

비참은 우리 눈에 보이지만 죄는 우리 눈에 보이지 않습니다. 예수님께서 병을 고치신 이유가 바로 여기에 있습니다. 사람들이 중풍병자를 예수님께 데려 오셨을 때, "네 죄가 사함을 받았다"고 선언하셨습니다. 이 선언이 허풍이 아님을 사람들이 어떻게 알 수 있었습니까? 예수님은 죄의 결과인 병을 고치심으로 자신을 증명하신 것입니다. 이것을 잊어서는 안 될 것입니다. 왜냐하면, 많은 사람들이 자신들의 문제가 해결되지 않을 때, 예수님을 버리고 신앙에서 떠나는 경우가 많기 때문입니다.

사도행전을 보면, 제사장들과 사두개인들은 앉은뱅이를 고친 베드로와 요한을 더 이상 가만 두어서는 안 되겠다고 생각하고 잡아 가두었습니다. 그리고 사도들을 세워놓고 물었습니다. '무슨 권세와 뉘 이름으로 이 일을 행하였는가?' 그러자 사도들은 질문을 정확하게 교정한 후 담대히 대답합니다. '이 사람이 어떻게 구원을 얻었는가 라고 묻는다면, 너희들이 예수를 십자가에 못 박았으나 하나님께서 죽은 자 가운데서 살리신 나사렛 예수 그리스도의 이름으로 이 사람이 건강하게 되었다'(사도행전 4:9).

예수: 유일하시며 완전하신 구원자

사도들은 특별히 예수님이 [유일한] 구원자라는 사실을 증거하고 있습니다. "구원을 얻을 만한 다른 이름이 없다"고 사도들은 선언합니다. (사도행전 4:12) 이것은 예수를 믿지 않는 사람에게도 중요한 말이지만, 예수를 이미 믿고 신앙생활을 하는 사람에게도 중요한 말입니다. 예수를 믿는다는 말이 무슨 말입니까? 적어도 예수가 구원자가 되심을 믿는 것입니다. 그런데 예수님을 구원자라고 고백하면서 정작 힘들고 어려울 때는 다른 곳에서 구원을 찾으려는 사람들이 많습니다. 우리가 구원자이신 예수를 믿는다는 것은 그분만이 우리의 [유일하시며 완전한 구원자]라는 것을 믿는 것입니다.

하지만 이 예수의 유일성은 교회 역사 속에서 항상 도전을 받았습니다. 하이델베르크 요리문답이 작성되었을 때 로마 가톨릭 교회는 예수를 구원자라고 인정하면서도 수많은 작은 구원자들을 만들어 내었습니다. 대표적으로 수많은 성인들, 천사, 그리고 마리아가 신자들에게 구원에 도움을 준다고 생각하였습니다. 이들이 과연 예수를 믿는 것일까요? 이렇게 믿는 것은 예수를 믿는 것이 아닙니다. 요리문답에 따르면, 입으로는 예수님을 자랑하지만 행위로는 부인하는 것입니다.

또한 구원을 자기 자신에서 찾는 자들도 많습니다. 그들은 자신이 닥친 문제를 자기 스스로 해결할 수 있다고 믿습니다. 물론 우리 자신들은 어느 정도 우리 문제를 해결할 수 있습니다. 그러나 죄의 문제만큼은 어떤 경우에도 스스로 해결할 수가 없습니다. 죄는 우리보다 훨씬 더 큰 힘을 가지고 있고 우리 자신은 그 죄의 영향력 아래 있기 때문입니다. 또 어떤 이들은 돈에서 구원을 찾으려고 합니다. 병이 두려워 보험을 여러 개씩 들기도 합니다. 은퇴 이후를 두려워하는 사람은 어떻게 하든지 돈을 많이 모아 두려고 합니다. 실직에 대해서 두려워하는 사람은 어떻게 하든지 자격증을 하나라도 따서 모아 두려고 합니다. 이런 노력을 하지 않아도 된다는 것을 말하는 것이 아닙니다. 그런 것들이 궁극적으로 우리를 구원할 수 없다는 것입니다.

신학(THEOLOGY)은 삼위 하나님에 대한 찬송

신학교에서 몇 년을 지냈는데도 그 학생이 부르는 찬송이 바뀌지 않는다면 학생이 잘못 배웠거나 가르친 교수가 잘못 가르친 것입니다. 이것이 제가 수업 시간에 찬송을 함께 부르자고 하는 이유입니다. 찬송은 주로 찬송가에 실린 것을 고릅니다. 초대 교회를 가르칠 때에는 클레멘트의 "참 목자 우리 주", 암브로시우스의 "찬란한 주의 영광은"을 부릅니다. 교의학 서론을 가르칠 때에는 "사랑의 하늘 아버지", "주님의 귀한 말씀은" 등의 곡을 부릅니다. 특별히 "참 목자 우리 주"는 교회 역사상 가장 오래된 노래(가사)이기도 합니다.

* 작사자에 대해 : 알렉산드리아의 클레멘트. 2세기에 활동했던 유명한 신학자이자 변증가. 그가 기독교를 가르치기 위해 쓴 신학저서 "교육가(Paidagogos)"의 맨 마지막 부록에 "참 목자 우리 주"가 첨부되어 있음. 가사와 단순한 곡조를 통해 성자 하나님에 대해 정확하고 풍성한 지식을 전함.

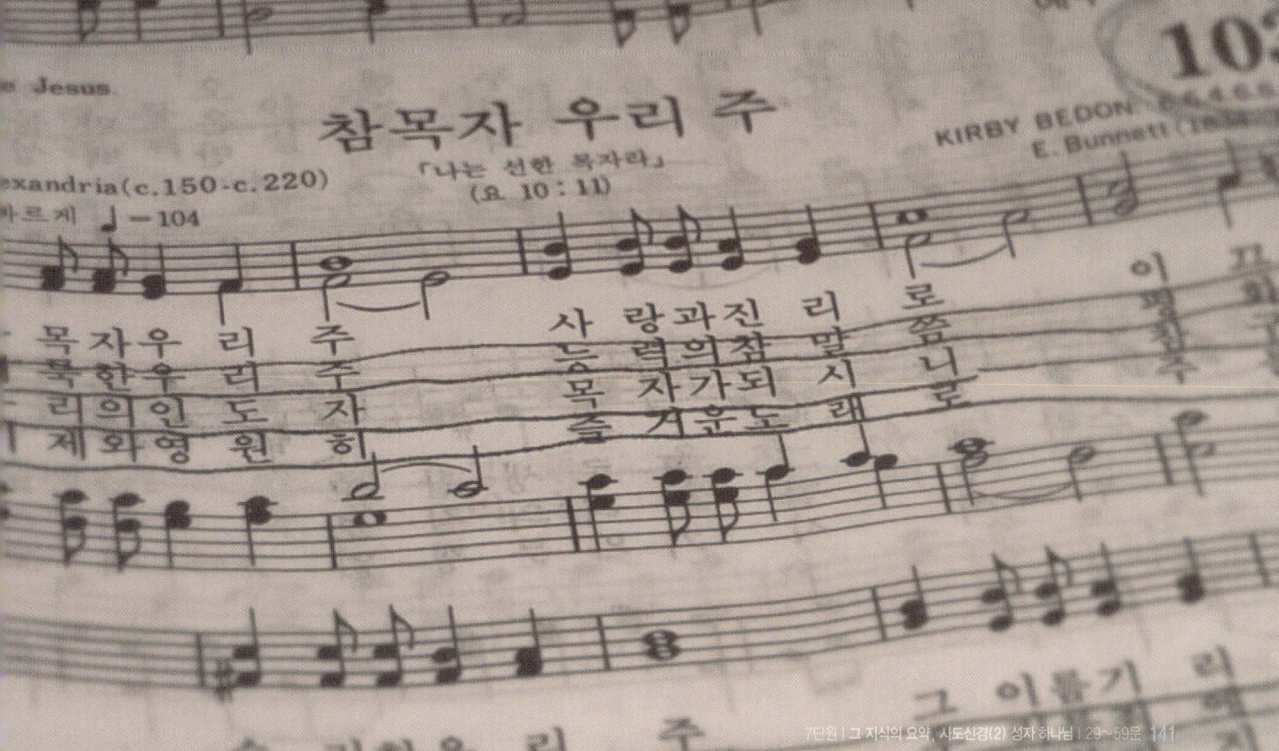

**31문: 그분을 왜 그리스도,
곧 기름 부음을 받은 자라 부릅니까?**

답: 왜냐하면 그분은
　　　성부 하나님으로부터 임명을 받고
　　　성령으로 기름 부음을 받으셨기 때문입니다.¹
그분은 우리의 큰 선지자와 선생으로서
　　　우리의 구원을 위한 하나님의 감추인 경영과 뜻을
　　　온전히 계시하시고,²
우리의 유일한 대제사장으로서
　　　그의 몸을 단번에 제물로 드려
　　　우리를 구속(救贖)하셨고,³
　　　성부 앞에서 우리를 위해 항상 간구하시며,⁴
또한 우리의 영원한 왕으로서
　　　그의 말씀과 성령으로 우리를 다스리시고,
　　　우리를 위해 획득하신 구원을 누리도록
　　　우리를 보호하고 보존하십니다.⁵

**32문: 그런데 당신은 왜
그리스도인이라 불립니까?⁶**

답: 왜냐하면 내가
　　　믿음으로 그리스도의 지체(肢體)가 되어
　　　그의 기름 부음에 참여하기 때문입니다.⁷
나는 선지자로서
　　　그의 이름의 증인이 되며,⁸
제사장으로서
　　　나 자신을 감사의 산 제물로 그에게 드리고,⁹
또한 왕으로서
　　　이 세상에 사는 동안은
　　　자유롭고 선한 양심으로
　　　죄와 마귀에 대항하여 싸우고,¹⁰
　　　이후로는 영원히
　　　그와 함께 모든 피조물을 다스릴 것입니다.¹¹

---

1) 시편 45:7; 이사야 61:1; 누가복음 3:21-22; 4:18; 사도행전 10:38; 히브리서 1:9
2) 신명기 18:15; 이사야 55:4; 마태복음 11:27;
요한복음 1:18; 15:15; 사도행전 3:22; 에베소서 1:9-10;
골로새서 1:26-27
3) 시편 110:4; 히브리서 7:21; 9:12,14,28; 10:12,14
4) 로마서 8:34; 히브리서 7:25; 9:24; 요한1서 2:1
5) 시편 2:6; 스가랴 9:9; 마태복음 21:5; 28:18;
누가복음 1:33; 요한복음 10:28; 요한계시록 12:10-11
6) 사도행전 11:26
7) 이사야 59:21; 요엘 2:28; 사도행전 2:17;
고린도전서 6:15; 12:13; 요한1서 2:27
8) 마태복음 10:32-33; 로마서 10:10; 히브리서 13:15
9) 출애굽기 19:6; 로마서 12:1; 베드로전서 2:5; 요한계시록 1:6; 5:8,10
10) 로마서 6:12-13; 갈라디아서 5:16-17; 에베소서 6:11;
디모데전서 1:18-19; 베드로전서 2:9,11
11) 디모데후서 2:12; 요한계시록 22:5

그리스도: 큰 선지자, 유일한 대제사장, 영원한 왕

예수님께서 나사렛 회당에 들어가셨을 때 다음의 말씀을 읽고 설교하셨습니다. "내게 기름을 부으사 가난한 자에게 아름다운 소식을 전하게 하려 하심이라 나를 보내사 마음이 상한 자를 고치며 포로된 자에게 자유를, 갇힌 자에게 놓임을 선포하며(이사야 61:1)" 고향에 돌아와서 첫 설교를 하신 셈인데, 핵심은 간단합니다. 이사야가 선포한 말씀이 성취되었다는 것입니다. 예수님 자신이 이사야 선지자가 예언한 그리스도라는 것이었습니다. 그 설교를 들었던 사람들은 모두가 "이 친구는 요셉의 아들이 아니야?"라고 반문을 하였습니다. 그들은 예수님을 단지 훌륭한 설교자, 혹은 선지자로 생각하였을 뿐입니다.

그들이 예수님을 토마스나 제임스라고 부르지 않았습니다. 그들도 예수님을 '예수(구원자)'라고 불렀습니다. 그러나 그러면서도 실제로 예수님을 구원자로 보지는 않았던 것입니다. 만약에 저의 부모님이 제 이름을 '구원자'라고 지었다면, 사람들은 할 수 없이 저를 '구원자'라고 부를 수밖에 없겠지만, 실제로 자신들을 구원할 사람이라고 생각하지는 않을 것입니다. 당시 사람도 마찬가지였습니다. 산상수훈과 같은 위대한 가르침을 전하였고, 오병이어와 같은 큰 이적을 베풀었음에도 불구하고, 그들에게 예수님은 단지 이사야나 예레미야와 같은 선지자에 불과하였습니다.

바로 여기서, 우리는 단지 예수라는 이름을 부르는 것만으로는 뭔가 부족하다는 것을 알 수 있습니다. 구원자라는 이름을 가지신 예수님께서 과연 어떤 일을 하시는 분인가를 분명히 알아야 합니다. 그것은 바로 "그리스도"입니다. 사도신경의 순서를 봐도 예수에 대한 고백 뒤에 그리스도라는 고백이 따릅니다.

그리스도: 성령으로 기름부음을 받음

[그리스도]는 헬라어로 기름부음을 받은 자라는 뜻입니다. 이 말을 히브리어로는 메시야라고 합니다. 따라서 그리스도와 메시야는 똑같은 뜻입니다. 구약에서 기름을 붓는 행위는 직분자를 세우기 위한 거룩한 예식입니다. 따라서 그리스도는 본질적으로 직분적인 개념입니다. 직분에는 기본적으로 세 가지 요소가 있습니다. 직분을 세우는 사람, 직분을 세우는 수단, 그리고 직분 그 자체가 있어야 합니다.

그러면 누가 그 직분을 세우신 분일까요? 성부 하나님께서는 성령을 통하여 예수님께 기름을 부으셔서 그리스도가 되게 하셨습니다. 하나님께서 세우신 직분을 감당하기 위해서는 성령의 도우심이 절대적으로 필요합니다. 하나님께서 직분을 세울 때에는 단지 임명만 해 놓고 알아서 하라는 식으로 방치하지 않습니다. 성령은 하나님의 직분을 수행하기 위한 능력을 주십니다. 사도행전 10장 38절에 따르면 "하나님이 나사렛 예수에게 성령과 능력을 기름 붓듯" 하셨습니다.

또 중요한 것은 직분 그 자체입니다. 목사는 말씀을 가르치는 일을, 장로는 성도를 돌보는 일을, 집사는 가난한 이를 섬기는 일을 합니다. 그렇다면 그리스도라는 직분은 무슨 일을 하는 것일까요? 구약시대에 따르면 기름을 부어서 세운 세 가지 직분이 있습니다. 선지자, 왕, 그리고 제사장입니다.

이 세 직분은 분명하게 구분되어 있었습니다. 예를 들어 제사장이 해야 할 일을 왕이 할 수 없었습니다. 사울 왕이 제사를 드렸다가 선지자 사무엘에게서 심하게 책망을 들어야 했습니다. 왕이라고 해서 마음대로 할 수 없었고 왕도 선지자로부터 선포되는 하나님의 말씀을 들어야 했습니다. 그러나 그리스도는 이 세 가지 직임을 동시에 행하는 직분이라고 할 수 있습니다. 오늘날 예수님을 이해할 때 이 세 직분을 균형 있게 이해하지 않고 한 쪽 측면만 강조하는 경우가 많은데, 성경의 가르침과는 전혀 다른 것입니다. (p.146 표 참조)

그리스도의 직분에 대해 잘 모르는 것도 문제지만, 왜곡된 인식을 가지는 것도 큰 문제입니다. 많은 사람들이 예수 그리스도를 자신들의 왕으로 세우려고 하였습니다. 왕직을 순전히 세속적인 관점에서 본 것입니다. 지금도 비슷합니다. 예수를 믿으면 만사가 잘 해결 될 것이라고 믿는 모습이 그것입니다. 말로는 그리스도를 왕이라고 하지만, 실제로는 '종'으로 여기는 것입니다.

이점에서 '예수'와 '그리스도'는 밀접한 관계가 있습니다. 예수라는 이름이 "죄로부터의 구원"을 의미하듯이 그리스도께서 하시는 사역도 본질적으로 구원을 위한 것입니다. 이 일을 선지자로서, 제사장으로서, 그리고 왕으로서 하시는 분이 바로 예수 그리스도이십니다. 선지자로서, 그분은 우리 구원을 위한 하나님의 뜻을 계시하셨습니다. 제사장으로서, 그분은 우리의 죄를 구속하시기 위해서 단번에 자신의 몸을 제물로 드렸습니다. 왕으로서, 그분은 십자가에서 이루신 구원을 계속 누리도록 하시기 위해 우리를 다스리십니다.

때문에, 그리스도는 [보통의] 선지자, 제사장, 왕과는 구별이 됩니다. 이것을 분명히 보여주기 위해서 요리문답은 형용사를 사용하고 있습니다. '최상의' 선지자, '유일한' 대제사장, '영원한' 왕... 보통의 선지자와는 달리 예수님은 하나님이 어떤 분이신지를 직접 보여 주셨습니다. 선지자는 하나님의 뜻을 전달하는 도구였지 하나님 자신은 아니었습니다. 보통의 대제사장이 짐승의 피로 제사를 드린 것과는 달리 예수님은 당신의 몸으로 당신 백성의 죄를 대속하셨습니다. 보통의 왕들이 힘으로 자기 백성을 다스린 것과는 달리 그리스도는 말씀과 성령으로 다스리십니다. 그의 나라는 이 세상에 속하지 않고 순전히 영적인 나라라고 할 수 있습니다.

예수 그리스도의 세 직분에 대한 오해들
(한 쪽 측면만 강조하면?)

선지자나 좋은 선생으로만 이해

우리의 죄를 대속하였다든지
우리의 삶을 다스리는
왕이라는 측면은 간과됨 (ex. 자유주의 신학)

우리를 죄에서 구원하셨다는 측면을 강조

우리의 삶의
주인이 되신다는 측면은
약화됨 (ex. 복음주의)

천년왕국에 집착, 재림 후
그리스도의 왕되심만 강조

계시의 완성자로서
그리스도가 선지자 되심은 무시됨

(ex. 종말론자들)

그리스도인: 그리스도의 기름부음에 참여한 자

예수 그리스도의 이름은 우리와 밀접한 관계가 있습니다. 그분을 예수라고 고백할 때, 우리는 우리 자신을 죄인이라고 고백하는 것과 같습니다. 그분을 주라고 고백할 때, 우리는 우리 자신을 그분의 종이라고 고백하는 것이 됩니다. 그분을 그리스도라고 고백할 때, 우리는 무엇이 될까요? 바로 [그리스도인]입니다. 이 명칭이 최초로 불렸던 곳은 안디옥입니다.(사도행전 11:26) 그 전까지만 하더라도 이방인에게 기독교는 유대교의 한 분파로 인식되었습니다. 그러나 성령의 오심으로 새로 형성된 교회는 그리스도께서 이미 오셨으며 그분이 예수이시라는 것을 분명히 선포함으로 유대인들과 완전히 구분되었습니다.

그 분의 '지체'로서, 우리는 그리스도께서 성부에게서 받은 모든 유익에 참여하게 됩니다. 따라서 그분이 받으셨던 성령의 기름부음에도 참여합니다. 우리가 그분의 기름부음에 참여하게 되면 우리도 선지자, 제사장, 왕으로서의 직분을 감당하게 됩니다. 선지자로서 그 이름에 대한 증인이 되고, 제사장으로서 우리의 몸을 감사의 제물로 드리고, 왕으로서 죄와 마귀에 대항하여 선한 싸움을 하게 됩니다.

우리가 예수를 그리스도라고 고백한다는 것은 우리 자신이 어떠한 존재라는 것도 동시에 고백하는 것입니다. 이 점을 놓치기 때문에 그리스도에 대한 고백의 삶의 변화로 이어지지 못하고 있는 것입니다. 예수를 그리스도라고 고백한다면, 우리는 그리스도인으로서 올바른 삶을 살고 있는가를 스스로 질문해야 하는 것입니다.

**33문: 우리 역시 하나님의 자녀인데,
　　　　그분을 왜 "하나님의 독생자"라 부릅니까?**

답: 왜냐하면 오직 그리스도만
　　　본질로 하나님의 영원한 아들이시기 때문입니다.¹
　　우리는 그리스도로 말미암아
　　　은혜로 입양된 하나님의 자녀입니다.²

**34문: 당신은 왜 그분을
　　　　"우리 주"라 부릅니까?**

답: 왜냐하면 그분이
　　　금이나 은이 아니라 그의 보혈로써
　　　　우리의 몸과 영혼을
　　　　우리의 모든 죄로부터 구속(救贖)하셨고,³
　　우리를 마귀의 모든 권세에서 해방하여⁴
　　　주의 것으로 삼으셨기 때문입니다.⁵

---

1) 요한복음 1:1,14,18; 3:16; 로마서 8:32; 히브리서 1:1-2; 요한1서 4:9
2) 요한복음 1:12; 요한복음 20:17; 로마서 8:15-17; 갈라디아서 4:6; 에베소서 1:5-6
3) 고린도전서 6:19-20; 7:23; 에베소서 1:7; 디모데전서 2:6; 베드로전서 1:18-19
4) 골로새서 1:13-14; 히브리서 2:14-15
5) 요한복음 10:28; 베드로전서 2:9

독생자는 외아들인가?

별 생각 없이 사용하고 있지만 의외로 그 뜻을 정확히 모르는 단어들이 있습니다. [독생자]라는 단어도 그 중 하나입니다. 아는 단어 같지만, 막상 설명하려고 보면 힘이 듭니다.

먼저 우리가 짚고 넘어갈 것은, 기존 사도신경 번역은 독생자에 해당하는 말을 '외아들'로 번역하고 있다는 것입니다. 그래서 독생자를 외아들과 같은 말로 잘못 아는 사람이 적지 않습니다. 이것은 번역의 오류입니다. 외아들은 아들이 하나라는 말이고 독생자는 유일하게 나신 아들이란 뜻입니다. 심지어 외아들은 딸이 있을 수 있다는 가능성도 내포합니다. 독생자는 '독자'와도 뜻이 구별됩니다. 독자라는 말은 아들이 여럿이 있다가 다 죽고 하나만 남았을 때 쓸 수도 있는 단어이기 때문입니다. 독생자라는 말은 '하나밖에 없는 아들'이라는 뜻 보다 더 풍성한 의미를 담고 있습니다. 독생자라는 말은 '성부에게서 유일하게 나신 아들'이라는 뜻입니다.

먼저 아들부터 살펴보도록 하겠습니다. 우리가 믿는 예수님은 하나님의 아들입니다. 그러나 이 단어 자체만으로는 우리에게 큰 유익을 주지 못할 수도 있습니다. 대표적으로 베드로는 예수님을 하나님의 아들로 고백하였지만, 그에게 있어서 하나님의 아들이란 능력이 충만하고 영광스러운 아들이었으며 로마 제국으로부터 이스라엘을 구원할 메시야였습니다. 그 아들이 고난을 받으실 뿐 아니라 십자가에서 죽을 것이라는 것은 상상도 하지 못했습니다.

성경은 우리가 알아야 할 모든 교훈을 담고 있지만, 이곳 저곳에 흩어져있기 때문에 그것을 발견하고 그 뜻을 알아내기 위해서는 엄청난 노력이 필요합니다. 요리문답은 그런 작업을 아주 쉽고 정확하게 할 수 있도록 우리를 도와주는 역할을 합니다.

이것은 그 당시 복음을 들었던 헬라 사람도 마찬가지였습니다. 예수는 하나님의 아들이라고 사도들이 외쳤을 때 그들은 제우스의 아들 중 자신들이 잘 모르는 아들이 또 있나보다 생각했습니다. 그러나 교회가 예수만이 '유일하신' 아들이라고 외치기 시작했을 때, 그들은 뭔가 생소함을 느꼈습니다. 예수가 하나님의 아들이라는 것은 받아들일 수 있으나, '유일하신' 아들이라는 것은 헬라인들이 받기 힘들었습니다. 그 말을 들었을 때, 그들은 기독교와 세상 종교 사이에 하나를 선택해야만 했습니다. 예수'만' 아들로 인정할 것인가 아니면 예수'도' 아들로 인정할 것인가? 그렇기 때문에 '유일하신'이라는 표현은 참 종교와 거짓 종교를 나누는 중요한 지표가 된 것입니다.

이것이 전부가 아닙니다. 이 단어는 '독특하게' 혹은 '유일한 방식으로'라는 말을 뜻하기도 합니다. 여기까지 알아야 이단과 정통을 구별할 수 있습니다. 초대교회 당시의 아리우스라는 이단은 예수님의 출생을 보통 인간과 같은 방식으로 생각했기 때문에, 성자 예수님은 성부 하나님보다 뭔가 열등하다고 생각했습니다. 그러나 그리스도는 하나님과 동일한 본질을 가지고 있습니다. 아버지가 가지고 있는 본질을 아들이 그대로 다 가지고 있습니다. 아버지가 창조되지 않았기 때문에 아들도 창조되지 않았습니다. 아버지가 무한하시기 때문에 아들도 무한합니다. 아버지가 전능하시기 때문에 아들도 전능합니다. 본질이 같기 때문에 그리스도는 "영원한" 아들이라고 불립니다. 영원하다는 말은 시간을 초월한다는 말입니다. 우리들의 시간 개념으로 설명할 수 없습니다. 아버지가 '먼저' 있었고 아들이 '후에' 태어난 것이 아닙니다. 아버지와 아들은 항상 아버지와 아들로 영원히 동일한 본질로 존재하십니다. 이것이 그리스도의 아들 되심과 우리의 아들 됨의 차이입니다.

우리는 하나님을 아버지라고 부릅니다. 예수님도 하나님의 아들이고 우리도 하나님의 아들이면, 그럼 예수님은 우리 형님이 되시는 것일까요? 그런 이야기가 아닙니다. 우리는 어떻게 보면 하나님의 아들로 입양이 된 것입니다. 아들로서 모든 특권을 다 누리지만, 실제 아들과 본질적인 측면에서 많은 차이가 있습니다. 그리스도는 본질로 영원한 아들이지만, 우리는 은혜로 입양된 아들입니다.

하나님께서 자신의 독생자를 우리를 위해 주셨습니다. 그 아들을 믿는 믿음으로 멸망하지 않고 영생을 얻도록 하시기 위해서였습니다. 여기서 영생과 멸망이 대조되고 있습니다. 이것을 통해서 우리는 원래 죄로 인해 멸망 받아야 할 존재였다는 것을 알 수 있습니다. 이 멸망에서 건짐을 받는 유일한 길은 예수를 주로 고백하는 것입니다. 하나님은 아들을 우리의 구원을 위해서 주셨고, 그 멸망에서 구원시킴으로 구원자와 주님이 되셨습니다.

요리문답은 다음과 같이 설명하고 있습니다. "구속, 건짐(구원), 자신의 소유 삼으심." 즉, 그 분이 우리를 사셨다는 것입니다. 우리가 이전에는 죄와 사망의 노예나 포로가 되어 있었는데, 주님이 죽으심으로, 즉 금이나 은이 아니라 자신의 보혈로 우리 죄에 대한 값을 치르시고 우리를 구속하셨습니다. 또한 마귀의 모든 권세로부터 우리를 건지셨습니다. 권세라는 말에 주목합시다. 이것은 우리가 속한 나라가 바뀌었다는 것을 의미합니다.

그분은 우리를 자신의 소유로 삼으셨습니다. 사도 베드로는 이것을 이렇게 표현합니다. "오직 너희는 택하신 족속이요, 왕 같은 제사장이요, 거룩한 나라의 그의 소유된 백성이니(베드로전서 2:9)" 여기서 하나님의 소유라는 개념이야 말로, 그리스도인의 자존감을 가장 잘 표현해 주는 단어입니다. 하나님의 소유가 되었기 때문에, 이제 그 누구도 우리를 하나님의 품에서 빼앗을 수 없습니다.

[심화학습]
아버지의 뜻이 아들을 통하여...

35문: "그분은 성령으로 잉태되사,
　　　　동정녀 마리아에게서 나셨으며"라는 말로
　　　　당신은 무엇을 고백합니까?

답: 하나님의 영원한 아드님은
　　　참되고 영원한 하나님이시며
　　　여전히 참되고 영원한 하나님으로서,[1]
　　성령의 사역(使役)으로[2]
　　　동정녀 마리아의 살과 피로부터
　　　참된 인성(人性)을 취하셨습니다.[3]
　　그리하여 또한 다윗의 참된 자손이 되고[4]
　　　모든 일에서 그의 형제들과 같이 되셨으나
　　　죄는 없으십니다.[5]

36문: 그리스도의 거룩한 잉태와 탄생은
　　　　당신에게 어떤 유익을 줍니까?

답: 그리스도는 우리의 중보자이시므로[6]
　　　잉태되고 출생할 때부터 가지고 있는 나의 죄를
　　　그의 순결함과 온전한 거룩함으로
　　　하나님 앞에서 가려 줍니다.[7]

---

1) 마태복음 1:23; 3:17; 16:16; 17:5; 요한복음 1:1; 10:30; 17:3,5; 20:28; 로마서 1:3-4; 9:5; 빌립보서 2:6; 골로새서 1:15-16; 디도서 2:13; 히브리서 1:3; 요한1서 5:20
2) 마태복음 1:18,20; 누가복음 1:35
3) 누가복음 1:31,42-43; 요한복음 1:14; 갈라디아서 4:4
4) 사무엘하 7:12; 시편 132:11; 마태복음 1:1; 누가복음 1:32; 사도행전 2:30-31; 로마서 1:3
5) 빌립보서 2:7; 히브리서 2:14,17; 4:15; 7:26-27
6) 디모데전서 2:5-6; 히브리서 9:13-15
7) 시편 32:1; 이사야 53:11; 로마서 8:3-4; 고린도전서 1:30-31; 갈라디아서 4:4-5; 베드로전서 1:18-19; 3:18

맥락 잃지 않기

성자 하나님은 '예수, 그리스도, 하나님의 아들, 우리의 주님'이십니다. 성자 하나님은 '항상', '그렇게' 존재하십니다. 그분은 처음부터 그랬고, 지금도 그러하며, 앞으로도 그러할 것입니다. 사도신경은 이제 그와 같이 존재하시는 하나님께서, 무엇을 하시는가를 설명합니다. 이것을 그리스도의 '인격'과 '사역'이라는 말로 구분합니다. 먼저는 성자 하나님이 어떠한 분인가를 알아야 하지만, 이제 또한 그분이 무엇을 하셨는지, 하시는지, 하실 것인지를 각각 알아야 합니다.

사도신경은 성자 하나님의 사역을 크게 두 부분으로 나누는데, 하나는 낮아지심(비하)이고 다른 하나는 높아지심(승귀)입니다. 성자 하나님의 탄생부터가 낮아지심에 속합니다. 그분은 우리 죄를 위해서 탄생하시고, 고난 받으시고, 십자가에서 못 박히시고, 죽으시고, 장사 지내시고, 지옥의 고통을 경험하셨습니다. 또한 우리의 의를 위해서 부활하시고, 승천하시고, 하나님 보좌 우편에 좌정하시고, 심판하실 것입니다. 바로 이것이 신자들의 구원에 있어서 가장 중요한 예수 그리스도의 사역입니다.

성자 하나님의 사역을 두 부분으로 설명

낮아지심
- 우리 죄를 위해 탄생
- 고난 받으심
- 십자가 형벌
- 죽으심
- 장사되심
- 지옥의 고통을 경험

높아지심
- 부활하심
- 하늘에 오르심
- 하나님 보좌 우편에 앉아계심
- 심판하실 것임

▶ 후대에 만들어진 웨스트민스터 소요리문답 23문과 비교해 보세요. 그리스도께서 낮아지심과 높아지심 두 상태에서 세 가지 직분을 어떻게 행하셨는지 잘 정리되어 있습니다.

(참조 : 특강 소요리문답 상권)

탄생의 본질: 성육신

내가 또 말하노니 유업을 이을 자가 모든 것의 주인이나 어렸을 동안에는 종과 다름이 없어서 / 그 아버지가 정한 때까지 후견인과 청지기 아래에 있나니 / 이와 같이 우리도 어렸을 때에 이 세상의 초등학문 아래에 있어서 종 노릇 하였더니 / 때가 차매 하나님이 그 아들을 보내사 여자에게서 나게 하시고 율법 아래에 나게 하신 것은 / 율법 아래에 있는 자들을 속량하시고 우리로 아들의 명분을 얻게 하려 하심이라 (갈라디아서 4:1-5)

그리스도의 나심은 우리를 위한 성자의 사역 중에서 가장 첫 사역이라고 할 수 있습니다. 이 나심이 없었다면 그리스도의 나머지 사역은 그 자체가 불가능하였을 것입니다. 그분은 우리를 위해서 고난도 당할 수도 없고, 십자가에 못 박히실 수도 없고, 죽으실 수도 없고, 따라서 부활하실 수도 없었을 것입니다.

그리스도의 나심의 본질은 '성육신'입니다. 구원자이신 하나님이 **[우리와 같은 몸을 취하신 사건]**입니다. 신구약 성경은 굳이 이 사실을 언급하고 있습니다. 이사야 7장 14절은 "처녀가 잉태하여 아들을 낳을 것이요"라고 예언했습니다. 갈라디아서 4장 4절은 더욱 정확하게, "아들을 보내사, 여자에게서 태어나게" 하셨다는 사실을 강조합니다. 어떻게 보면 이것은 사도 바울이 쓸 필요가 없는 말입니다. 이 세상 모든 사람들은 여자에게서 태어납니다. 남자에게서 태어나는 사람은 아무도 없습니다. 그러니, 아들을 보내사 여자에게 태어났다는 표현을 쓴 것은 특별한 이유가 있습니다.

예수님께서 온전한 인성을 취하신 가장 큰 이유는 바로 율법을 순종하기 위해서입니다. 율법의 본질이 무엇입니까? 그것은 바로 몸과 마음을 다하여 주 하나님을 사랑하는 것입니다. 우리 주님은 성육신을 하셨기 때문에 '몸과 마음을 다하여' 주님을 사랑할 수 있었습니다. 무엇보다 십자가에서 대속의 사역을 감당할 수 있었습니다. 만약 주님께서 몸을 취하지 않으셨다면, 주님은 우리를 위해서 죽으실 수 없고 따라서 부활도 하실 수 없었을 것입니다.

속량(贖良) : 몸값을 주어 종의 신분에서 벗어나게 해주는 것

율법에 대한 그리스도의 완전한 순종으로 말미암아 우리에게 구원의 가능성이 열리게 된 것입니다. 그리스도께서 율법 아래에 나신 것은 "율법 아래에 있는 자들을 **속량**하시고 우리로 아들의 명분을 얻게 하기 위해서"입니다.

인간의 몸으로 태어났다는 사실이 왜 중요할까?

첫째, 그리스도는 정말로 우리와 똑같은 인성을 가진 '사람'입니다. 하나님은 예수님을 여러 가지 방식으로 태어나게 하실 수 있었을 것입니다. 우리나라의 단군 신화처럼 곰과 호랑이의 결혼을 통해 태어났을 수도 있습니다. 또한 신라의 박혁거세처럼 알에서 태어났을 수도 있습니다. 그 이야기들이 정말로 사실이라고 생각해 봅시다. 그 사실이 우리에게 어떤 유익을 줄까요? 아무런 유익을 줄 수 없습니다. 왜냐하면 단군이나 박혁거세는 우리와 같은 사람이 아니라 너무나 다른 비범한 존재가 되기 때문입니다. 하지만 여자에게서 나신 그리스도는 우리와 똑같은 인성을 지니셨고, 그 인성을 지니시고 이 세상을 살아가셨습니다.

둘째, 그리스도는 인간의 몸과 영혼 모두를 온전히 취하셨습니다. 교회사 속에서는 이 문제에 대해 여러 가지 이단들이 있었습니다. 영지주의와 같은 이단들은 예수님께서 겉모습만 인간의 모양을 지녔을 뿐이지 실제로는 전혀 인성(몸과 영혼 모두)과 전혀 상관이 없다고 주장했습니다. 어떤 이들은 예수님께서 영혼은 취하셨지만 몸은 취하지 않았다고 주장했습니다. 또 어떤 이들은 예수님께서 성육신하셨을 때 몸을 완전히 신적인 것으로 바꾸었다고 주장하기도 하였습니다. 그들이 이렇게 생각한 이유는 간단합니다. 인간의 영혼은 순수하지만 몸은 악하다고 생각하기 때문입니다.

여기에 이단과 바른 신앙의 근본적 차이가 있습니다. 우리는 예수님께서 100% 인성을 취하셨다고 믿습니다. 그렇기 때문에 기독교가 말하는 구원은 '몸과 영혼' 모두의 구원입니다. 하지만 이단들은 부분적인 성육신을 믿기 때문에 부분적인 구원만 말할 뿐입니다. 적그리스도적인 가르침입니다. 요한2서 1장 7절은 "예수 그리스도께서 육체로 임하심을 부인하는 자"가 바로 미혹하는 자요 적그리스도라고 선언합니다.

[생각해 봅시다]
성령의 사역이 없었다면...?

37문: "고난을 받으사"라는 말로
당신은 무엇을 고백합니까?

답: 그리스도는 이 세상에 사셨던 모든 기간에,
특히 생의 마지막 시기에
모든 인류의 죄에 대한 하나님의 진노를
자신의 몸과 영혼에 짊어지셨습니다.¹
그분은 유일한 화목제물로 고난을 당함으로써²
우리의 몸과 영혼을
영원한 저주로부터 구원하셨고,³
우리를 위해
하나님의 은혜와
의와 영원한 생명을 얻으셨습니다.⁴

38문: 그분은 왜
재판장 "본디오 빌라도 아래에서"
고난을 받으셨습니까?

답: 그리스도는 죄가 없지만
세상의 재판장에게 정죄(定罪)를 받으셨으며,⁵
이로써 우리에게 임할 하나님의 준엄한 심판에서
우리를 구원하셨습니다.⁶

39문: 그리스도께서 "십자가에 못 박히심"은
달리 돌아가신 것보다 특별한 의미가 있습니까?

답: 그렇습니다.
십자가에 달린 자는
하나님께 저주를 받은 자이므로⁷
그가 십자가에 달리심은
내게 임한 저주를 대신 받은 것이라고
나는 확신하게 됩니다.⁸

1) 이사야 53:4,12; 디모데전서 2:6; 베드로전서 2:24; 3:18
2) 이사야 53:10; 로마서 3:25; 고린도전서 5:7;
   에베소서 5:2; 히브리서 9:28; 10:14; 요한1서 2:2; 4:10
3) 로마서 8:1-4; 갈라디아서 3:13; 골로새서 1:13;
   히브리서 9:12; 베드로전서 1:18-19
4) 요한복음 3:16; 6:51; 로마서 3:24-26; 고린도후서 5:21;
   히브리서 9:15; 10:19
5) 마태복음 27:24; 누가복음 23:13-15; 요한복음 18:38; 19:4,11
6) 이사야 53:4-5; 고린도후서 5:21; 갈라디아서 3:13
7) 신명기 21:23
8) 갈라디아서 3:13

고난의 종 예수

오순절 성령 강림 이후 교회가 크게 성장한 지 얼마 지나지 않아서 예루살렘 교회에 큰 박해가 일어났습니다. 빌립을 남쪽으로 가게 하여서 에디오피아 내시(재무장관)를 만나게 하였습니다. 그는 비록 유대인은 아니었지만 유대인을 통해 구약을 알게 되었고 하나님을 경외하게 되었습니다. 그는 예루살렘을 방문하였다가 고국으로 돌아가는 길이었습니다. 길을 가는 중에 그는 구약성경을 읽고 있었습니다. 그가 읽은 부분은 이사야 53장입니다. 그는 이 본문에서 가리키는 사람이 누군지 궁금했습니다. 빌립이 수레를 같이 타고 이사야 선지자가 말한 사람이 바로 예수 그리스도라는 것을 밝히 설명하였습니다.

> 그는 주 앞에서 자라나기를 연한 순 같고 마른 땅에서 나온 뿌리 같아서 고운 모양도 없고 풍채도 없은즉 우리가 보기에 흠모할 만한 아름다운 것이 없도다 / 그는 멸시를 받아 사람들에게 버림 받았으며 간고를 많이 겪었으며 질고를 아는 자라 마치 사람들이 그에게서 얼굴을 가리는 것 같이 멸시를 당하였고 우리도 그를 귀히 여기지 아니하였도다 / 그는 실로 우리의 질고를 지고 우리의 슬픔을 당하였거늘 우리는 생각하기를 그는 징벌을 받아 하나님께 맞으며 고난을 당한다 하였노라 / 그가 찔림은 우리의 허물 때문이요 그가 상함은 우리의 죄악 때문이라 그가 징계를 받으므로 우리는 평화를 누리고 그가 채찍에 맞으므로 우리는 나음을 받았도다 / 우리는 다 양 같아서 그릇 행하여 각기 제 길로 갔거늘 여호와께서는 우리 모두의 죄악을 그에게 담당시키셨도다 (이사야 53:2~6)

에디오피아 내시가 그러했듯이, 예수님이 오시기 전에는 이사야 선지자가 언급한 이 고난의 종이 누구를 가리키는지를 분명하게 잘 몰랐을 것입니다. 오늘날도 유대인들은 그가 어느 이름 모를 선지자일 것이라고 생각합니다. 하지만 우리는 그 고난의 종이 예수 그리스도라는 것을, 완성된 성경의 증거를 통해 분명히 알고 있습니다. 더 나아가 사도신경을 통하여 더욱 분명하게, 그리스도께서 구체적으로 어떻게 고난의 삶을 사셨는지를 고백합니다.

하나씩 살펴보겠습니다.

그리스도의 탄생은 인간을 향한 하나님의 사랑의 첫 출발점입니다. 인간으로 보아서는 참으로 귀한 탄생이지만, 예수님 자신으로 보면 전혀 그렇지 않습니다. [고난]을 위한 탄생이었기 때문입니다. 이 점에서 성육신과 고난은 아주 밀접합니다. 하나님은 신성을 가지시기 때문에 그 자체로 우리와 같이 고난을 당할 수 없습니다. 하나님이 하나님만으로 계신다면 우리와 함께 고통을 당할 수 없겠지요. 그런데 그 하나님이 인간이 되셨습니다. 하나님이 우리 가운데 거하시면서 우리가 가지고 있는 고통을 같이 느끼셨다는 말입니다.

강하(降下 내릴 강, 아래 하) : 높은 곳에서 아래로 향하여 내려옴

사도신경은 예수님께서 이 세상에 계시면서 무엇을 하셨는지 다음과 같이 말합니다. 그것은 바로 탄생, 고난, 십자가, 죽음, 매장, 지옥으로 **강하***입니다. 뭔가 이상한 점이 없나요? 예수님께서 수많은 사역을 하셨는데… 가르치기도 하셨고, 병도 고치시고, 이적을 베풀기도 하셨는데, 사도신경은 그런 부분에 대해서는 단 한 마디도 언급하지 않고 곧바로 고난을 이야기 합니다. 그리스도의 탄생과 십자가 사이에는 33년이나 되는 기간이 있습니다. 그러나 이 기간의 삶을 사도신경은 딱 한 마디로 요약합니다. "고난을 받으사". 이것이 정말로 그리스도의 삶을 제대로 요약했다고 보십니까? 물론 예수님이 고난만 받은 것은 아닙니다. 많은 무리들이 예

수님을 따랐고 찬송하고 그분을 섬겼습니다. 그러나 궁극적으로 고난이 맞습니다. 사실 죄 없으신 분이 이 세상에 사는 것 자체가 고난일 것입니다.

특별히 그분의 마지막 삶은 정말 큰 고난이었습니다. 그 고난의 크기가 어떠했을까요? 겉으로만 보면, 주님께서 당하신 고난이 '지구 최고의 고난'은 아닐 것입니다. 물론 십자가의 고통이 큰 고난이기는 하지만, 당시 십자가에서 죽은 사람은 한 둘이 아닙니다. 더 잔인한 형벌이 얼마든지 많이 있습니다. 그러나 그리스도의 고난이 특별한 이유는 그가 '아무 죄도 없이 하나님의 진노를 다 짊어지셨기 때문'입니다.

게다가, 그 진노는 인간 한 개인에 대한 진노가 아니라 인류 전체를 향한 하나님의 진노였습니다. **"우리는 다 각기 제 길로 갔거늘 여호와께서는 우리 모두의 죄악을 그에게 담당시키셨도다(이사야서 53:6)"** 그리스도께서 우리 모두의 죄악을 [뒤집어 쓰셨습니다]. 이것을 요리문답은 '화목제물'이라고 표현합니다. 그리스도는 순전한 어린 양으로서 우리를 위한 제물이 되기 위해 이 세상을 사신 것입니다. 하나님의 크신 진노를 혼자서 감당하신 것입니다.

하나님의 진노는 오늘날 설교에서 선호되는 주제가 아닙니다. 화목제물이라는 말도 좋아하지 않습니다. 하나님께 뭔가 드려야 진노가 풀린다면 일반 다른 신과 무엇이 다른가라고 질문을 합니다. 그러나 그렇지 않습니다. 하나님과 이방신이 궁극적으로 다른 점은 하나님께서 화목제물을 정하셨다는 것에서 더 나아가, 그 화목제물을 친히 주셨다는 것입니다. 그것도 아들을 제물로…. 바로 이것이, 하나님께서 원수 되었던 우리와 화목하시기 위해서 자신의 아들을 주셨다는 것이, 복음의 핵심입니다. 주님께서 고난을 통해 우리의 죄악을 다 담당하셨기 때문에 우리는 은혜와 의와 영생을 '선물'로 받게 되었습니다. 그의 삶이 우리를 위한 고난이었기에, 우리에게 은혜와 의와 영생이 임하게 된 것입니다.

 심화 학습

빌라도 "아래"에서

본디오 빌라도는 천하에 가장 나쁜 사람이었을까요? 사실 그는 그렇게 나쁜 사람만은 아니었습니다. 그는 예수님이 죄인이 아니라는 것을 잘 알았습니다. 그래서 어떻게 하든지 놓아 주려 했습니다. 양심이 어느 정도 있는 사람입니다. 그는 단지 민란이 일어날까 두려웠습니다. 오히려 예수님은 유대인, 바리새인, 사두개인, 로마 군인에게 고난을 받았다고 해야 맞을 것입니다. 어떻게 보면 빌라도는 좀 억울한 측면도 있습니다.

이것은 우리나라 사도신경 번역의 문제일 것입니다. 라틴어 원문에 따르면 빌라도라는 단어 앞에 "sub"라는 전치사가 사용되고 있는데 그 뜻은 "에게"가 아니고 "아래"라는 뜻입니다. 문자적으로 번역하면 예수님은 빌라도 치하에서 고난을 받으셨습니다. 이것은 몇 가지 의미가 있습니다. 무엇보다 예수님의 고난은 역사적 사실이라는 것을 강조합니다. "아래"라는 말은 "치하"라는 뜻으로 해석될 수 있습니다.

오늘날 예수의 역사성에 대해서 많은 학자들이 의문을 제기하고 있습니다. 예수는 실제로 살았던 인물이 아니라 후대에 신앙 공동체가 만들어낸 인물이라고 주장합니다. 그러나 이상하게도 그들은 본디오 빌라도는 정말로 있었던 역사적 인물로 봅니다. 우리는 다른 예수가 아니라 본디오 빌라도 통치 하에서 고난을 받았던 예수를 믿는 것입니다. 빌라도가 실제의 인물이듯이 예수님도 실제 인물이십니다.

빌라도가 사도신경에서 사용된 보다 중요한 이유는 빌라도가 그 당시 최고 재판관이었기 때문입니다. 이 점을 요리문답을 잘 설명하고 있습니다. "그리스도는 죄가 없지만 세상의 재판장에게 정죄를 받으셨다." 예수님은 전 삶이 고난이었는데, 마지막 순간에 재판을 받고 죽임을 당하셨습니다. 이것은 예수님의 죽음을 이해하는 데 대단히 중요합니다. 사실 유대인들이 예수님을 단순히 죽이려고만 했다면 여러 가지 방법이 있었습니다. 자객을 동원하여 아무도 모르게 죽이는 것입니다. 실제로 유대인들이 바울을 이 같은 방법으로 죽이려고 하였습니다. 그러나 예수님은 그렇게 하지 않았습니다. [그들은 예수님을 재판해야 했던 것입니다.]

재판을 받아 정죄를 당해야 할 사람은 예수님이 아니라 우리입니다. 그러나 의로우신 주님께서 대신 재판을 받으셨기 때문에 우리가 더 이상 재판받을 일이 없습니다. 만약 우리가 죽고 나서 하나님의 준엄한 심판이 기다리고 있다면, 삶이 얼마나 불안하겠습니까? 로마서 8장 1절은 "그러므로 이제 예수 그리스도 안에 있는 자들에게는 결코 정죄함이 없나니 이는 생명의 성령의 법이 죄와 사망의 법에서 우리를 해방하였기기 때문"이라고 선언합니다.

스위스 루체른의 필라투스 산(Mount Pilatus). 해발 2000미터 이상의 높은 고지로서, 1년 내내 만년설을 자랑하는 스위스의 알프스 산봉우리 중 하나이자 유명한 관광명소입니다. 죽은 빌라도(Pontius Pilate)의 시신을 산 정상의 호수에 다시 묻었더니 자연재해가 자주 발생했다는, 그래서 필라투스라는 이름이 붙여졌다는 전설이 전해 내려옵니다. 빌라도의 이름은 이처럼 저주의 상징이 되고 말았습니다.

왜 하필 십자가였을까?

그리스도는 십자가에서 못 박히셨습니다. 십자가는 고통의 상징이 아닙니다. 예수님은 재판을 통해 죽어야 했듯이 예수님은 십자가에서 못 박혀서 죽으셔야 했습니다. 그 당시에는 화형도 있었고 능지처참도 있었습니다. 어떻게 보면 화형이나 참수형이 어린 양으로서의 예수님을 더 잘 나타낼 수 있을 것입니다. 화형은 번제, 능지처참형은 속죄제의 성격을 잘 보여 줄 수 있습니다. 이런 형벌들은 하나님의 진노를 표현할 수는 있지만 죄에 대한 하나님의 보다 큰 감정을 표현할 수 없는 것이 있습니다. 그것은 바로 [저주]입니다.

십자가는 무엇보다 저주의 상징입니다. 신명기 21장 23절은 "나무에 달린 자는 하나님께 저주를 받았음이니라."고 말합니다. 구약 시대에 사람이 큰 죄를 지으면 사형에 처하고, 그 사형한 시체를 나무에 매달아 두었습니다. 인간이 육신에 대해서는 형벌을 내렸지만 영혼의 형벌에 대해서는 하나님께 맡긴다는 의미가 담겨 있습니다. 그리스도께서 십자가에서 매달려서 돌아가셨기 때문에 오늘날에도 유대인들은 예수님을 자신의 구주로 받아들이지 않고 있습니다. 그분은 우리를 구원하는 사람이기는커녕 하나님의 저주를 받은 자이기 때문입니다.

"아멘"이 가장 많이 나오는 곳?

성경에서 [아멘]이라는 말이 가장 많이 나오는 곳을 아십니까? 신명기 27장입니다. 그런데 그곳에는 [저주]라는 말도 가장 많이 나옵니다. 레위 지파가 "과부와 고아를 억울하게 하는 자, 지계표를 옮기는 자……는 저주를 받을 것이요"라고 외치면 이스라엘 백성은 "아멘"하고 화답을 해야 했습니다. 이 점에 있어서 우리 한국 교회는 아멘을 얼마나 오용하고 있는지를 금방 알 수 있습니다. 우리는 일반적으로 축복의 말씀에만 아멘으로 화답하고 있지 않습니까?

이 신명기의 말씀을 바울이 갈라디아서에 인용하고 있습니다. "무릇 율법 행위에 속한 자들은 저주 아래에 있나니 기록된 바 누구든지 율법 책에 기록된 대로 모든 일을 항상 행하지 아니하는 자는 저주 아래에 있는 자라 하였음이라."(갈라디아서 3:10) 결국 예수를 믿지 않는 사람은 율법 아래에 있는 자입니다. 그들은 율법에 따라 하나님께 재판을 받게 될 것입니다. 엄밀히 말해서 그들은 예수를 믿지 않기 때문에 심판을 받는 것이 아니라 율법에 기록된 말씀을 지키지 않았기 때문에 심판을 받는 것입니다.

그런 면에서 사실 '불신지옥'이 아니라 '악행지옥'이라 해야 더 정확한 표현일 것입니다.

40문: 그리스도는 왜
"죽으시기"까지 낮아져야 했습니까?

답: 하나님의 공의와 진리 때문에,[1]
우리의 죗값은
하나님의 아들의 죽음 이외에는
달리 치를 길이 없습니다.[2]

41문: 그리스도는 왜 "장사"되셨습니까?

답: 그리스도의 장사되심은
그가 진정으로 죽으셨음을 확증합니다.[3]

42문: 그리스도께서 우리를 위해서 죽으셨는데
우리도 왜 여전히 죽어야 합니까?

답: 우리의 죽음은
자기 죗값을 치르는 것이 아니며,[4]
단지 죄짓는 것을 그치고,
영생에 들어가는 것입니다.[5]

---

1) 창세기 2:17
2) 로마서 8:3-4; 빌립보서 2:8; 히브리서 2:9,14-15
3) 이사야 53:9; 마태복음 27:59-60; 누가복음 23:53; 요한복음 19:40-42; 사도행전 13:29; 고린도전서 15:3-4
4) 시편 49:7-8
5) 요한복음 5:24; 로마서 7:24-25; 빌립보서 1:23; 데살로니가전서 5:10
6) 로마서 6:6; 갈라디아서 2:20; 골로새서 2:11-12
7) 로마서 6:8,11-12
8) 로마서 12:1
9) 이사야 53:5
10) 시편 18:5-6; 116:3; 마태복음 26:38; 27:46; 히브리서 5:7

43문: 그리스도의 십자가의 제사와 죽으심에서
　　　 우리가 받는 또 다른 유익은 무엇입니까?

　　답: 그리스도의 죽으심의 공효(功效)로
　　　　　우리의 옛사람이
　　　　　　그와 함께 십자가에 달리고 죽고 장사되며,⁶
　　　　　그럼으로써 육신의 악한 소욕(所欲)이
　　　　　　더 이상 우리를 지배하지 못하게 되고,⁷
　　　　　오히려 우리 자신을
　　　　　　그분께 감사의 제물로 드리게 됩니다.⁸

44문: "음부에 내려가셨으며"라는 말이
　　　 왜 덧붙여져 있습니까?

　　답: 내가 큰 고통과 중대한 시험을 당할 때에도
　　　　　나의 주 예수 그리스도께서
　　　　　나를 지옥의 두려움과 고통으로부터
　　　　　구원하셨음을 확신하고
　　　　　거기에서 풍성한 위로를 얻도록 하기 위함입니다.⁹
　　　　그분은 그의 모든 고난을 통하여
　　　　　특히 십자가에서
　　　　　말할 수 없는 두려움과 아픔과 공포와
　　　　　지옥의 고통을 친히 당하심으로써
　　　　　나의 구원을 이루셨습니다.¹⁰

십자가에서 멈추지 않고 더 낮아지신 예수님

주님께서 고통당하신 이유는 바로 우리 죄 때문이었습니다. 하나님의 아들이 사람이 되시고, 땅에서 고통 받으시고, 십자가에서 못까지 박히셨습니다. 자, 그렇게 고난을 받으셨다면 이제 우리 죄를 사하기에 충분하지 않을까요? 예수님께서 우리 죄를 위하여 꼭 죽기까지 하셔야 했을까요? 하나님께서 너무 하다는 생각이 들지 않습니까?

하나님은 십자가에 달린 예수님을 구원하지 않으셨습니다. 십자가에 못 박히신 예수님은 결국 숨을 거두시고 말았고, 땅에 묻히셨을 뿐 아니라 음부에 내려가셨습니다. 한국어로 된 사도신경에는 이 '음부에 내려가셨다'는 부분이 없기 때문에 생소하지만, 그리스도의 비하를 이해하는 데 매우 중요한 고백입니다. 사망, 매장, 음부강하(음부에 내려가심)는 예수님께서 우리를 위해 얼마나 낮아지셔야만 하는지를 잘 보여주기 때문입니다.

하나씩 살펴보겠습니다.

1) 죽음 당하신 하나님의 아들

예수님께서 죽으셨을 때, 주목할 만한 일이 있습니다. 그것은 마태복음 27:54에 나오는 백부장의 고백입니다. 그는 심한 두려움 속에서 예수님을 가리켜 "그는 진실로 하나님의 아들이었도다!"라고 고백하였습니다. 백부장이 두려워서 그랬을까요? 그렇게 볼 수는 없습니다. 지진을 비롯한 엄청난 일이 일어났지만, 정작 예수님은 여전히 십자가에서 죽은 채로 그대로 있었기 때문입니다. 그 시체를 가리켜서 진실로 하나님의 아들이라고 고백할 수 있었을까요? 오히려 다음과 같이 생각하는 것이 자연스러웠겠지요.

"아, 이 분은 참 좋은 선지자였는데, 우리가 몰라보고 살해하였구나. 그래서 하나님께서 진노하셨나보다!"

백부장의 고백은 나중에 도마가 부활하신 주님의 손과 발을 만져 보면서 "나의 주, 나의 하나님"이라고 고백한 것과는 차이가 있습니다. 부활하신 주님을 만나서 나의 하나님이라고 할 수는 있어도, 십자가에 매달려 죽으신 주님을 보면서 하나님의 아들이라고 고백하는 것은 결코 쉬운 일이 아닙니다. 이 백부장의 고백을 통해 마태는 이스라엘 백성들을 책망하고 있는 것입니다.

이 백부장의 믿음이 요리문답 40문에도 그대로 나타나 있습니다. 그리스도의 죽음을 가리켜 "하나님의 아들의 죽음"이라고 명백히 표현하기 때문입니다. 요리문답은 의도적으로 그리스도의 죽음이나 예수의 죽음이라고 하지 않고 "하나님의 아들의 죽음"이라는 표현을 씁니다. 왜 하나님의 아들이 죽어야만 합니까? 우리의 죗값을 치를 길이 그 방법 밖에는 없기 때문입니다. 하나님의 정의가 그것을 요구할 뿐만이 아니라 하나님의 진리가 그것을 요구하기 때문입니다.

하나님의 정의는 하나님의 본성과 성품을 말하고, 하나님의 진리는 하나님의 뜻을 말합니다. 앞의 하나님의 정의에 대해서는 요리문답 5문에서 이미 자세히 살펴보았습니다. (p.53 이하) 그리고 하나님의 진리는 추상적 진리가 아니라 '하나님이 정하시고 원하시는 뜻'을 가리킵니다. 하나님은 선악과에 대한 금지명령을 포함한 여러 계시들을 통하여, 죄에 대한 하나님의 궁극적 형벌이 사망이라는 것을 보여 주셨습니다. 그것은 단순한 공갈 협박이 아니라 하나님의 정하신 뜻이었습니다. 다른 방법을 통하여 죗값을 치루는 일은 불가능합니다.

2) 매장을 당하신 하나님의 아들

예수님께서 죽으시고 나서 그분은 매장을 당하셨습니다. 이런 질문이 나올 수 있습니다. "하나님은 자신의 아들을 꼭 매장까지 시켜야 했을까?" 즉, 십자가에서 죽으신 순간 홀연히 하나님께로 데리고 가시면 되지 않았을까요? 물론 그래도 상관은 없을 것입니다. 그리스도께서 매장 당하시는 것이 우리의 구원을 이루는데 필수적인 것은 아니기 때문입니다. 그렇다면 이 사실은 사도신경에 들어갈 정도로 중요할까요? 네 권의 복음서 모두 예수님의 '장사하심'에 대해 자세히 언급하고 있습니다. 요리문답 41문은 그 이유를 "그리스도가 장사되심은 그가 정말로 죽으셨다는 것을 확증하는 것"이라고 대답합니다.

초대교회 이단들 중에는 예수님께서 실제로 죽지 않았다고 주장하는 사람들이 많았습니다. 그들도 유대인들처럼 하나님의 아들이 실제로 죽을 수는 없다고 생각했기 때문입니다. 오늘날에도 예수님께서 십자가에서 기절하셨다는 식으로 주님의 죽으심을 부정하는 사람들이 많습니다. 그들은 이것을 부인함으로써 궁극적으로 주님의 부활을 공격합니다. 하지만 성경의 증거는 확실합니다. 로마의 군인들은 예수님이 정말로 죽었는지를 창을 찔러보아 확인하였습니다. 그때 분명히 물과 피를 다 흘리셨습니다.

3) 음부에 내려가신 하나님의 아들

연옥(煉獄 달굴 연, 옥 옥) : 로마 가톨릭에서 고안해낸 개념으로서, 죽은 사람의 영혼이 일시적으로 머무르는 장소를 의미함. 연옥에 간 사람은 살아 있을 때 지었던 죄를 씻어야 천국에 갈 수 있음.

음부는 헬라어로 '더 낮은 곳'이라는 뜻입니다. 문자적으로 표현하면, 그리스도는 장사되고 나서 더 낮은 곳으로 내려가셨다는 뜻이 됩니다. 과연 이곳이 어떤 곳인가에 대해서는 해석이 분분합니다. 로마 가톨릭 교회는 이것을 '**연옥***'이라고 가르치기도 했고, 어떤 이들은 죽은 자들이 거하는 곳이라고 생각하기도 합니다.

번역에 잘 나타나 있지 않지만 원문을 보면, 음부강하에 대해 요리문답 44문이 분명한 답을 제시합니다. "십자가에 뿐만 아니라 그 이전에도 말할 수 없는 영혼의 근심, 아픔 그리고 공포를 당하심으로, 그분께서, 지옥과 같은 걱정거리와 고통으로부터 나를 구원하셨습니다." 이 얼마나 우리에게 위안이 되는 말씀입니까? 이 세상은 여전히 사탄의 영향력 속에 있습니다. 수많은 시험과 시련과 고통과 걱정거리들이 있습니다. 어떤 경우에는 그런 것들이 마치 지옥과 같다는 느낌을 가지게 됩니다. 너무나 고통스러워서 자신의 삶을 포기하는 경우도 요즘 얼마나 많습니까?

그리스도의 '비하'

사망
▼
매장
▼
음부강하

요리문답은 예수님께서 음부라는 어떤 특정 장소에 내려갔다고 설명하지 않습니다. 사실, 예수님께서 죽으신 "바로 다음 어떻게 되었을까?"에 대한 답은 참으로 하기 쉽지 않습니다. 예수님은 한 편의 강도에게 "네가 오늘 나와 함께 낙원에 있으리라"고 말씀하셨기 때문입니다. 요리문답은 음부 강하를 십자가에서 뿐만 아니라 그 이전에 당하신 고난에서 그 의미를 찾고 있습니다. 즉, 주님은 이 땅에서 그리고 십자가에서 말할 수 없는 지옥과 같은 고난을 겪었다는 것입니다. 그렇다면 이 구절은 앞에 태어나시고, 고난 받으시고, 십자가에 못박히시고, 죽으시고, 장사되신 모든 것을 총괄한다고 볼 수 있는 것입니다.

그리고 이 모든 것은 우리에게 유익이 될 것입니다.

[생각해 봅시다]
왜 죽음조차 유익일까요?

**45문: 그리스도의 "부활"은
　　　　우리에게 어떤 유익을 줍니까?**

답: 첫째, 그리스도는
　　　부활로써 죽음을 이기셨으며,
　　　죽으심으로써 얻으신 의에
　　　우리로 참여하게 하십니다.¹
　　둘째, 그의 능력으로 말미암아
　　　우리도 이제 새로운 생명으로
　　　다시 살아났습니다.²
　　셋째, 그리스도의 부활은
　　　우리의 영광스런 부활에 대한
　　　확실한 보증입니다.³

1) 로마서 4:25; 고린도전서 15:16-18
2) 로마서 6:4; 에베소서 2:4-6; 골로새서 3:1-3; 베드로전서 1:3
3) 로마서 8:11; 고린도전서 15:20-22; 빌립보서 3:20-21

그리스도의 부활에 관심을 가져야 할 이유?

요즘도 죽었다가 살아났다고 말하는 사람들이 꽤 있습니다. 잠시 잠들었다가 천국에 갔다 왔다고 말합니다. 그들이 하는 말을 들어 보면 대체로 황당하지만, 가끔은 성경과 비슷한 이야기를 그럴듯하게 하는 경우도 있습니다. 그 말이 사실인지 거짓인지를 떠나서, 과연 그들의 이야기가 우리에게 어떤 유익을 줄 수 있을까요?

성경에도 부활에 대한 이야기가 여러 번 나옵니다. 이것은 앞의 이야기들과는 달리, 분명히 실제로 일어난 사건입니다. 엘리야도 선지생도의 아들을 살렸고, 예수님도 세 명의 사람을 살렸습니다. 나사로의 부활도 유명합니다. 무엇보다도, 예수님께서 십자가에 죽으실 때, 수많은 사람들이 무덤에서 일어났습니다. 흥미로운 것은 성경은 이들이 죽어 있는 동안 그들이 경험한 내용에 대해서는 전적으로 침묵한다는 점입니다. 이상하게도 가장 흥미로울법한 부분에, 아무런 언급을 하지 않습니다. 성경의 의도는 무엇일까요?

예수님의 부활은 무엇이 특별할까요? 부활했던 다른 사람들은 모두 다시 죽었습니다. 나사로도 다시 죽었고, 야이로의 딸도 결국 다시 죽었습니다. 자, 어떤 사람이 옛날에 죽었다가 다시 살아났다가 또다시 죽었습니다. 이것이 여러분에게 도대체 무슨 유익을 줄 수 있을까요? "아, 죽었다가 다시 살아날 가능성은 있구나!"라고 생각할 수는 있지만, 어차피 또 다시 죽을 것이라면 그것은 궁극적으로 절망만 더할 뿐 아닐까요? 그리스도의 부활에서 소망을 가지는 이유는 그분의 부활이 우리에게 어떤 [궁극적인 유익]을 주기 때문입니다. 그렇지 않다면 우리는 그리스도의 부활에 대해 관심을 가져야 할 이유가 하나도 없습니다. 하이델베르크 요리문답의 문맥을 따라, 그리스도의 부활이 우리에게 주는 세 가지 유익을 살펴보고자 합니다.

그리스도의 부활이
우리에게 주는 세 가지 유익 (45문)

- (부활로써) 죽음을 이기셨으며, 죽으심으로써 얻으신 의에 우리로 참여시켜 주심!

- 그의 능력으로 말미암아 우리도 새로운 생명을 얻어 다시 살아남!

- 그리스도의 부활은 우리의 영광스러운 부활에 대한 확증!

"부활의 유익을 다룰 때, 요리문답은 먼저 과거에 있었던 부활의 역사성을 확실히 선언하고, 그것이 현재 우리에게 미치는 유익을 설명합니다."

1. 그분이 획득하신 의에 우리를 참여시킵니다.

부활의 역사적 의미는 그리스도께서 죽음을 이기셨다는 것이고, 현재적 의미는 우리를 의에 참여시킨다는 것입니다. 먼저 짚고 넘어갈 것은 그가 '실제로' 부활하셨다는 사실입니다. 예수님 당시 대제사장들과 바리새인들은 군인들을 돈으로 매수하여, 제자들이 예수님의 시체를 훔쳐간 것이라고 유언비어를 퍼뜨리도록 하였습니다.

이성이 중시되는 오늘날에는, "원수를 사랑하라"는 것과 같은 예수님께서 가르치신 교훈이 교회 공동체에 새롭게 영향력을 발휘한 것으로, 부활을 이해합니다. 현대인의 사고방식에 성경을 짜 맞춰, 전혀 다른 의미로 해석하는 것입니다. 그들은 말합니다. "2천 년 전 예수의 부활을 믿는 것이 무슨 유익이 있는가? 차라리 예수님 '가르침'대로 사는 것이 훨씬 더 옳지 않은가?" 그럴 듯 합니다. 부활을 사실로 믿으면서, 부활과 전혀 상관없이 사는 사람들이 많지 않습니까? 솔직히 우리 삶에 그리스도의 부활이 구체적으로 어떤 영향을 미치고 있습니까? 그러나 문제는, 그런 식으로 부활을 이해하는 것이 우리 삶에 약간의 도움은 줄 수 있을지 몰라도 '결정적 도움'은 주지 못한다는 것입니다. 우리에게 정말 필요한 도움은 '사망을 이기는 것'입니다. 오직 그리스도의 부활만이, 사망과의 싸움을 승리할 수 있습니다. 예수님의 부활은 사망의 원인인 죄 문제를 해결한 것입니다.

더 나아가, 예수님이 죽음을 통해 획득하신 '의'를, 부활을 통해 우리와 함께 나누십니다. 그리스도께서 우리를 위해 죽으신 것은 우리 죄 때문이고, 그가 부활하신 것은 우리 의를 위한 것입니다. 만약 그리스도께서 죽으시기만 했다면, 우리 죄는 사하여졌을지 모르지만 의는 획득할 수 없었을 것입니다. 쉽게 말하면 다시 죄 짓기 이전의 아담의 상태로 회복이 될 뿐입니다. 또 다시 죄를 지을 수도 있는 상태이지요. 그러나 주님께서 부활하셔서 그 의에 우리를 참여시키셨으니, 이제 우리는 죄와 사망의 권세로부터 완전히 해방될 수 있는 것입니다. 어느 누구도 이제 우리를 정죄할 수 없습니다.

참조하기

이러한 소위 '도적설'은 많은 사람에게 영향을 미쳤습니다. 켈수스라는 이방 철학가가 대표적입니다. 그밖에도 예수님께서 실제로 죽은 것이 아니라 기절했다가 무덤에서 다시 일어난 것뿐이라는 '기절설'도 있고, 부활을 간절히 사모한 제자들이 환상을 본 것이라는 '환상설'도 있습니다. 또는 예수님의 몸이 부활한 것이 아니라 영혼만 부활한 것이라고 보기도 합니다. 계몽주의 이후 이성이 지배하는 현대사회에서는 부활과 같은 기적이 들어설 자리가 더더욱 없습니다. 창조나 부활은 하나의 신화로 취급될 뿐입니다.

2. 그의 능력으로 우리도 새 삶을 얻게 되었습니다.

부활은 능력을 의미합니다. 부활은 단지 2천년 전에 있었던 역사적 사건이나 종말에 있을 미래의 사건만을 의미하지 않습니다. 과거의 부활이 오늘 우리에게 의미 있는 이유는, 부활하신 주님께서 능력으로 역사하시기 때문입니다. 무슨 능력일까요? 예수님은 병을 고치기도 하셨고, 폭풍을 잔잔하게도 하셨고, 수많은 무리들을 먹이셨습니다. 귀신을 쫓아내기도 하셨습니다. 오늘날에도 그런 능력을 행하는 사람들이 있습니다. 특히 소위 치유의 사역은 많은 사람들의 관심을 끌고 있습니다. 그러나 그런 치유는 기독교에만 일어나는 것이 아닙니다. 불교에도, 이슬람에도, 그런 일은 얼마든지 일어나고 있습니다. 심지어 무당도 사람의 병을 고칩니다.

그렇다면 예수님만이 하실 수 있는 그 능력이란 무엇입니까? 바로 새 생명을 주시는 것입니다. 하나님을 모르고, 하나님을 조롱하고 대적하던 사람들이, 예수 믿고 새 생명을 얻는 것. 이것이야말로 기적 중의 기적입니다. "다른 사람은 몰라도 절대로 저 녀석은 구제불능이야!" 이렇게 낙인 찍혔던 사람도 예수 믿고 새로운 삶을 살아갑니다. 어떻게 이런 일이 가능할까요? 부활하신 주님께서 오늘도 능력으로 자기 백성에게 새 생명을 주셔서 부활의 유익을 얻게 하시기 때문입니다. 그리스도의 부활은 우리 삶과 밀접합니다. 많은 사람들이 별 생각 없이 자기의 유익을 따라 자기 소견에 옳은 대로 살아가지만, 그것은 여전히 사망의 길을 가는 것입니다. 신앙생활을 제대로 해봐야겠다는 '결심'만으로는, 여전히 죄 문제를 해결할 수 없습니다. 오직 하나님의 '능력'만이 우리를 새 생명 안에 살게 하십니다. 철저하게 그분의 능력에 우리 자신을 의지할 때 진정으로 거듭난 삶을 살 수 있는 것입니다.

3. 우리의 영광스러운 부활에 대한 보증이 됩니다.

이어서 요리문답은 영광스러운 부활에 대해 언급합니다. 그리스도의 부활이 다른 인간들의 부활과 다른 점은 **영광스러운 부활이었기 때문**입니다. 마찬가지로, 우리의 부활이 영광스러운 이유는 더 이상 수치스러운 몸을 입지 않을 것이기 때문입니다. 우리 몸이 철저하게 신령한 몸, 즉 **성령으로 충만한 몸이 될 것이기 때문**입니다. 우리가 이전에는 아담처럼 흙에 속한 형상대로 창조함을 받았습니다. 이제 우리는 옛 사람이 죽고 새 생명을 얻었으니 하늘에서 오신 예수 그리스도의 형상을 입게 될 것입니다.

> 다른 사람들의 부활이 수치스러운 부활이라는 의미는 아닙니다. 그러나 그들의 부활이 영광스러운 부활이 될 수 없었던 가장 큰 이유는 그들이 다시 죽었기 때문입니다. 그렇기 때문에 그들의 부활을 진정한 의미에서 부활이라고 할 수 없습니다.

또한, 보증이라는 말이 나옵니다. 보증금이라는 말을 생각해 봅시다. 어떤 물건을 살 때 보증금을 내면 그 물건 값을 다 내지 않아도 마치 자기 물건인 것처럼 사용합니다. 이와 같이 그리스도의 부활도 영광스러운 부활에 대한 보증입니다. 예수님은 슈퍼맨이나 마술사가 아닙니다. 자신이 얼마나 대단한 존재인지 보여 주기 위해서 부활하신 것이 아니란 말입니다. 그분은 부활하심으로 잠자는 자들의 첫 열매가 되셨습니다(고린도전서 15:20). 무슨 뜻입니까? 첫 열매를 보고 앞으로 다른 열매들이 나타날 것을 확신합니다. 첫 열매가 없다면 그 나무에 무슨 문제가 있는 것입니다. 예수님께서 예루살렘에 들어 가셨을 때 열매 없는 무화과나무를 저주하신 것이 바로 그 때문입니다.

> 이것을 고린도전서 15장에서 잘 나타내 주고 있습니다. "욕된 것으로 심고 영광스러운 것으로 다시 살며, 약한 것으로 심고 강한 것으로 다시 살며, 육의 몸으로 심고 신령한 몸으로 다시 사나니 육의 몸이 있은즉, 또한 신령한 몸이 있느니라(43~44절)", "우리가 흙에 속한 자의 형상을 입은 것 같이 또한 하늘에 속한 자의 형상을 입으리라(49절)"

그리스도께서 부활하신 후 성령을 주셨고, 그 결과 우리 몸은 하나님이 거하시는 성전이 되었습니다. 성령은 어떠한 일이 있어도 우리를 다시 떠나시지 않습니다. 그래서 우리는 예수 그리스도로 '말미암아' 우리 안에 있는 성령을 '통하여' 부활의 기쁨을 미리 맛보고 있습니다. 영광스러운 부활은 단지 미래의 일만은 아니라는 것입니다. 과거에 있었던 그리스도의 부활, 그리고 현재 우리 안에 계신 성령님의 내주를 통해, 우리는 미래에 있을 영광스러운 부활을 즐길 수 있습니다.

지금까지 '그리스도의 부활이 주는 세 가지 유익'을 살펴보았습니다. 그런데 이 세 가지 유익의 [기본 전제]가 있습니다. 그것은 '그리스도와의 연합'입니다. 이 신비로운 연합은 '참된 믿음'을 통해 이루어지고, 외적인 은혜의 수단인 세례를 통해 확증됩니다. 이를 통해 그리스도께서 이루신 모든 영적인 유익을 받습니다. 이제 우리에게 중요한 질문은, "나는 과연 부활에 대한 믿음을 통해 실제로 그 유익을 누리고 있느냐" 하는 것일 겁니다.

참된 믿음을 통해

▲
어떻게 가능?
▲

전제 : 그리스도와의 연합 ◀ 어떻게? ◀
▼
세례를 통해 확증!

우리가 실제로 이 유익을 누리고 있는가?

그리스도의 부활이
우리에게 주는 세 가지 유익 (45문)

(부활로써) 죽음을 이기셨으며,
죽으심으로써 얻으신 의에 우리로 참여시켜 주심!

그의 능력으로 말미암아
우리도 새로운 생명을 얻어 다시 살아남!

그리스도의 부활은
우리의 영광스러운 부활에 대한 확증!

46문: "하늘에 오르셨고"라는 말로
당신은 무엇을 고백합니까?

답: 그리스도는 제자들이 보는 가운데
　　땅에서 하늘로 오르셨고,¹
　　우리의 유익을 위하여
　　거기에 계시며,²
　　장차 살아 있는 자들과 죽은 자들을 심판하러
　　다시 오실 것입니다.³

47문: 그렇다면 세상 끝 날까지 우리와 함께 있으리라는
그리스도의 약속은 어떻게 됩니까?⁴

답: 그리스도는 참인간이고
　　참하나님이십니다.
　　그의 인성(人性)으로는
　　더 이상 세상에 계시지 않으나,⁵
　　그의 신성(神性)과 위엄과 은혜와 성령으로는
　　잠시도 우리를 떠나지 않습니다.⁶

48문: 그런데 그리스도의 신성이 있는 곳마다
인성이 있는 것이 아니라면,
그리스도의 두 본성이 서로 나뉜다는 것입니까?

답: 결코 그렇지 않습니다.
　　신성은 아무 곳에도 갇히지 않고
　　어디나 계십니다.⁷
　　그러므로 신성은
　　그가 취하신 인성을 초월함이 분명하며,
　　그러나 동시에 인성 안에 거하고
　　인격적으로 결합되어 있습니다.⁸

---

1) 마가복음 16:19; 누가복음 24:51; 사도행전 1:9
2) 로마서 8:34; 에베소서 4:10; 골로새서 3:1; 히브리서 4:14; 7:24-25; 9:24
3) 마태복음 24:30; 사도행전 1:11
4) 마태복음 28:20
5) 마태복음 26:11; 요한복음 16:28; 17:11; 사도행전 3:21; 히브리서 8:4
6) 마태복음 28:20; 요한복음 14:16-18; 16:13; 에베소서 4:8,11
7) 이사야 66:1; 예레미야 23:23-24; 사도행전 7:49; 17:27-28
8) 마태복음 28:6; 요한복음 3:13; 11:15; 골로새서 2:9

예수님의 승천은 무엇이 특별한가?

성경에는 예수님 외에도 승천에 대한 두 개의 기록이 있습니다. 하나는 <u>에녹</u>이고, 다른 하나는 <u>엘리야</u>입니다. 그렇다면 이분들의 승천과 예수님의 승천은 어떤 차이가 있을까요? 사실 하나님은 원하시면 누구든 승천시킬 수 있으십니다. 저 같은 사람도 승천시킬 수 있지요. 그런데 제가 승천한다고 해서 여러분에게 좋은 일이 있을까요? 아무 것도 없습니다. 물론 "죽지 않고 하나님께로 갈 수도 있구나!"라는 소망을 가질 수는 있습니다. 창세기 5장에 나오는 족보에 가장 많은 단어가 "죽었다"입니다. 9백 년 이상 살기는 했지만, 결국에는 다 죽었거든요. 따라서 에녹 등의 승천은 구약의 성도에게 분명 소망을 주었을 것입니다. 그러나 그런 유익은 에녹 자신이 주는 것이 아니라 그를 데려가신 하나님이 주시는 것입니다.

에녹이 하나님과 동행하더니 하나님이 그를 데려가시므로 세상에 있지 아니하였더라 (창세기 5:24)

두 사람이 길을 가며 말하더니 불수레와 불말들이 두 사람을 갈라놓고 엘리야가 회오리 바람으로 하늘로 올라가더라 (열왕기하 2:11)

주님께서 승천하신 것은 우리에게 단지 천국에 대한 소망만을 주는 것이 아니라 그분 자신이 실제로 우리에게 영적인 유익을 주십니다. 승천에 대해서 고백할 때 이 부분을 명심하여야 하겠습니다. 그렇다면 우리는 승천에 대해서 무엇을 구체적으로 고백을 하여야 할까요?

"지금 보시는 장면은 실제 상황입니다!"

먼저는 승천의 역사성을 믿어야 합니다. 주님께서는 "제자들이 보는 가운데서" 오르셨습니다. 이것이 부활과 승천의 차이 중 하나입니다. 예수님의 부활 과정을 본 사람은 아무도 없습니다. 모두가 다 '이미 부활하신' 예수님을 보았을 뿐입니다. 하지만 승천은 달랐습니다. 제자들이 두 눈으로 똑똑히 보는 가운데 올라 가셨습니다.

그러면 왜 승천하셨을까요? 역시 "우리의 유익을 위해서"입니다. 승천하시는 주님의 모습에서, 앞으로 우리가 어떤 유익을 받게 될지 예측할 수 있게 됩니다. 주님께서 승천하시면서 무엇을 하고 계신가요? 그냥 "잘 있어. 안녕. 다음에 또 만나. 곧 올게!"라고 하면서 가셨던가요? 그렇지 않습니다. 손을 들어 제자들을 축복하고 계십니다. 이것은 무슨 의미일까요?

"제자들이 달라졌어요!"

어떻게 보면, 이 장면은 슬픔의 순간입니다. 사랑하는 스승과 제자들이 작별하는 순간이기 때문입니다. 그러나 제자들은 전혀 슬퍼하지 않습니다. 오히려 크게 기뻐합니다. 이전의 두려움은 이제 사라졌습니다. 그들은 부활의 주님에 대한 소식을 듣고도 두려워서 문을 꼭꼭 잠그고 비밀리에 숨었던 자들입니다. 그러나 이제 그들은 담대하게 자신들의 대적자가 있는 예루살렘에 돌아가서, 성전에서 하나님을 찬송하였습니다. "잡아 갈 테면 잡아 가라!" 하는 담대함이 생긴 것입니다.

보통 오순절 강림 사건 이후에 제자들이 능력을 받아 비로소 담대히 복음을 전했다고 생각하는데, 제자들이 두려움에서 완전히 벗어난 것은 바로 주님의 승천을 목격한 때부터입니다. 우리도 마찬가지입니다. 대적자들을 두려워할 필요가 전혀 없습니다. 승천하신 주님께서 "살아있는 자들과 죽은 자들을 심판하러 다시 오실 것"이기 때문입니다.

어떻게 된 것일까요? 그들이 변화된 이유는 주님께서 승천하실 때 어떤 [복]을 받았기 때문입니다. 그 복은 임마누엘의 복입니다. 예수님은 세상 끝 날까지 우리와 항상 함께 있으리라고 말씀하셨습니다. 이보다 더 큰 복이 우리에게 있을 수 없습니다. 대체 '어떻게' 그런 일이 가능할까요? 비록 그분은 인성으로는 우리와 함께 계시지 않지만, "신성과 위엄과 은혜와 성령으로" 우리와 항상 함께 계십니다. 우리 측에서 말을 바꾸면, 우리는 그분의 신성, 위엄, 은혜, 그리고 성령 안에 거하고 있습니다!

하늘 소망

그리스도의 승천은 단지 2천 년 전에 있었던 역사적 사실일 뿐 아니라 오늘 우리에게도 여전히 영향을 미치는 그리스도의 중대한 구속 사역입니다. 이 확신 속에서 하늘에 있는 것들을 사모하십시오. 이 땅에 살면서도 그 눈을 하늘에 두고 소망가운데 살아가시기 바랍니다.

**49문: 그리스도께서 하늘에 오르심은
　　　　우리에게 어떤 유익을 줍니까?**

답: 첫째, 그리스도는 우리의 대언자(代言者)로서
　　　하늘에서 우리를 위해
　　　그의 아버지 앞에서 간구하십니다.[1]
　둘째, 우리의 몸이
　　　그리스도 안에서 하늘에 있으며,[2]
　　　이것은 머리 되신 그리스도께서
　　　그의 지체(肢體)인 우리를
　　　그에게로 이끌어 올리실 것에 대한
　　　확실한 보증입니다.[3]
　셋째, 그리스도는 그 보증으로
　　　그의 성령을 우리에게 보내시며,[4]
　　　우리는 성령의 능력으로 말미암아
　　　그리스도께서 하나님 우편에 앉아 계신
　　　위의 것을 구하고
　　　땅의 것을 구하지 않습니다.[5]

1) 로마서 8:34; 요한1서 2:1
2) 에베소서 2:6
3) 요한복음 14:2-3; 17:24
4) 요한복음 14:16; 16:7; 사도행전 2:33; 고린도후서 1:22; 5:5
5) 빌립보서 3:20; 골로새서 3:1

승천 역시 우리를 위한 것!

요리문답 46문이 말하고 있듯이, 그리스도의 승천은 자기 자신의 영광을 위한 것이 아닙니다. 다른 모든 구속 사역처럼, 그리스도의 승천도 '우리의 유익을 위해서'입니다. 세 가지로 설명합니다.

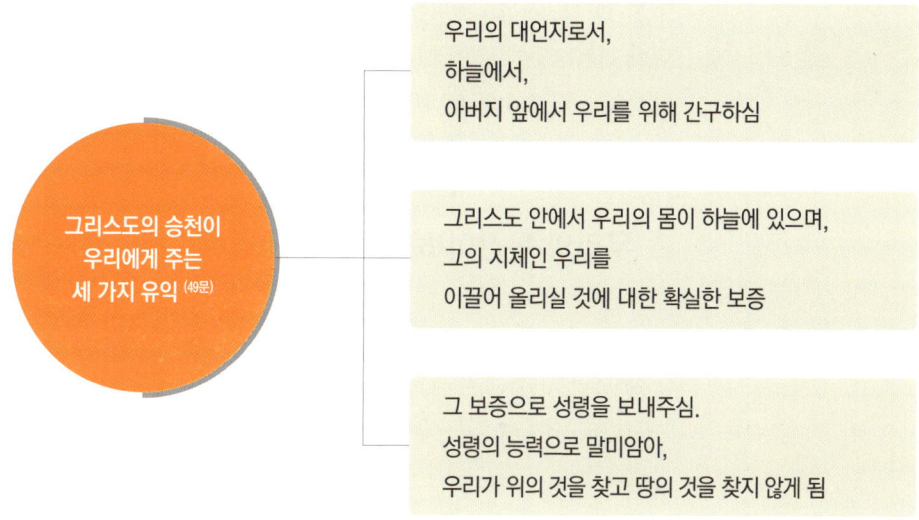

1. 하늘에서 그의 아버지 앞에 서신 우리의 대언자

예수님은 제자들을 축복하면서 승천하셨습니다. 그러나 축복은 승천의 그 순간에만 하신 일이 아닙니다. 그분은 하늘에 오르고 나서도 여전히 우리를 축복하십니다. 승천하셨다는 것은 하늘이 열렸다는 것을 의미하고, 또한 하나님과 인간이 화목하게 되었음을 의미합니다. 하늘이 그리스도를 받아들였습니다. 이 세상에서 아버지가 맡기신 모든 일을 다 완수하셨기 때문입니다. 이제 그분은 하나님과 가장 가까이 계십니다. 그리고 바로 옆에서 우리를 위해 간구하십니다. 우리 기도가 응답 받을 수 있다는 확신이 바로 여기에 근거합니다.

승천하신 그리스도께서 우리에게 주시는 축복 가운데서 가장 큰 축복은 죄 사함의 축복입니다. "만일 누가 죄를 범하면 아버지 앞에서 우리에게 대언자가 있으니 곧 의로우신 주 예수 그리스도시라(요한서 2:1)", "그리스도께서는 참 것의 그림자인 손으로 만든 성소에 들어가지 아니하시고 오직 참 하늘에 들어가사 이제 우리를 위하여 하나님 앞에 나타나시고(히브리서 9:24)". 그리스도께서 들어가신 하늘은 하나님께서 계시는 지성소입니다. 대제사장이 온 백성을 대신하여 하나님 앞에 나타나듯이, 그리스도도 하나님 앞에 우리 모두를 대신하여 나타나시는 것입니다. 하나님께서 그리스도를 받으셨기 때문에 그 안에서 우리 모두도 하나님께 용납이 되는 것입니다.

2. 우리의 육신이 하늘에 있다

"그리스도 안에서 우리의 육신이 하늘에 있다." 솔직히 이 말은 평소에 거의 실감할 수 없다보니 생소합니다. 그러나 이것은 그리스도와 신자의 연합이 구체적으로 어떤 것인지를 가장 확실히 보여줍니다. 믿음을 통해 한 몸으로 연합되었기 때문에, 우리는 어떤 의미에서 승천하신 그리스도와 '함께' 있습니다. 머리이신 그리스도와 몸인 교회가 분리될 수 없다면, 우리 역시 하늘에 계신 그리스도와 함께 있는 것입니다.

에베소서 2장 5~6절은 다음과 같이 말합니다. "허물로 죽은 우리를 그리스도와 함께 살리셨고, 또 함께 일으키사 그리스도 예수 안에서 함께 하늘에 앉히시니." 그리스도의 부활이 우리의 부활이라면, 그리스도의 승천도 우리의 승천이라는 것입니다.

3. 자신의 성령을 우리에게 보내심

성령을 통해 오는 유익입니다. 승천은 사탄에 대한 승리를 의미합니다. 승리한 자에게는 보상이 따릅니다. 승천하신 주님께 하늘의 아버지께서는 성령을 선물로 주셨습니다. 승천하신 주님께서는 그 성령을 받아서 자신을 위해서 사용하지 않으시고 우리에게 주셨습니다. 승천하신 주님께서 교회를 위해서 가장 먼저 하신 일은 바로 오순절에 성령을 주신 것입니다. 이 성령이 바로 [**주님께서 정말로 승천하셨고, 그 승천하신 주님께서 자신의 지체들인 교회를 자신에게로 이끌어 올리실 것**]이라는 더 큰 보증이 되십니다.

이 성령을 통해 믿음 안에서 우리는 하늘에 계신 그리스도를 볼 수 있습니다. 따라서 하늘은 우리 모든 삶의 궁극적인 목표가 되어야 합니다. 그리스도인들은 세상 사람들과 근본적으로 다릅니다. 그들은 세상에 살면서 땅의 것만 바라보며 살다가 결국 땅에 묻혀 흙으로 돌아갑니다. 그러나 우리는 다릅니다. 머리되신 그리스도께서 하늘에 계시기 때문에, 비록 이 땅을 살아가지만 여기가 최종 목표는 아닙니다. 빌립보서 3장 20절은 이렇게 말합니다.

"오직 우리의 시민권은 하늘에 있는지라. 거기로서 구원하는 자 곧 주 예수 그리스도를 기다리노니…".

종교개혁 당시, 그리스도의 승천에 대해서 많은 대립이 있었습니다. 그리스도께서 승천하셨음에도 불구하고 로마 가톨릭과 루터파는 승천하신 그리스도의 몸이 어떤 식으로든 이 땅에도 계속 있어야 한다고 주장하였습니다. 그러나 개혁교회는 그렇게 생각하지 않았습니다. 비록 그가 높이 계신다 할 지라도 이제는 이전과 다른 방식으로, 어떻게 보면 훨씬 가까이, 우리와 함께 계십니다.

승천은 단지 2천 년 전의 역사적 사실일 뿐 아니라 오늘 우리에게도 여전히 영향을 미치는 그리스도의 중대한 구속사역입니다.

50문: "하나님 우편에 앉아 계시며"라는 말이
왜 덧붙여졌습니까?

답: 그리스도는
  거기에서 자신을
  그의 교회의 머리로 나타내기 위해서
  하늘에 오르셨으며,¹
성부께서는
  그를 통하여 만물을 다스리십니다.²

51문: 우리의 머리 되신 그리스도의 이 영광은
우리에게 어떤 유익을 줍니까?

답: 첫째, 그리스도는 성령으로
  그의 지체(肢體)인 우리에게
  하늘의 은사들을 부어 주십니다.³
둘째, 그는 그의 권능으로
  우리를 모든 원수들로부터
  보호하고 보존하십니다.⁴

---

1) 에베소서 1:20-23; 골로새서 1:18
2) 마태복음 28:18; 요한복음 5:22
3) 사도행전 2:33; 에베소서 4:8,10-12
4) 시편 2:9; 110:1-2; 요한복음 10:28; 요한계시록 12:5

성부 우편에 좌정하신 그리스도

사도신경에서 그리스도의 승천과 좌정은 여섯 번째 항목으로, 하나로 '연결'되어 있습니다. 이 둘은 떼어서 생각할 수 없다는 말입니다. 그래서 요리문답도 "왜 좌정이 승천에 덧붙여져 있는지"를 질문하고 있습니다. 여기서 우리가 눈치챌 수 있는 것은, '승천'만으로 설명될 수 없는 것을 '좌정'이 보충하고 있다는 사실입니다.

앞에서 그리스도의 사역을 비하와 승귀로 나누어서 살펴봤습니다. 여기서는 또 다른 방식으로 그리스도의 사역을 생각해봅니다. 과거, 현재, 미래입니다. 그분이 우리를 위해 무엇을 하셨고, 지금 무엇을 하고 계시고, 앞으로 무엇을 하실 것인가? 지금까지는 전부 과거에 무엇을 하셨는가만 생각해 보았습니다. 성육신 하셨고, 고난받으셨고, 십자가에 못 박히셨고 … 부활하셨고, 승천하셨습니다. 이 모든 것은 과거에 실제로 일어났을 뿐 아니라 그 사실 때문에 우리가 오늘날 많은 유익을 받고 있습니다. 그러나 여기서 그쳐서는 안 되고, 그리스도께서 지금 무엇을 하고 계시는지, 또 앞으로 무엇을 하실 것인지에 대해서도 분명히 알 필요가 있습니다.

그리스도께서 지금 무엇을 하고 계십니까? 한 마디로 말하면 '하나님의 우편에 앉아 계신다'는 것입니다. 그런데 이 말은 조금 이상하게 들립니다. 잘못 이해하면 예수님은 이제 할 일을 다 하고 편히 앉아서, 하늘에서 구경이나 하고 계신다고 생각할 수 있기 때문입니다. 그런 것이 아닙니다! 예수님은 죽으시고 부활하시고 승천하심으로 모든 일을 다 끝낸 것이 아니고, 하늘에서 여전히 자신의 일을 계속 수행하고 계십니다. 무슨 일을 하시는 것일까요?

사도신경의 구조

성부
전능하사 천지를 만드신 하나님 아버지를
내가 믿사오며

성자
그 외아들 우리 주 예수 그리스도를 믿사오니
이는 성령으로 잉태하사 동정녀 마리아에게 나시고
본디오 빌라도에게 고난을 받으사 십자가에 못박아 죽으시고
장사한지 사흘 만에 죽은 자 가운데서 다시 살아나시며
하늘에 오르사 전능하신 하나님 우편에 앉아 계시다가
저리로서 산 자와 죽은 자를 심판하러 오시리라

성령
성령을 믿사오며
거룩한 공회와
성도가 서로 교통하는 것과
죄를 사하여 주시는 것과
몸이 다시 사는 것과
영원히 사는 것을 믿사옵나이다 아멘

어디에 앉으셨단 말인가?

좌정(坐定) : 자리를 잡아 앉음 혹은 자리를 잡고 앉아 일을 본다는 뜻, 상대방을 높이는 말.

참조하기

이전에는 그리스도의 신성만 하나님 우편에 계셨습니다. 그러나 이제는 그리스도의 인성도 그의 신성과 함께 하나님 우편에 있게 되었습니다.

좌정*이라는 말은 물론 상징적인 표현입니다. 하나님에게 우편, 좌편이 어디 있겠습니까? 그리고 좌우편이 있다 하더라도 그게 어떤 차이가 있겠습니까? 그러나 그렇다고 해서 예수님께서 아버지 우편에 계시다는 표현이 별 의미가 없다고 해서도 안 됩니다. 그것은 바로 하나님의 영광을 나타내는 장소입니다. 하나님 우편에 계신다는 말은 하나님과 동등 됨을 표시하는 말입니다.

그렇다면 그리스도의 좌정이 구체적으로 무엇을 뜻할까요? 왕으로서 본격적으로 보좌에 앉아 신하들과 함께 자기 나라를 다스리신다는 표현으로 이해해야 합니다. 요리문답은 승천의 목적이 그리스도께서 교회의 머리가 되시고, 그분을 통해서 아버지께서 만물을 다스리는 것이라는 것을 고백합니다. 천사들도 하늘에 있습니다만, 그들은 하나님 우편에 앉을 수 없습니다. 그 자리는 오직 그리스도에게만 예비되어 있는 자리이기 때문입니다. 따라서 좌정은 그리스도의 왕되심을 가장 확실하게 표현하는 고백이라고 할 수 있습니다.

만물의 통치자, 교회의 머리

그리스도의 좌정하심은 크게 두 가지로 나눌 수 있습니다. 하나는 그리스도께서 만물의 통치자가 되셨다는 뜻이고, 다른 하나는 교회의 머리가 되셨다는 뜻입니다. 이것이 승천만으로 설명할 수 없는 좌정이 뜻하는 바입니다. 승천이 천사들과 죽은 성도들이 거하는 낙원에 갔다는 의미가 있다면, 좌정은 하늘 중에서도 구체적인 장소, 하나님의 영광스러운 통치를 표현해 주고 있기 때문입니다.

그리스도의 좌정 = 다스리심

| 그리스도께서 만물의 통치자가 되심 | 그리스도께서 교회의 머리가 되심 |

그리스도의 좌정이 우리에게 주는 유익 (51문)

첫째, 그리스도께서 그의 성령으로 그의 지체인 우리에게 하늘의 은혜를 부어 주십니다.
둘째, 그리스도께서 그의 능력으로 모든 원수들에게서 우리를 보호하시고 지켜주십니다.

1. 하늘의 은사를 부어주심

영원하신 우리 왕은 영원한 대제사장이십니다. 온 교회의 머리로서 하늘에 속한 모든 은혜를 아버지에게서 받아서 자신의 교회를 위해서 주십니다. 에베소서 4장 7절 이후를 보면 "그가 위로 올라가실 때에 사로잡혔던 자들을 사로잡으시고 사람들에게 선물을 주셨도다"라고 합니다. 이것은 시편 68편 18절을 인용한 것인데, 그리스도의 승천을 전쟁에서의 승리로 묘사했습니다. 이것은 문자적으로 대적자들을 포로로 잡아서 하늘로 올라갔다는 뜻이 아닙니다. 그리스도는 이 땅에서 승리하여 하늘에 오르셨고, 하나님으로부터 선물을 받아서 우리에게 나누어 주십니다. 이것이 교회에 주신 '직분'입니다. 그리스도는 승천하시고 나서 교회가 스스로 알아서 잘 지내도록 방치하지 않으셨습니다. 그들에게 가장 필요한 수단을 주셨으니 사도, 선지자, 복음 선포자, 목사와 교사입니다. 말씀을 전하는 자들을 교회에 세우셔서 교회가 든든히 설 수 있도록 하신 것입니다.

2. 우리를 보호하고 보존하심

그리스도의 좌정은 원수들로부터 자신의 교회를 지키신다는 가장 확실한 보증입니다. 시편 110편 5절 이하는 "주의 오른 쪽에 계신 주께서 그의 노하시는 날에 왕들을 쳐서 깨뜨릴 것이라. 뭇 나라를 심판하여 시체로 가득하게 하시고, 여러 나라의 머리를 깨뜨릴 것이라."라고 말씀합니다. 이 세상에 계실 때 그 분은 우리 죄를 대신하시기 위해서 세상의 권세자들에게서 철저하게 고난을 받았습니다. 그는 한 번도 자신의 힘을 사용하여 그들에게 대항하지 않았습니다. 그러나 이제는 다릅니다. 승천하셔서 좌정하신 그리스도는 더 이상 그들을 내버려 두지 않습니다. 자신의 교회가 원수들에게 짓밟히지 않도록 보호하고 보존하십니다.

물론 이 말은 우리가 이 세상에 있을 때 행복한 삶만 산다는 것을 의미하지 않습니다. 교회 다니면 항상 떵떵거리며 살게 된다는 뜻이 아닙니다. 때로는 순교자 스데반의 경우처럼 마치 그리스도께서 아무 일도 하지 않으시는 것처럼 보일 때도 있습니다. 그러나 과연 그럴까요? 그렇지 않습니다. 우리 주님은 스데반에게 자신의 영광스런 모습을 보여 주셨습니다(사도행전 7:55). 자신이 믿고 있던 주님께서 하늘 보좌 우편에 계신 만왕의 왕을 보았기 때문에, 그는 담대하게 자신의 믿음을 지킬 수 있었습니다.

52문: 그리스도께서
"살아 있는 자들과 죽은 자들을 심판하러 오실 것"은
당신에게 어떠한 위로를 줍니까?

답: 내가 어떠한 슬픔과 핍박을 당하더라도,
전에 나를 대신하여
하나님의 심판대 앞에 서시사
내게 임한 모든 저주를 제거하신 바로 그분이
심판자로서 하늘로부터 오시기를
머리 들어 기다립니다.[1]
그가 그의 모든 원수들, 곧 나의 원수들은
영원한 멸망으로 형벌하실 것이며,[2]
나는 그의 택함을 받은 모든 사람들과 함께
하늘의 기쁨과 영광 가운데
그에게로 이끌어 들이실 것입니다.[3]

1) 누가복음 21:28; 로마서 8:23-24; 빌립보서 3:20; 디도서 2:13
2) 마태복음 25:41-43; 데살로니가후서 1:6,8-9
3) 마태복음 25:34-36; 데살로니가전서 4:16-17; 데살로니가후서 1:7,10

누가, 다시 오실 예수님을 진심으로 기다릴 것인가?

심판과 재림. 이 주제는 오늘날 그렇게 환영받는 주제가 아닙니다. 예전에 신앙의 선배들은 그리스도의 재림을 간절히 사모하면서 기다렸는데, 요즘 그런 신앙인을 찾아보기는 쉽지 않습니다. 왜 그럴까요?

가장 큰 이유는 전과 달리 요즘은 사는 것이 많이 나아졌기 때문일 것입니다. 물론 지금도 참 힘들게 살아가는 사람들이 많습니다. 좋은 직장을 얻기 어려운 시대이고 사회적 부조리와 불평등도 여전합니다. 그럼에도 불구하고, 일제강점기나 한국전쟁 때만 하겠습니까? 적어도 아이들이 배고픔을 모르고 자라고 있습니다. 오히려 비만 때문에 살 빼는 것을 고민합니다. 세상에서 즐길 것도 너무나 풍족합니다. 그러니 재림을 기다릴 이유가 별로 없어진 것입니다. 이러한 시대에 주님의 재림을 가르치는 것은 쉽지 않습니다. 교회에서 재림에 대해 설교는 할 수 있겠으나, 과연 성도들이 정말로 주님의 재림을 기다릴 것인지는 모를 일입니다. 이 점에서 사도신경과 하이델베르크 요리문답은 우리의 균형 잡힌 신앙생활로 인도하는 좋은 안내서가 됩니다.

왜 오시는가?

우리는 주님께서 왜 다시 오시는가에 대한 분명한 이해를 가져야 합니다. 많은 사람들이 오늘날 예수님을 기다리는 이유가 불분명합니다. 막연히 "주님이 오시면, 뭐 좋겠지…"라는 생각을 가진 것 같습니다. 주님께서 오시면 행복하게 살 것이라고 생각합니다. 틀린 말은 아닙니다. 하지만 그렇게 되면 주님의 재림을 너무 인간 중심적으로 이해하게 됩니다.

사도신경의 구조

성부
전능하사 천지를 만드신 하나님 아버지를 내가 믿사오며

성자
그 외아들 우리 주 예수 그리스도를 믿사오니
이는 성령으로 잉태하사 동정녀 마리아에게 나시고
본디오 빌라도에게 고난을 받으사 십자가에 못박아 죽으시고
장사한지 사흘 만에 죽은 자 가운데서 다시 살아나시며
하늘에 오르사 전능하신 하나님 우편에 앉아 계시다가
저리로서 산 자와 죽은 자를 심판하러 오시리라

성령
성령을 믿사오며
거룩한 공회와
성도가 서로 교통하는 것과
죄를 사하여 주시는 것과
몸이 다시 사는 것과
영원히 사는 것을 믿사옵나이다 아멘

사도신경은 주님이 다시 오시는 이유를 뭐라고 말합니까? 심판하시기 위해서 오신다고 딱 잘라 말합니다. 어떻습니까? 재림에 대한 생각이 좀 달라지지 않습니까? 뭔가 기대를 잔뜩 했는데, 나와는 별 상관이 없다는 생각이 들지 않습니까? 그렇습니다. 사람들이 예수님의 재림을 더 이상 기다리지 않는 이유가 여기 있습니다. 심판이 별 필요가 없다고 생각합니다. 바꿔 말하면, 주님의 재림을 누가 가장 소망할까요? [정의로운 심판을 소망하는 자], 바로 그들입니다.

52문은 "슬픔과 핍박"을 이 세상에서 당하는 사람들이 주님의 재림에서 위안을 받는다고 합니다. 슬픔은 '억울함'이라고 번역하는 것이 더 좋겠습니다. 지금 우리나라는 어떤 사회일까요? 정말로 공정한 사회라고 생각하십니까? 경제적 정의가 실현된다고 보십니까? 사법적 정의가 실현된다고 보십니까? 물론 전혀 실현되지 않는다고 할 수는 없을 것입니다. 돈과 힘 있는 사람이 재판에서 이기는 경우가 너무나 많습니다. 게다가 일단 재판이 끝나 버리면 더 이상 하소연 할 곳이 없게 됩니다. 평생 전과자로 살아가야 합니다. 이 억울함은 어떻게 해결될 수가 있을까요? 오직 의로운 재판에 의해 회복될 때만 가능합니다.

우리 삶은 억울함이 일상입니다. 특히 자신의 이익을 위해서 거짓말을 밥 먹듯 하는 사람들이 우리에 대한 헛소문을 내면, 어쩔 수 없이 당하는 것입니다. 일일이 따라 다니며 해명하는 것도 한계가 있습니다. 그렇게 당하는 억울함은 어떻게 해결할 도리가 없을 것입니다.

주님께서 바로 이런 억울함을 풀어주십니다.

재판을 받으셨던 재판장

주님의 마지막 심판이 의롭다는 것을 어떻게 확신할 수 있을까요? 대법원의 판결은 이 세상의 최종적 판결이지만, 그분의 심판은 영원한 마지막 심판입니다. 따라서 만약 그 심판이 의롭지 않다면, 주님의 재림은 우리에게 소망이 아니라 무엇보다 괴로운 절망일 것입니다.

이 세상의 재판은 순전히 외적인 요소만 가지고 판단합니다. 쉽게 말해서 오직 법조문을 가지고만 판단합니다. 물론 가끔 정상참작이란 것을 하기도 하지만 아주 제한적입니다. 재판관들이 모든 상황을 다 알 수도 없습니다. 범죄에 있어서는 내적인 동기가 더 중요한데, 인간의 마음을 어떻게 다 알 수 있겠습니까? 그래서 세상 재판은 의롭지 않습니다. 무엇보다도 그들의 재판이 공정하지 못한 이유는, 그들 스스로가 재판을 받아 본 경험이 별로 없기 때문입니다. 검사나 판사가 재판을 받아서 감옥에 들어가는 경우는 매우 드뭅니다. 다른 사람들보다 모범적인 삶을 살아서 그런 것은 아닐 것입니다.

반면에, 우리 주님은 우리 대신 친히 재판을 받으셨습니다. 요리문답 52문은 이 점을 아주 분명하게 밝히고 있습니다. "나를 대신하여 하나님의 심판대 앞에 서시사 나로 인해 발생한 모든 저주를 제거하신 그 분"이 심판하러 오시는 것입니다. 주님께서 이 세상에 처음 오셨을 때, 이미 불의한 재판을 당하는 수모를 겪으셨습니다. 가장 억울한 재판을 당하여 죽으신 분이 바로 우리 주님이십니다. 그런 주님께서 심판하러 다시 오십니다. 억울하게 심판 받으신 분이 이제 재판장이 되었다면, 그 재판이 어떠할까요?

참조하기

죽으면 끝이라는 생각 때문에, 사람들은 의외로 많은 범죄를 저지릅니다. 만약 이 세상의 삶이 끝이 아니고 그 다음에 심판이 있다는 것을 누구나 분명히 안다면, 세상은 상당히 좋아질 것입니다. 심판이라는 것은 잘잘못을 구분하는 것을 의미합니다. 모든 사람이 죽기에, 죽음은 모든 사람에게 차별없이 적용되기에, 누가 죄인인지 누가 의인인지를 죽음으로서 판정할 수는 없습니다.

누가 심판 받을 대상인가?

사도신경은 심판의 대상자들에 대해서도 고백 하고 있습니다. "산 자와 죽은 자들". 즉 모든 인간들, 더 나아가 모든 천사들도 포함됩니다. 특별히 죽은 자들이 심판을 받을 것이라는 사실에 주목할 필요가 있습니다. 많은 사람들은 죽으면 끝이라고 생각합니다. 혹은 죽음 그 자체가 심판이라고 생각합니다. 그래서 아무리 사악한 짓을 했어도 죽은 사람들에게는 별로 욕 하지 않습니다. 네로나 히틀러도 이제는 죽었으니, 역사 속에 한 인물로 기억하면 된다고 말합니다. 하지만 죽음은 최종적인 심판이 아닙니다.

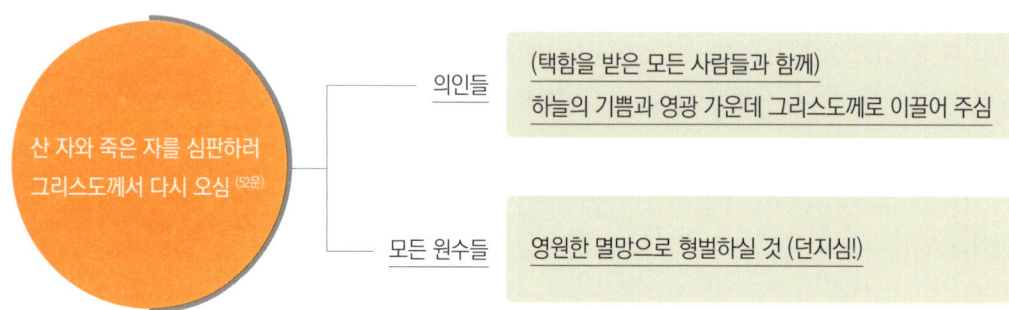

하나님의 심판은 기본적으로 분리를 의미합니다. 쉽게 말하면 의인과 죄인을 영원히 갈라내는 것입니다. 세상에서는 누가 하나님의 선택된 백성이고 누가 유기된 자인지 알 수 없고, 서로 뒤섞여 있습니다. 그렇다보니 하나님의 자녀들이 세상을 사는 동안 엄청난 어려움을 겪을 수밖에 없는 것입니다. 이제 주님께서 다시 오셔서 두 그룹을 갈라내시면, 그 후로는 결코 그런 일이 없을 것입니다.

'택함을 받은 모든 사람들과 함께'

52문은 재판에 대해 말하면서 개인주의적인 관점을 거부하고 있습니다. 그리스도는 자신의 원수들과 우리의 원수들을 심판하실 것입니다. 그리스도는 나를 구원하시되 택함을 받은 모든 사람들과 함께 하늘의 기쁨과 영광으로 인도하실 것입니다. 쉽게 말해서 나 혼자 예수 잘 믿고 구원받을 가능성은 처음부터 없는 것입니다. 따라서 구원 문제는 처음부터 끝까지 공동체적으로 생각하여야 합니다. 이 점에 있어서 교회가 매우 중요합니다. "내가 과연 어떤 교회에 속해 있는가?"의 문제입니다.

52문의 원문을 보면, 그리스도의 심판을 두 가지로 선명하게 대조합니다. 하나는 "던지신다"는 표현이고, 다른 하나는 "이끄신다"입니다. 그리스도는 자신의 원수들과 우리의 원수들을 영원한 저주(형벌)의 불구덩이에 쳐 넣으시고, 자신이 선택한 사람은 하늘의 기쁨과 영광으로 인도하십니다. 이 땅에서 억울함과 박해를 받은 자들에게 하나님은 하늘의 기쁨과 영광으로 보상하시는 것입니다. "개들과 점술가들과 음행하는 사람들과 살인자들과 우상숭배자들과 거짓말을 좋아하며 지어내는 자들은 성 밖에서 버림을 당하게 될 것"입니다.

"내가 속히 오리니"

그리스도의 최후의 심판과 관련하여 가장 많은 질문 중의 하나는 그리스도께서 "언제 오시는가"입니다. 성경에서 분명히 이런 호기심을 금지했음에도 불구하고 사람들은 그 때를 궁금해 합니다. 극단적 종말론자들은 성령을 통해 얼마든지 그 때를 알 수 있다는 논리를 폅니다. 그래서 그 때를 알면, 앞으로 다가올 환란을 면할 수 있다고 가르칩니다. 반면에 다른 쪽 극단은, 그리스도께서 오시는 것에 대해 아예 관심을 갖지 않습니다. 그래서 상당 수의 사람들은 "예수님은 아주 먼 훗날에 오실 것이다, 아니, 적어도 수 년 안에는 오시지 않을 것이야."라고 생각합니다. 이런 양 극단적인 태도는 다 성경을 제대로 이해하지 못하여 생긴 것입니다.

마지막으로 다시 강조합니다. 주님께서 왜 오십니까? 그것은 바로 공의로운 심판을 위해서입니다. 심판의 주가 오셔서, 각자가 행한 대로 갚으실 것입니다. 누가 여기에 대해 "아멘, 주 예수여 오시옵소서!"라고 자신있게 대답할 수 있겠습니까? 오직 하나님의 의로운 재판을 기다리는 사람입니다. 의를 위해서 핍박을 받는 자는 복이 있습니다. 오직 그들만이 머리를 들고서 그곳으로부터 의로우신 재판장이 오시기를 진심으로 기다릴 수 있지 않겠습니까?

"보라. 내가 속히 오리라." 계시록 마지막 장에는 이 구절이 무려 세 번이나 강조되어 있습니다. 7절, 12절, 그리고 20절입니다. 특히 마지막 구절에는 "진실로"라는 말도 있습니다.

확인질문

질문을 읽고 답을 먼저 적어본 후, 참조 페이지를 열어 자신의 답과 비교해 보세요.

1. 예수님이 누구인가에 대해, 사도신경은 네 가지로 고백합니다. 책을 보면서 라틴어 어순에 따라 답해 보세요.

2. 그리스도의 고난이 특별한 이유는 무엇입니까?

3. 그리스도의 낮아지심(비하)에 대해 사도신경은 3가지로 설명하고 있습니다. 각각이 무엇이며, 또 어떤 뜻이 담겨 있는지 간단하게 정리해 보세요.

4. 하이델베르크 요리문답은, 그리스도의 부활이 우리에게 주는 세 가지 유익이 무엇이라고 말하고 있습니까?

5. 예수님이 승천하신 직후, 제자들이 담대해진 이유는 무엇입니까?

6. 그리스도의 승천이 우리에게 주는 세 가지 유익은 무엇이라고 요리문답은 답하고 있습니까?

7. 그리스도께서 하나님 우편에 앉아 계시다는 것은 무슨 뜻입니까? 이것이 우리에게 어떤 위안을 주는 지 나누어 보세요.

8. 산자와 죽은 자를 심판하러 그리스도께서 다시 오신다는 사실이, 의인들과 원수들에게 각각 어떤 결과를 맞게 합니까?

9. 사도신경은 성자 하나님의 사역을 크게 두 부분으로 나누는데, 그것은 무엇입니까?

숲보기

10. 왜 사도신경에서 성자에 대한 부분의 분량이 가장 많을까요? 생각해 봅시다.

숲보기

1) p.137 2) p.158-159 3) p.166-169 4) p.170-171 5) p.178 6) p.180-181 7) p.184-187 8) p.192

입교문답 교육 중에 생긴 일

부활 이후 예수님은 베드로에게 "네가 나를 사랑하느냐?"라고 질문을 하셨습니다. 그리고 유명한 명령을 주셨는데, 그 중에 하나가 "어린 양"을 먹이라는 것입니다. 목사는 어린 양의 교육도 직접 챙겨야 합니다.

어느 날, 중고등부 학생들의 입교문답 교육 중에 생긴 일입니다. 성경공부의 주제는 "기도: 은혜의 수단"이었습니다. 기도를 본격적으로 가르치기 전에, "어떤 사람이 은혜가 필요할까?"라고 질문했습니다. 아주 쉬운 질문인 것처럼 보이지만 사실은 전혀 그렇지 않습니다. 은혜가 무엇인지, 왜 주어지는지 정확히 알아야 답을 할 수 있기 때문이지요.

돌아가면서 답을 하도록 했는데, 학생들은 제대로 답을 하지 못했습니다. 다른 교회에 다니다가 얼마 전 우리 교회에 온 중학교 1학년 학생이 약간 작은 소리로 "죄인입니다."라고 답을 하는 것을 들었습니다. 그런데 주위 모든 학생들이 의아한 표정을 지었습니다. 왜냐하면 모두 다 "주인입니다"로 들었기 때문입니다. 그 친구는 분명히 "죄인"이라고 발음했는데, 나를 제외하고 모든 학생들은 "주인"이라고 들은 것입니다.

가르치는 것이 결코 쉬운 것이 아니라는 것을 다시 한 번 확인했던 날이었습니다. 약간의 낙담이 되었지만, 동시에 "죄인"이라고 답한 그 친구를 앞으로 목사로 키우면 좋겠다는 소망이 생겼습니다.

53~58문

그 지식의 요약, 사도신경(3) 성령 하나님

계속해서 사도신경을 공부합니다. 사도신경은 총 12항목으로 구성되어 있고, 이는 다시 크게 세 부분으로 나눌 수 있습니다. 성부 하나님과 우리의 창조, 성자 하나님과 우리의 구속, 성령 하나님과 우리의 성화. 그동안 앞의 두 단원에서 성부와 성자에 대해 공부했다면, 이제 마지막으로 성령 하나님에 대해 공부합니다.

사도신경을 고백할 때 대부분 "성령을 믿사오며..."라고 한 뒤로는 성령과 상관 없는 다른 내용들을 고백한다고 생각하기 쉽습니다. 거룩한 공회, 성도의 교통, 몸의 부활, 영원히 사는 것 등등. 그렇지만 이 모든 것은 성령 하나님과 관련해서 고백하는 항목인 것입니다.

칼빈이 설교했던 성 피에르 대성당(St. Pierre Cathedral)
스위스 제네바 구 시가지에 위치하고 있다.
종교개혁박물관과 칼빈이 강의했던 칼빈 강당이 가까이에 있다.

53문: 성령에 관하여 당신은 무엇을 믿습니까?

답: 첫째, 성령은
　　　　성부와 성자와 함께
　　　　참되고 영원한 하나님이십니다.¹
　　둘째, 그분은 또한 나에게도 주어져서²
　　　　나로 하여금 참된 믿음으로
　　　　그리스도와 그의 모든 은덕에 참여하게 하며³
　　　　나를 위로하고⁴
　　　　영원히 나와 함께하십니다.⁵

1) 창세기 1:2; 마태복음 28:19; 사도행전 5:3-4; 고린도전서 2:10; 3:16; 6:19
2) 고린도후서 1:21-22; 갈라디아서 4:6; 에베소서 1:13
3) 요한복음 16:14; 고린도전서 2:12; 갈라디아서 3:14; 베드로전서 1:2
4) 요한복음 15:26; 사도행전 9:31
5) 요한복음 14:16-17; 베드로전서 4:14

'성령의 시대'가 따로 있을까?

성령에 대해서 우리가 정립해야 할 가장 첫 번째 지식은 성령 역시 성부와 성자와 더불어 동등하신 하나님이라는 사실입니다. 성령 하나님을 이해하는 데 있어서 두 가지 극단적인 잘못이 있습니다. 하나는 성령을 상대적으로 무시하는 것이고, 다른 하나는 성령을 상대적으로 더 높이는 것입니다. 교회사 속에서 어떤 사람들은 성령을 단지 하나님의 힘이나 능력으로만 생각하였습니다. 즉, 성부와 구별된 동등한 실체가 아니라 단지 하나님이 사용하는 도구라고 생각하였습니다. 또한 어떤 이들은 "오직 예수"를 외치면서 예수님만을 지나치게 높이기도 합니다. 그때 성령님은 그야말로 보조적인 역할만 할 뿐입니다. 어떤 사람들은 성령을 지나치게 강조합니다. 이제는 성령의 시대가 열렸기 때문에 성령님이 최고라고 말합니다.

사도신경의 구조
- 성부 하나님 + 우리의 창조
- 성자 하나님 + 우리의 구속
- **성령 하나님** + **우리의 성화**

이들의 공통적인 잘못은 성령을 성부와 성자로부터 분리시키는 것입니다. 성령에 대한 모든 잘못된 이해는 바로 여기서 출발합니다. 성령님은 성부와 성자로부터 [나오시는] 분입니다. (이사야 48:16 참조) 독자적으로 어떤 일을 행하시지 않습니다. 성부는 자신의 뜻을 아들을 통해서 보여주셨고, 성령은 아들 속에 나타난 진리로 성부의 백성들을 인도하십니다. 아버지는 자신의 것을 다 아들에게 주셨습니다. 아들은 이 세상에서 철저하게 아버지의 뜻에 순종하였습니다. 성령님 역시 마찬가지입니다. 성령님은 자의적으로 말씀하지 않고 오직 들은 것을 말하고, 아들의 영광을 나타내십니다. 진리는 예수 그리스도이시며, 성령의 역할은 진리이신 예수 그리스도께로 인도하는 것입니다.

만약 성령님이 참 하나님이시라면, 그분은 예배를 받으셔야 마땅합니다. 즉, 우리가 "성령을 믿사오며"라고 고백할 때, 그 의미는 "성령을 예배하오며"가 되어야 하는 것입니다. 그러나 교회의 현

힘내세요. 사도신경의 마지막 부분입니다!

실은 어떻습니까? 특히 오순절주의 영향을 받은 사람들은 겉으로는 성령을 높이는 것 같지만 실제로는 자신의 유익을 위해서 성령을 써먹으려고 하는 경우가 많습니다. 성령을 통해서 교회가 부흥이 되기를 바라고, 성령을 통해서 뭔가 특별한 은사를 받으려고 합니다. 그러나 그분에 합당한 찬송과 영광을 돌리는 것에는 인색합니다.

선물로 주어지신 성령님

성령님이 어떤 분이신가에 대한 고백 이후, 우리는 성령님이 어떤 일을 하시는지에 대해서도 잘 알아야 합니다. 요리문답 53문은 두 가지로 구분할 수 있는데 하나는 [주어졌다]는 것이고 다른 하나는 [영원히 거하신다]는 것입니다. 성령님은 주어졌습니다. 달리 말하면 선물입니다. (승천의 유익 3번을 참조하세요. p.181~183) 우리가 뭔가 노력해서 얻어내는 것이 아니라는 말입니다. 그렇다고 아무 일도 하지 않고 가만히 있는 사람에게 성령을 주신다는 것이 아닙니다. 이점에서 누가복음 11장 13절은 아주 중요합니다. "너희가 악할지라도 좋은 것을 자식에게 줄 줄 알거든 하물며 너희 하늘 아버지께서 구하는 자에게 성령을 주시지 않겠느냐?" 그렇다면 누가 성령을 간절히 구하는 자일까요? 간절히 필요로 하는 사람들입니다. 필요하지 않는 것을 두고 누가 간절히 기도하겠습니까? 그렇다면 누가 성령님을 필요로 할까요? 성령님이 그들을 위해서 어떤 일을 하시는지 제대로 아는 사람이라고 할 수 있습니다.

53문을 보면 성령님께서 우리에게 주어진 이유가 분명히 나와 있습니다. 그것은 그리스도의 모든 유익들(은덕)에 참여하도록 하는 것입니다. 우리가 그리스도와 연합되지 않으면 그분의 모든 유익은 우리와 상관없는 것이 될 것입니다. 그리스도는 무려 2천 년 전에 세상에 계셨던 분인데다가, 지금도 하늘 보좌 우편에 계시기 때문에, 시·공간적으로 너무나 멀리 떨어져 계신 분입니다. 그러나 성령님은 놀라운 능력으로 우리를 그리스도와 하나가 되게 하십니다. 뿐만 아니라 그리스도께서 우리를 위해 행하신 모든 은덕에 하나도 빠지지 않고 참여하게 하십니다. 그 방법이 무엇입니까? 오직 참된 믿음입니다. 성령께서는 이 믿음을 통하여 우리를 그리스도와 하나가 되게 하십니다. 이것을 간단한 말로 구원이라고 합니다.

성령님께서 우리 안에 거하심으로 우리가 성전이 되었기 때문에, 우리에게 요구되는 것은 거룩한 삶입니다. 성령은 무엇보다도 거룩한 영입니다. 거룩한 영을 우리가 소유하였기 때문에 우리는 이제 거룩한 영의 인도를 받아 거룩한 삶을 사는 것입니다. 사도 베드로는 우리를 "거룩한 나라"라고 부르고 있습니다. 우리는 그래서 성도(聖徒)입니다.

나에게도

여기서 사소하게 보이지만 매우 중요한 단어에 주목해야 합니다. "나에게도"라는 표현입니다. 성령은 한 개인이 독점하는 선물이 아닙니다. 하나님의 백성이 함께 누리는 선물입니다. 어떤 사람들은, 다른 사람들이야 성령을 받든 안 받든 상관없이 자신들만 받으려고 합니다. 겉으로 보면 신앙이 좋은 사람같이 보이지만 실제로는 대단히 이기적인 것입니다. 우리가 함께 성령을 받았기 때문에 그리스도와 그분의 모든 은덕에도 함께 참여하는 것입니다. 많은 사람들이 자신만 잘 믿으면 된다고 생각합니다. 그러나 그것은 불가능한 일입니다. 구원이란 결코 개인적인 것이 아닙니다. 그렇기 때문에 어떤 교회를 다니고, 어떤 말씀을 듣고, 어떻게 신앙생활을 하는가가 매우 중요합니다.

54문: "거룩한 보편적 교회"에 관하여 당신은 무엇을 믿습니까?

답: 나는 하나님의 아들이[1]
　　세상의 처음부터 마지막 날까지[2]
　　모든 인류 가운데서[3]
　　영생을 위하여 선택하신[4] 교회를[5]
　　참된 믿음으로 하나가 되도록[6]
　　그의 말씀과 성령으로[7]
　　자신을 위하여
　　불러 모으고 보호하고 보존하심을[8] 믿습니다.
　　나도 지금 이 교회의 살아 있는 지체(肢體)이며[9]
　　영원히 그러할 것을 믿습니다.[10]

---

1) 요한복음 10:11; 에베소서 4:11-12; 5:25-26
2) 시편 71:17-18; 이사야 59:21; 고린도전서 11:26
3) 창세기 26:4; 이사야 49:6; 로마서 10:12-13; 요한계시록 5:9
4) 로마서 8:29-30; 에베소서 1:3-5,10-14; 베드로전서 2:9
5) 시편 111:1; 사도행전 20:28; 디모데전서 3:15; 히브리서 12:22-23
6) 요한복음 17:21; 사도행전 2:42; 고린도전서 3:16; 에베소서 4:3-6,13
7) 이사야 59:21; 로마서 1:16; 10:14-17; 에베소서 5:26
8) 시편 129:4-5; 마태복음 16:18; 요한복음 10:16,28
9) 고린도전서 12:27; 베드로전서 2:5
10) 시편 23:6; 요한복음 10:28; 로마서 8:35-39; 고린도전서 1:8-9; 베드로전서 1:5; 요한1서 2:19

나는 거룩한 보편적 교회를 믿습니다!

우리는 사도신경을 통해 주일예배 시간마다 "거룩한 보편적 교회(공회)를 믿습니다!"라고 고백합니다. 하지만 대부분 이 중요한 사실을 매주 고백하면서도 잘 인지하지 못하는 것은, 우리말의 특성 때문이기도 합니다. 한국어 어순에 따르면 동사는 문장의 제일 뒤에 오다보니, "거룩한 보편적 교회와 … (한참 뒤에) … 영생을 믿습니다."가 되어 버렸습니다. [교회]와 [믿습니다]가 너무 멀리 떨어져 있습니다. 그래서 상당수의 사람들은 영생을 믿는다는 생각은 할지 모르지만, 교회를 믿는다는 생각은 거의 하지 못합니다. 영어나 라틴어는 동사가 먼저 나오고 목적어가 나중에 나오기 때문에 "교회를 믿는다!"는 고백이 아주 선명하게 부각이 됩니다.

"교회를 믿는다!"라는 고백은 사도신경에 포함될 정도로 신앙생활에 있어서 매우 중요합니다. 그러나 이 말은 잘못하면 혼동을 일으킬 수 있습니다. 교회와 하나님을 혼동하거나, 혹은 로마 가톨릭처럼 교회의 권위를 절대화 시키는 우를 범할 수도 있습니다. 우리는 두 가지 극단을 피하여야 합니다. 하나는 교회를 너무 우습게 여겨서 어떠한 신앙의 대상도 아니라는 생각도 버려야 하고, 반대로 교회를 우상화시키는 시도 역시 버려야 합니다.

사도신경의 구조

성부
전능하사 천지를 만드신 하나님 아버지를
내가 믿사오며

성자
그 외아들 우리 주 예수 그리스도를 믿사오니
이는 성령으로 잉태하사 동정녀 마리아에게 나시고
본디오 빌라도에게 고난을 받으사 십자가에 못박아 죽으시고
장사한지 사흘 만에 죽은 자 가운데서 다시 살아나시며
하늘에 오르사 전능하신 하나님 우편에 앉아 계시다가
저리로서 산 자와 죽은 자를 심판하러 오시리라

성령
성령을 믿사오며
거룩한 공회와
성도가 서로 교통하는 것과
죄를 사하여 주시는 것과
몸이 다시 사는 것과
영원히 사는 것을 믿사옵나이다 아멘

좌로나 우로나 치우치지 않도록..

요리문답은 우리에게 좋은 길잡이가 됩니다. 길잡이가 하는 가장 중요한 역할은 좌로나 우로나 치우치지 않고 정도를 가게 하는 것입니다. 요리문답은 혼동을 일으키기 쉬운 개념들 속에서 우리가 무엇을 중점적으로 고백해야 하는 지를 잘 요약해 주고 있습니다.

교회는 하나님이 세우신 기관

교회가 믿음의 대상이라는 것은, 교회는 [보이지 않는] 혹은 [알려질 수 없는] 실체라는 뜻입니다. 만약 보이는 교회가 전부이거나 교회에 대해서 우리가 다 알 수 있다고 한다면 우리는 교회를 '믿을' 필요까지는 없었을 것입니다. 믿음은 보이는 것이 아니라 보이지 않는 것에 관한 것이기 때문입니다. 따라서 적어도 우리는 눈에 보이는 교회가 전부가 아니라는 인식을 가져야 합니다.

물론 이 말은 교회가 투명인간과 같이 전혀 보이지 않는 투명교회라는 말이 아닙니다. 우리가 지나치게 교회의 보이지 않는 측면만 강조하다 보면 보이는 교회를 우습게 여길 수 있습니다. 교회에 가면 목사도 있고, 기도도 있고, 설교도 있고, 성도도 있습니다. 이것들은 다 보이거나 들리는 것, 우리가 경험할 수 있는 것들입니다. 이것들은 교회가 유지되기 위해서 매우 중요한 것들입니다. 아무리 중요하다고 강조해도 지나치지 않습니다. 그러나 그것들은 보이기 때문에 우리의 신앙의 대상이 될 수 없습니다. 교회의 목사가 아무리 여러분에게 좋게 보인다 하더라도 믿어서는 안 되는 것입니다.

그렇다면 우리는 교회에 대해서 무엇을 믿어야 할까요? 무엇보다 교회는 [하나님이 세우신 기관]이라는 것입니다. 54문에 따르면 "하나님의 아들이 자신의 성령과 말씀으로" 다스리는 기관이 교회입니다. 여러분은 이것이 이성적으로 이해가 됩니까? 그렇지 않을 것입니다. 하나님의 아들이 죽으시고 부활하셔서 하나님 우편에 앉으신 것을 믿음을 통해서만 알 수 있듯이, 교회가 신적인 기관이라는 것도 오직 믿음을 통해서만 알 수 있습니다. 보통 교회를 하나님의 백성, 그리스도의 몸, 성령의 전이라고 하는데, 이 표현들이야 말로 교회가 전적으로 삼위 하나님께 속한 것이라는 것을 분명하게 보여 줍니다.

거룩한, 그리고 보편적인 교회

교회에 대해, 여기서는 두 가지를 고백합니다.
거룩성과 보편성입니다.
하나씩 차근차근 보겠습니다.

A. 거룩성

영적인 교회에 대한 두 가지 특징: **거룩성** / 보편성

하나님만이 거룩한데 어떻게 인간의 모임인 교회가 거룩할 수 있을까요? 가장 큰 이유는 하나님께서 그들을 선택하셨기 때문입니다. 하이델베르크 요리문답 54문은 하나님의 아들이 모든 인류들 가운데서 영생을 위하여 한 공동체를 선택하였다고 진술하고 있습니다. '구별'이라는 것은 거룩의 핵심적인 개념입니다. 똑같은 빵이라도 성찬을 위해서 구별되었으면 그것은 거룩한 것입니다. 마찬가지로 우리는 불신자들과 차이점이 하나도 없습니다. 그들보다 더 똑똑하든지, 재산이 많든지, 잘 생겼다든지 하지 않습니다. 우리가 이 교회를 나가면 도무지 구별되지 않습니다. 그러나 우리가 하나님에게서 선택을 받았기 때문에 거룩하다고 할 수 있습니다.

베드로전서 2장 9절을 보면, "너희는 택하신 족속이요, 왕같은 제사장이요, 거룩한 나라요, 그의 소유된 백성"이라고 하나님의 교회를 규정하고 있습니다. 본문 말씀은 "내가 누구인가?" 또는 "우리가 이 세상에서 어떤 존재인가?"를 규정하는 아주 중요한 성경 말씀입니다. 선택, 제사장, 거룩, 소유. 이 네 가지 단어는 모두 교회의 거룩성을 나타내는 단어들입니다. 선택과 거룩이 밀접하게 연결되어 있고, 선택은 거룩의 시작이라고 할 수 있습니다.

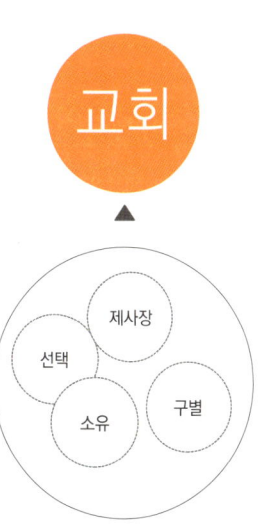

B. 보편성

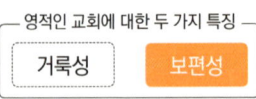

교회의 보편성은 거룩성에 비해 설명하기가 쉽지 않습니다. 오늘날 너무나 무시되는 개념이기에 그렇습니다. 사람들은 보편을 추구하기 보다는 개성을 추구하고, 교회도 덩달아 개교회 중심으로 특화되기를 추구합니다. 교회의 하나됨 보다는 '다름'을 강조합니다. 그러다보니 보편성을 추구하는 교회가 오히려 이상한 교회처럼 보이는 기막힌 현실입니다.

이 보편성은 두 가지 성격이 있는데, 하나는 믿음의 동일성이고, 다른 하나는 시간의 보편성입니다.

A. 믿음의 동일성

이것은 교회의 기본입니다. 우리가 고백하는 내용은 시간과 장소에 상관없이 항상 동일해야 합니다. 그렇지 않은 교회는 보편성을 상실하는 것입니다. 그렇기 때문에 교회는 신앙고백이 같은 교회와 교제하기를 힘써야 하고, 또 서로가 배워야 합니다. 적지 않은 사람들이 "우리끼리만 잘 믿으면 되지 왜 골치 아프게 다른 교회와 연합해야 하는가?"라고 비난 섞인 질문을 많이 하는데, 이런 질문을 하는 사람들은 교회가 무엇인지 잘 모르는 것입니다.

B. 시간의 보편성

역시 대단히 중요합니다. 개혁교회의 고백서들은 교회의 시작을 오순절이 아니라 세상의 처음이라고 합니다. 예수님은 새로운 교회를 세우신 것이 아니라 기존에 있던 교회를 새롭게 하신 것입니다. 로마 교회가 주장하듯이 베드로에 의해 지상 교회가 비로소 시작된 것이 아닙니다. 하나님이 선택하신 무리로서의 교회는, 아담과 하와가 창조되었을 때부터 존재하였습니다. 그럼 우리 주위에 새로이 생겨나는 교회들은 무엇입니까? 이런 경우는 새로 생겼다기보다 '이미 있는 교회에 새로 가입한 것'으로 보는 것이 더 정확합니다. 따라서 만약 누군가 기존 교회와 선을 긋고 자신들만이 새 교회라고 주장한다면, 그곳은 이단입니다. 요즘 오래된 것보다 새 것을 좋아하는 경향이 많지만 이 경향이 교회에 적용되어서는 안 됩니다. 교회의 속성과 본질에 있어서 교회는 옛 교회일 수밖에 없습니다.

| 심화 학습

나도 그 교회의 회원입니다!

거룩하고 보편적인 어떤 교회가 존재한다는 믿음은 대단히 귀하지만, 그 자체로 유익이 되는 것이 아닙니다. 만약 우리가 그 교회의 회원이 아니라면? 모든 것이 헛될 뿐입니다. 그리스도와 연합하지 않으면 그리스도의 구원 사역이 아무런 유익이 없듯, 그리스도가 자신의 택한 족속과 소유된 백성을 지정하셨더라도 우리가 그 교회의 회원이 아니라면 그건 무의미할 뿐입니다. 따라서 "교회를 믿습니다."라는 고백 속에는 "내가 그 교회의 회원입니다"라는 고백이 함께 들어가는 것입니다.

54문에 "살아있는 지체"라는 표현이 나옵니다. 이것은 로마 가톨릭 교회의 교회론에 대한 반박입니다. 로마 가톨릭에 따르면 교회의 권위, 혹은 교황의 권위에만 복종하면 교회의 회원이 됩니다. 믿음이 있거나 말거나 로마 교회 안에서 세례를 받고, 성찬에 참여하고, 고해 성사를 하면 회원이 되는 것입니다. 이 교회 안에는 산 회원과 죽은 회원이 골고루 참여하고 있는 것이지요. 그러나 우리가 믿음으로 고백하는 참 교회는 오직 살아있는 회원으로만 구성되어 있습니다. 물론 이 회원의 명단은 오직 하나님만이 아십니다. 그래서 불가시적 교회(invisible church, 보이지 않는 교회)라고 부르기도 합니다.

믿음이 얼마나 중요한 역할을 하고 있는지를 알 수 있습니다. 앞에서 보았듯이 교회는 인간의 이성으로 이해하기 불가능한 신비한 공동체입니다. 이 교회는 하나님께서 선택하였고 아들께서 말씀과 성령으로 다스리십니다. 이 모든 사실을 믿음을 통해서만 압니다. 어떻게 이 교회의 회원이 될 수 있을까요? 믿음으로만 이 교회의 살아있는 지체가 될 수 있습니다. 그리고 이 교회의 회원이라는 것을 아는 것도 믿음으로만 아는 것입니다. 그래서 교회는 믿음의 공동체입니다.

55문: "성도의 교제"를 당신은 어떻게 이해합니까?

답: 첫째, 신자는 모두 또한 각각
　　　그리스도의 지체로서
　　　주 그리스도와 교제하며
　　　그의 모든 부요와 은사에 참여합니다.[1]
　　둘째, 각 신자는 자기의 은사를
　　　다른 지체의 유익과 복을 위하여
　　　기꺼이 그리고 즐거이
　　　사용할 의무가 있습니다.[2]

1) 로마서 8:32; 고린도전서 6:17; 12:12-13; 요한1서 1:3
2) 고린도전서 12:21; 12:31-13:7; 빌립보서 2:2-5

나는 성도의 교제를 믿습니다!

성령님의 다음 사역은 교회를 성도의 사귐의 공동체가 되도록 하는 것입니다. 우리는 예배할 때 사도신경으로 이를 고백할 뿐 아니라, 축도를 통해 이 교통이 성령의 사역이라는 것을 믿음으로 받아들입니다. "성령의 교통하심이 너희에게 있을지어다!". 성도의 교통이야말로 교회가 무엇인지를 가장 잘 보여 주는 표현이라 할 수 있습니다. 자, 여러분은 왜 교회에 나오셨습니까? 그 답은 교회의 본질을 알아야만 찾을 수 있습니다. 성도의 교통이라는 말을 통해 적어도 한 가지를 확실히 알 수 있습니다. 만약 어떤 신자가 자기 혼자만의 영적인 유익을 생각한다면 그 사람은 교회에 올 이유가 하나도 없습니다. 하지만 교회는 성도가 '서로' 교통하는 곳입니다. 그리고 여러분은 이것을 위해서 부르심을 받았습니다.

사귐: 삼위 하나님의 형상

[교통] 혹은 [사귐]은 헬라어로 '코이노니아'라고 하는데, 특히 인간의 창조를 이해할 때 매우 중요한 개념입니다. 하나님께서 사람을 남자와 여자로 만드신 것은 결코 우연이 아닙니다. 바울 사도는 에베소서 5장에서 창세기 2장(그러므로 사람이 부모를 떠나 그의 아내와 합하여 그 둘이 한 육체가 될지니)을 언급하면서 에베소 교인들에게 '내가 그리스도와 교회에 대해서 말한다'고 강조하였습니다. 즉, 아담과 하와의 창조는 그리스도와 교회의 원형이었습니다. 또 그 핵심은 사귐이었습니다. 하나님은 아담과 본질상 동등한, 그러나 너무도 다른 하와를 창조하셔서 자신이 누리시는 교제를 아담도 누리게 했던 것입니다.

그러나 아담의 죄로 인하여 이러한 참된 교제가 심각한 손상을 입었습니다. 아담은 자신의 창조주이신 하나님을 거역하였고, 아내는 자신의 머리인 남편을 거역하였고, 짐승과 땅은 인간의 통치를 거부하였습니다. 인간관계도 뒤틀어졌습니다. 아담의 아들 가

사도신경의 구조

성부
전능하사 천지를 만드신 하나님 아버지를 내가 믿사오며

성자
그 외아들 우리 주 예수 그리스도를 믿사오니
이는 성령으로 잉태하사 동정녀 마리아에게 나시고
본디오 빌라도에게 고난을 받으사 십자가에 못박아 죽으시고
장사한지 사흘 만에 죽은 자 가운데서 다시 살아나시며
하늘에 오르사 전능하신 하나님 우편에 앉아 계시다가
저리로서 산 자와 죽은 자를 심판하러 오시리라

성령
성령을 믿사오며
거룩한 공회와
성도가 서로 교통하는 것과
죄를 사하여 주시는 것과
몸이 다시 사는 것과
영원히 사는 것을 믿사옵나이다 아멘

인은 자기 동생을 시기하여 쳐 죽이고 말았습니다. 서로 간의 미움과 질투 그리고 살인과 포악이 온 세상을 뒤덮었습니다. 하나님께서 홍수로 그들을 심판하셨음에도 불구하고 이런 포악은 근절되지 않았습니다. 우리 주님이 오실 때까지 하나님께서 인간에게 주신 선물인 서로간의 사귐은 완전히 상실되고 말았습니다. 사귐의 근원이신 삼위 하나님에 대한 지식이 완전히 상실되었기 때문입니다. 참된 교제를 알지 못하니 어떻게 서로 진정으로 교제할 수 있겠습니까? 예수 그리스도께서 오신 것은 바로 이 참된 교제를 우리에게 보여주시기 위한 것입니다. **요한1서 1장 1~4절**이 이것을 그대로 증거합니다.

참조하기

태초부터 있는 **생명**의 말씀에 관하여는 우리가 들은 바요 눈으로 본 바요 자세히 보고 우리의 손으로 만진 바라/ 이 **생명**이 나타내신 바 된지라 이 영원한 **생명**을 우리가 보았고 증언하여 너희에게 전하노니 이는 아버지와 함께 계시다가 우리에게 나타내신 바 된 이시니라/ 우리가 보고 들은 바를 너희에게도 전함은 **너희로 우리와 사귐이 있게 하려 함이니** 우리의 사귐은 아버지와 그의 아들 예수 그리스도와 더불어 누림이라/ 우리가 이것을 씀은 우리의 기쁨이 충만하게 하려 함이라 (요한서 1:1~4)

성도: 교제의 주체

사귀기 위해서는 뭔가 공통점이 있어야 합니다. 사람과 짐승이 사귀는 것은 한계가 있습니다. 할아버지와 갓난아기가 사귀는 것도 쉽지 않습니다. 그래서 대부분 끼리끼리 모입니다. 뜻이 같든지 관심사가 같아야 모임이 제대로 됩니다. 교회도 마찬가지입니다. 뭔가 공통점이 있어야 하는데, 겉으로 보면 공통점이 거의 없습니다. 출신이나 자라온 환경이나 성별과 나이가 모두 다른 사람들이 모여있습니다. 그런데 어떻게 하나의 공동체를 이룰 수 있을까요?

교회의 모든 회원은 [**성도**(聖徒)]라는 공통점이 있습니다. [**거룩한 무리**]라는 뜻입니다. 그런데 대체 누가 거룩한 무리일까요? 우리 눈에 보기에 교회는 연약해서 죄다 죄인들만 모인 것처럼 보일 때가 더 많습니다. 그래서 로마 가톨릭 교회는 여기서 말하는 성도를 '성인'으로 해석합니다. 순교자와 같이 탁월한 공을 쌓아서 하늘에 있는 성도들과 사귀는 것을 진정한 의미에서 성도의 교제라고 하는 것입니다. 그러나 이는 완전히 잘못된 해석입니다. 왜냐하면 성도의 거룩은 그가 행한 업적이나 공로에 의해 결정되는 것이 아닙니다. 거룩을 결정하는 분은 거룩하신 성령님이십니다.

모든 신자들은 원래 성도가 아니라 죄인입니다. 그렇다면 죄인을 어떻게 성도라고 부를 수 있겠습니까? 요리문답 55문은 아주 선명한 대답을 합니다. 그것은 바로 우리가 거룩하신 자, 즉 예수 그리스도의 지체가 되었다는 사실에 있습니다. 오직 신자만이 그리스도의 지체가 될 수 있습니다. 신자가 믿음을 통해 그리스도의 지체가 되어 성도라는 이름을 얻습니다. 그래서 개혁파 교회에서는 신자와 성도를 구별하지 않습니다. 모든 신자는 성도이고, 모든 성도는 신자입니다.

예수 그리스도와 연합하여 지체가 되면 그 순간부터 예수 그리스도께 속한 모든 보화가 우리 것이 됩니다. 교제라는 것은 기본적으로 자기가 가지고 있는 것을 서로 나누면서 즐기는 것을 의미합니다. 교회가 성도들의 교제라고 말할 때, 성도는 무엇인가를 나누어 줄 수 있는 부자가 되었다는 것을 의미합니다. 아무리 연약해 보이고 변변치 못하게 보이는 신자라 할지라도 그 사람은 그리스도께 속한 보화를 가지고 있습니다. 그리스도는 이 땅에 오셔서 사망을 이기고 부활, 승천하셔서 마귀의 권세를 이기셨습니다. 성부 하나님께서는 승리한 그리스도께 하늘과 땅의 모든 것을 선물로 주셨습니다. 그리스도는 이 선물을 자신의 지체들에게 나누어 주기를 원하십니다.

요리문답은 '부요'와 '은사'라고 표현하지만, 앞에서 본 요한1서 1장 1~4절은 무려 세 번이나 반복하여 [생명]이라는 말로 이를 표현합니다. 이 생명은 원래 말씀 안에 있었고, 말씀이 육신으로 세상에 나타나셨는데, 이 생명이 복음으로 전파될 때 듣고 영접하는 사람들은 그 생명을 소유할 수 있게 된 것입니다. 죽음이 종결이나 소멸이 아니라 분리라고 한다면, 사귐은 그 자체가 생명이라고 할 수 있을 것입니다.

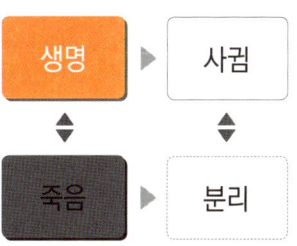

 심화 학습

다른 성도들을 위한 봉사는 우리의 특권!

성도의 교통은 우리가 이 세상에서 어떤 존재로 살아갈 것인가를 결정합니다. 성도의 교통을 믿는다고 고백하는 사람은 자신이 그러한 삶을 위해 살아가야 할 [의무]가 있음을 고백하는 것입니다. 그리스도와의 연합을 통하여 우리는 그리스도께 속한 모든 부요와 은사를 받게 됩니다. 이것은 비록 우리의 몫이지만, 자신만을 위해 사용해서는 안 됩니다. 주님께서 그것들을 주신 이유는 다른 지체들과 함께 사용하도록 하기 위한 것입니다. 이 사실을 55문은 아주 분명하게 지적합니다.

그리스도와의 연합을 통하여 우리는 그리스도께 속한 모든 부요와 은사를 받게 됩니다. 일차적으로 이것은 우리 자신들을 위한 것이지만 우리 자신만을 위해서 사용해서는 안 됩니다. 주님께서 그것들을 주신 이유는 다른 지체들과 함께 사용하도록 하기 위한 것입니다.

여기서, 성령의 은사에 대한 분명한 이해가 필요합니다. 모든 은사란 본질적으로 지체를 위한 것이기 때문에 지체의 유익을 위해서 사용해야 합니다. 아무리 좋은 은사라 하더라도 그것이 다른 형제자매에게 유익이 되지 못하면 스스로 자제를 해야 하는 것입니다. 그래서 고린도전서 13장에서 사도 바울은 고린도 교회 성도들을 향하여 더욱 큰 은사 즉 사랑을 사모하라고 권면하는 것입니다.

우리는 예배 속에서 성도의 교제를 경험합니다. 동일한 말씀을 듣고, 성찬을 통해 그리스도의 살과 피를 나눕니다. 봉헌 역시 마찬가지입니다. 사도행전 4장 32절 이하를 보면, 사도들이 큰 권능으로 주 예수의 부활을 증거하였습니다. 그 증거를 듣고 사람들은 자신의 밭과 집을 팔아서 사도들의 발 앞에 두었고, 사도들은 각 사람의 필요에 따라서 나누어 주었습니다. 그 결과, 궁핍한 사람이 한 사람도 없었습니다. 초대교회의 이 모습이야말로 성도의 교통이 무엇인지를 단적으로 보여 줍니다.

이런 아름다운 교제를 가능하게 한 요소가 무엇입니까? 사회주의와 같은 이념이 아니었습니다. 수도원적 공동체를 이루기 위한 인간들의 종교심도 아니었습니다. 그것은 복음의 선포입니다. 그들은 정말로 그리스도의 부활을 믿었고, 하늘에 오르셔서 세상의 왕이 되었다는 것을 믿었고, 자신의 지체들을 위해 모든 것을 주장하신다는 것을 확신하였습니다. 초대교회 성도들은 이 확신의 표로 자신들의 소유, 자신의 모든 것을 사도들에게 위탁하였고 사도들은 필요에 따라서 신자들에게 나누어 주었습니다.

눈에 보이는 성도의 교통: 성찬

우리는 사도신경을 통해서 성령의 사역을 고백합니다. 거룩하신 성령 하나님께서는 교회를 거룩하게 하시고, 신자를 거룩하게 하십니다. 모든 신자들은 거룩한 백성이 되었고 제사장 나라가 되었습니다. 구약의 제사장처럼 우리는 하나님의 집인 성전에서 주님께서 베푸신 거룩한 식사를 함께 나누고 즐깁니다. 그래서 성찬이야말로 성도가 서로 교통하는 것이 무엇인지를 가장 확실하게 보여줍니다. 우리는 주님의 살과 피를 먹음으로 생명의 떡과 기쁨의 잔을 성도들과 함께 나눕니다.

거룩한 자들은 거룩한 것을 필요로 합니다. 하나님께서 교회에 맡기신 말씀과 성례는 거룩한 것입니다. 우리는 우리의 행함을 통해서가 아니라 하나님께서 교회에 주신 은혜의 수단(말씀과 성례)을 통하여 거룩하여집니다. 그리고 우리를 거룩하게 하시고, 수단을 거룩하게 하시는 분은 성령님이십니다. 따라서 성령을 따른다고 하면서 거룩을 추구하지 않는 모든 성령 운동은 한 마디로 거짓이나 사이비입니다.

성도의 교통을 고백한다는 것은 우리에게 거룩한 의무를 지게 만듭니다. 먼저 스스로 거룩한 자가 되어야 하겠습니다. 이 거룩은 그리스도에 대한 올바른 믿음에서 시작합니다. 이 세상에서 구별된 자로서 지체들인 형제들의 유익과 복을 위해서 최선의 노력을 다해야 합니다. 성도의 교통은 "내가 왜 오늘 교회에 왔는가?"라는 질문에 대한 가장 분명한 대답을 줍니다. 더 나아가서 성도의 교통은 "내가 왜 이 세상에 존재하는가?"에 대한 해답을 제공합니다. 바울 사도가 고린도교회 성도들에게 말씀하는 것처럼, 이제 우리는 우리의 것이 아닙니다. 값으로 산 것이 되었으니 그러므로 우리 몸으로 하나님께 영광을 돌려야 하겠습니다.

※ 성찬에 대해서는 뒤에서 더 자세히 다루게 됩니다.

56문: "죄 사함"에 관하여 당신은 무엇을 믿습니까?

답: 그리스도께서
　　　하나님의 의를 만족시키셨기 때문에
　하나님께서는
　　　나의 모든 죄와[1]
　　　내가 일평생 싸워야 할 나의 죄악된 본성을[2]
　　　더 이상 기억하지 않으십니다.
　오히려 하나님께서는 은혜로
　　　그리스도의 의를 나에게 선물로 주셔서[3]
　　　결코 정죄함에 이르지 않게 하십니다.[4]

1) 시편 103:3,10,12; 예레미야 31:34; 미가서 7:19; 고린도후서 5:19
2) 로마서 7:23-25
3) 로마서 3:23-24; 로마서 5:18-19; 고린도후서 5:21; 요한1서 1:7; 2:1-2
4) 요한복음 3:18; 5:24; 로마서 8:1-2

죄 용서: 하나님의 '잊으심'

[성도의 교제]와 [죄 용서]의 관계를 생각해봅시다. 교회의 회원이 죄인임에도 불구하고 성도라고 불리는 이유는 죄 용서를 받았기 때문입니다. 그런데 여기서 중요한 것은 그 용서가 이루어지는 현장이 교회라는 사실입니다. 죄 사함은 한 개인의 마음 속에서 일어나는 어떤 느낌을 의미하지 않습니다. 그것은 주님께서, 특히 거룩한 영이신 성령께서 그리스도의 몸인 지체들에게 베푸시는 영적 실체입니다.

성도들은 매주 삼위 하나님께 예배하려고 한 자리에 모입니다. 그곳에서 하나님의 말씀, 특히 율법을 듣습니다. 그리고 그 율법에 자신을 비추어 보면서 죄를 고백합니다. 주님께서는 그 고백을 듣고 죄 사함의 은혜를 선포합니다. 그러면 우리는 그 은혜에 감사하면서 찬송을 드리고 삼위 하나님과 더 깊은 교제에 들어갑니다. 여기서 우리는 죄 사함에 대한 본질적인 요소들을 다 경험하게 됩니다. 오직 율법을 통해서만 우리가 얼마나 죄인인지 알게 됩니다. 진심으로 죄를 고백하고 그리스도를 붙잡을 때 우리는 죄 사함을 받습니다. 우리가 죄를 고백하였는데, 정말로 우리의 죄가 용서를 받았는지 받지 않았는지 어떻게 알까요? 하나님께서 "그 성노 기도로는 부족하니 좀 더 열심히 기도해라!"라고 말씀할 수도 있지 않을까요? 또는 "내가 이 정도 기도했으니 하나님도 용서해 주실 거야"라고 생각할 수 있지 않을까요?

우리 죄가 정말로 사함을 받았다는 것은 오직 믿음을 통해서 확신할 수 있을 뿐입니다. 사도 요한이 이렇게 말씀하셨습니다. "만일 우리가 우리 죄를 자백하면 저는 미쁘시고 의로우사 우리 죄를 사하시며 모든 불의에서 우리를 깨끗케 하실 것이요."(요한서 1:9) 죄 사함과 관련하여 더 이상 어떤 증거가 필요 없습니다. 물론 죄 용서를 받고 나면 우리 삶이 달라질 수밖에 없고, 따라서 확신에 어느

사도신경의 구조

성부
전능하사 천지를 만드신 하나님 아버지를
내가 믿사오며

성자
그 외아들 우리 주 예수 그리스도를 믿사오니
이는 성령으로 잉태하사 동정녀 마리아에게 나시고
본디오 빌라도에게 고난을 받으사 십자가에 못박아 죽으시고
장사한지 사흘 만에 죽은 자 가운데서 다시 살아나시며
하늘에 오르사 전능하신 하나님 우편에 앉아 계시다가
저리로서 산 자와 죽은 자를 심판하러 오시리라

성령
성령을 믿사오며
거룩한 공회와
성도가 서로 교통하는 것과
죄를 사하여 주시는 것과
몸이 다시 사는 것과
영원히 사는 것을 믿사옵나이다 아멘

정도 도움을 줄 수 있겠지만, 궁극적인 확신은 줄 수 없습니다. 그래서 우리는 매주 사도신경을 통해서 "나는 죄 사함을 믿습니다."라고 고백합니다. 이 죄 사함이 무엇인지, 우리에게 어떤 교훈을 주는지 살펴 보도록 하겠습니다.

기억하지 않으심!

죄 사함을 알기 위해, 먼저 죄가 무엇인지 분명히 해야 할 것입니다. 죄는 하나님의 법을 어기거나 그것을 순종함에 있어서 부족한 것을 의미합니다(웨스트민스터 소요리문답 14문 참조). 따라서 죄는 인간이 몸과 마음으로 짓는 어떤 행위를 의미합니다. 죄가 무서운 이유는 그것이 엄청난 결과를 초래하기 때문입니다. 죄는 큰 형벌을 가져오고, 본성을 부패시켜 버립니다. 그 결과 외부의 도움이 없이는 헤어날 수 없는 비참의 수렁에 빠지고 맙니다. 만약 죄를 지어도 이런 결과가 없다면 죄를 그렇게 심각하게 생각할 이유가 없겠지요. 죄를 짓고 나서 "이제 좀 반성하고 앞으로 착하게 살아야지"라고 한다고 해서 되는 것이 아닙니다. 죄는 근본적인 치료가 없는 한 계속 그 증세가 악화되는 병과 같습니다.

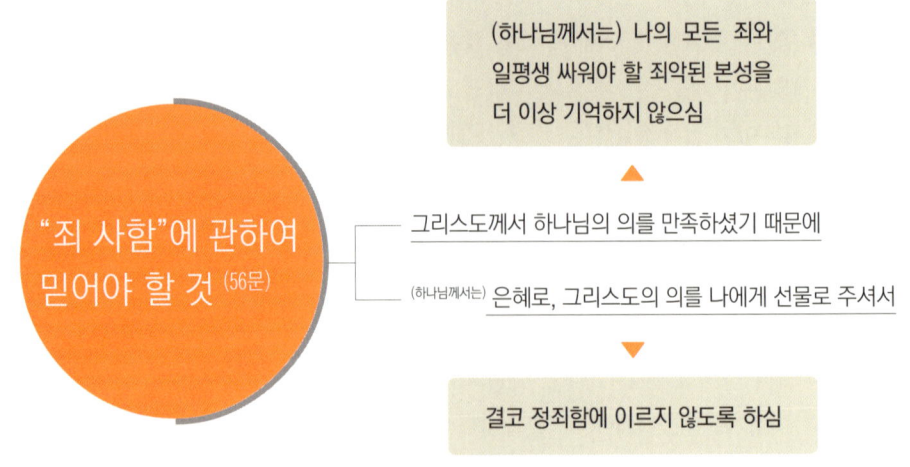

그렇다면 죄가 용서함을 받는다는 것은 무엇을 뜻할까요? 아마 상당수 사람들은 하나님께서 죄를 용서하시면, 과거에 지었던 죄가 없어졌다고 생각할지도 모릅니다. 하지만 그렇지 않다는 것을 경험적으로 알 수 있습니다. 사실, 성경에는 "너희가 죄 사함을 받았다," "너희 죄를 사할 것이다"와 같은 표현들은 많이 있지만, 정작 죄 사함이 무엇인가에 대해서는 거의 설명을 하고 있지 않습니다. 여러 가지로 설명이 가능하겠지만 요리문답은 죄 사함과 관련하여 아주 중요한 가르침을 주고 있습니다. 그것은 바로 하나님께서 더 이상 우리의 죄와 불법을 기억하지 않는다는 것입니다. "하나님께서는 나의 모든 죄와 내가 일평생 싸워야 할 나의 죄악된 본성을 더 이상 기억하지 않으십니다."

어떻게 기억을 못하실 수 있나?

여기서 기억이라는 단어는 신인동형론적인* 표현입니다. 하나님께서 어떻게 우리가 한 일, 그리고 죄악된 본성을 잊을 수 있겠습니까? 오히려 우리 모든 것을 샅샅이 알고 계시는 분이 하나님이십니다. 무엇보다도 우리의 심중을 보시는 분이 하나님이십니다. 그렇다면 하나님은 우리가 얼마나 철저하게 죄인인지 너무나 잘 알고 계시는 분이라고 해야 할 것입니다. 따라서 하나님께서 기억하지 않는다는 것을 문자 그대로 해석해서는 안 될 것입니다.

그렇다면 하나님의 이 '기억상실'을 어떻게 설명해야 할까요? 로마서 3장 25절은 "이 예수를 하나님이 그의 피로써 믿음으로 말미암는 화목제물로 세우셨으니 이는 하나님께서 길이 참으시는 중에 전에 지은 죄를 간과하심으로 자기의 의로우심을 나타내려 하심이니."라고 말합니다. 여기에 [간과]라는 단어가 나오는데, 바로 이것입니다. 즉, 하나님께서 우리의 죄를 더 이상 문제를 삼지 않고 넘어가시겠다는 것입니다.

신인동형론(神人同型論)적 표현 이란?
마치 스스로 피조물이기라도 하신 듯, 우리 인간이 이해할 수 있는 방식으로 친밀하게 알려주시고 나타내시는 방식을 뜻합니다.

누구 덕분에 용서 받았나?

죄 사함과 관련하여 두 가지 극단을 경계해야 합니다. 하나는 로마 가톨릭 교회와 같이 우리가 죄 사함과 관련하여 무엇인가를 할 수 있다는 생각입니다. 다른 하나는 값싼 복음주의자들과 같이 죄 사함을 너무나 쉽게 생각하는 것입니다. 둘 다 죄의 심각성을 알지 못하기 때문에 생기는 현상입니다. 우리는 어떤 경우에 있어서도 죄의 문제를 해결할 능력이 없습니다. 이 점에서 우리는 로마 가톨릭의 공로 개념을 거부해야 합니다. 죄 사함이란 입술의 고백으로 자동적으로 임하는 것이 아닙니다. 우리는 주기도문의 가르침에 따라 날마다 우리의 죄를 용서해달라고 고백해야 하지만, "죄 짓고 나서 또 기도하면 되지."라는 식으로 생각해서는 안 됩니다.

참조하기

주께서 이르시되 그 날 후로는 그들과 맺을 언약이 이것이라 하시고 내 법을 그들의 마음에 두고 그들의 생각에 기록하리라 하신 후에 또 그들의 죄와 그들의 불법을 내가 다시 기억하지 아니하리라 하셨으니 이것들을 사하셨은즉 다시 죄를 위하여 제사 드릴 것이 없느니라 (히브리서 10:16-18)

하나님께서 우리의 죄를 기억하지 않으시는 근거는 바로 [언약]입니다. (히브리서 10:15-18 참조) 이 언약은 새 언약이고 영원한 언약입니다. 옛 언약이 돌에 새겨진 것과 달리 이 언약은 마음 속에 새겨졌습니다. 누구도 지울 수 없는 것입니다. 옛 이스라엘은 불순종으로 이 언약을 파기하였지만 하나님은 자기 아들을 보내셔서 이 언약을 회복시키셨습니다. 옛 제사장이 자기 백성들을 위해서 날마다 성소에 들어가서 제사를 드려야 했지만, 새 언약의 유일한 대제사장 그리스도는 자신의 몸으로 영원한 제사를 하나님께 드렸습니다.

요리문답 56문은 분명하게 말하고 있습니다. 그리스도께서 하나님의 의를 만족시켰기 때문에 하나님은 우리 죄악을 기억하지 않으십니다. 하나님께서 우리를 보실 때 과거에 우리가 지었던 모든 죄와 현재 우리가 가지고 있는 본성을 기억하지 않을 수 없습니다. 그렇다면 하나님은 극한 분노로 우리에게 진노하시게 됩니다. 그러나 그리스도께서 우리를 위해서 만족하신 의 덕분에, 우리 죄를 그냥 넘어가십니다.

죄 사함과 관련하여 우리는 그리스도를 놓치지 말아야 합니다. 하나님도 그리스도 때문에 우리를 용서하셨듯이, 우리도 그리스도 덕분에 죄 사함을 얻게 된다는 것을 기억해야 합니다. 하나님은 그리스도 때문에 우리 죄를 기억하지 않으시고, 우리는 그리스도 덕분에 용서함 받았다는 것을 기억해야 하는 것입니다. 많은 신자들이 이 점을 놓치기 때문에 죄 사함을 너무나 쉽게 생각하는 경향이 있습니다. 단지 죄를 고백하는 것이 중요한게 아니라, 죄를 고백할 때, 정말 그리스도를 믿는 믿음이 있는가를 살펴야 하는 것입니다.

죄 사함은 단지 죄를 기억하지 않는 것에 그치지 않습니다. 물론 하나님께서 우리의 죄를 기억하지 않으시고 진노하지 않으신다는 것만으로도, 우리에게는 큰 은혜입니다. 그러나 그것만 가지고는 많이 부족합니다. 보다 적극적인 면을 살펴보아야 합니다.

하나님은 더 나아가서, 그리스도의 의를 우리에게 선물로 덧입히십니다. 그 결과 우리가 결코 정죄함에 빠지지 않도록 하십니다. 죄 사함은 그리스도의 의를 선물로 받는 것입니다. 이것이 은혜의 핵심입니다. 우리의 죄가 그리스도께 전가되고, 그리스도의 의가 우리에게 전가되는 것이 바로 죄 사함입니다. 이 이중적 교환에 의해서 우리는 어떠한 정죄도 당하지 않게 되는 것입니다.

p.240에서 더 자세히 공부합니다.

죄 사함의 목적: 하나님을 경외함

"여호와여 주께서 죄악을 감찰하실진대 주여 누가 서리이까? 그러나 사유하심이 주께 있음은 주를 경외케 하심이니이다."(시편 130:3-4) 죄 사함의 목적은 주님을 경외하게 하기 위해서입니다. 죄 사함을 얻었기 때문에 우리는 이제 성소에 들어갈 힘을 얻게 되었습니다 (히브리서 10:15-18). 여기서 우리는 죄 사함과 성도의 교제가 밀접한 연관을 가지고 있다는 사실을 깨닫습니다. 죄 사함은 성도의 교제를 위한 근거입니다.

히브리서는 이 교리를 왜곡하는 자들에게 경고합니다. "우리가 진리를 아는 지식을 받은 후 짐짓 죄를 범한 즉 다시 속죄하는 제사가 없고 오직 무서운 마음으로 심판을 기다리는 것과 대적하는 자를 소멸할 맹렬한 불만 있으리라."(히브리서 10:27) 특별히 구약과 신약을 비교하면서 경고하고 있습니다. 모세와 언약을 맺은 자들이 하나님의 법을 어겼을 때 겨우 두 세 증인의 증거로 무서운 심판을 받았는데, 하물며 그리스도의 피를 욕되게 하고 은혜의 성령을 욕되게 하는 자들이 받을 형벌이 얼마나 중하겠습니까? 우리는 결코 그리스도의 십자가 은혜를 욕되게 해서는 안 될 것입니다.

은혜를 욕되게 해서는...

어떤 사람이 임금에게 일만 달란트를 빚졌습니다. 임금은 그 사람을 불쌍히 여겨서 빚을 다 탕감해 주었습니다. 그런데 그 사람이 길을 가다가 자기에게 백 데나리온을 빚진 동료를 만났습니다. 만나자 마자 빚을 갚으라고 독촉을 하고, 동료가 갚겠다고 말했지만 결국 감옥에 가두어 버립니다. 소식을 들은 임금이 그 신하에게 어떻게 했을까요? 여러분이 잘 아시는 대로입니다. 예수님은 그 비유를 이렇게 마치고 있습니다. "너희가 각각 중심으로 형제를 용서하지 아니하면 내 천부께서도 너희에게 이와 같이 하시리라." (마태복음 18장)

죄 사함의 은혜가 있기에

우리는 예배 때마다 죄사함을 고백합니다. 그리스도의 의 때문에 더 이상 하나님은 우리의 죄를 기억하지 않습니다. 더 이상 우리의 죄를 감찰하시지 않고 우리를 정죄하지 않습니다. 그 결과 우리는 하나님 앞에 담대히 나갈 수 있으며 삼위 하나님과 교제하고 성도들과 교제를 나누게 됩니다.

이 죄 사함이 있기 때문에 우리는 이 세상에서 주를 경외하면서 살 수 있게 되었습니다. 아무리 우리가 선한 행실을 한다고 하더라도 그것은 하나님의 기준에서 보면 많이 모자란 것입니다. 그러나 죄 사함의 은혜가 있기 때문에, 하나님은 그것을 예수 그리스도 안에서 보시기 때문에, 그런 모자란 선행이라 할지라도 그 선행을 기쁘시게 보시는 것입니다.

죄 사함의 은혜가 있기에 우리는 하나님을 기쁘시게 하고 하나님을 영화롭게 하는 일을 할 수 있게 된 것입니다. 이 일은 사람이 이 세상에서 살아가야 하는 가장 주된 목적입니다.

57문: "육신의 부활"은 당신에게 어떠한 위로를 줍니까?

답: 이 생명이 끝나는 즉시
나의 영혼은
머리 되신 그리스도에게 올려질 것입니다.[1]
또한 나의 이 육신도
그리스도의 능력으로 일으킴을 받아
나의 영혼과 다시 결합되어
그리스도의 영광스러운 몸과 같이 될 것입니다.[2]

58문: "영원한 생명"은 당신에게 어떠한 위로를 줍니까?

답: 내가 이미 지금
영원한 즐거움을
마음으로 누리기 시작한 것처럼[3]
이 생명이 끝나면
눈으로 보지 못하고
귀로도 듣지 못하고
사람의 마음으로도 생각지 못한
완전한 복락을 얻어
하나님을 영원히 찬양할 것입니다.[4]

1) 누가복음 16:22; 20:37-38; 23:43; 빌립보서 1:21,23; 요한계시록 14:13
2) 욥기 19:25-27; 고린도전서 15:20,53-54; 빌립보서 3:21; 요한1서 3:2
3) 요한복음 17:3; 로마서 14:17; 요한1서 3:14
4) 요한복음 17:24; 고린도전서 2:9; 고린도후서 5:2-3

이 생명이 끝난다면…

비록 우리가 거룩한 교회의 회원이 되었고(거룩한 공 교회를 믿사오며), 그 속에서 거룩한 무리들과 교제를 누리고(성도가 서로 교통하는 것과), 그 교제 속에서 죄 사함의 은혜(죄를 사하여 주는 것)를 받게 되지만, [그럼에도 불구하고] 우리 안에 있는 죄의 문제가 완전히 해결된 것은 아닙니다. 여전히 연약한, 혹은 "낮은 몸(빌립보서 3:21)"을 가지고 있어서 하나님께서 요구하시는 삶을 완벽히 살 수 없습니다. 더구나 우리가 살고 있는 사회 자체가 죄로 인해 오염되어 있기 때문에, 세상에서 살아가는 한 죄를 피할 길이 없습니다.

이러한 상황 속에서 죄를 짓지 않는 방법은 무엇일까요? 유일한 방법은 우리의 약한 몸이 죽는 것입니다. 요리문답 42문에서 이미 배웠습니다. "우리의 죽음은 자기 죗값을 치르는 것이 아니며 단지 죄 짓는 것을 그치고 영생에 들어가는 것입니다."

이렇게 그리스도를 믿는 신자들은 죽음에 대해서 전혀 다른 생각을 가져야 합니다. 그러나 여전히 죽음은 두렵습니다. 아마도 누구나 한 번쯤은 "내가 죽는다면 어떻게 될까?" 하고 생각해 보았을 것입니다. 온갖 생각을 다 해 보았을 것인데, 뭐니 뭐니 해도 죽음이 주는 가장 큰 고통은 '사랑하는 사람들과의 이별'일 것입니다. 죽음이 우리를 힘들게 하는 가장 큰 이유는 바로 단절입니다. 이 단절 속에서 여러분의 생명이 끝날 때 무엇이 가장 큰 위안이 될 수 있겠습니까? 사도신경의 답은 "몸의 부활"과 "영원한 생명"입니다. 하이델베르크 요리문답의 첫 질문은 '살아 있을 때나 죽을 때나' 우리의 위안을 다루고 있습니다.

사도신경의 구조

성부
전능하사 천지를 만드신 하나님 아버지를
내가 믿사오며

성자
그 외아들 우리 주 예수 그리스도를 믿사오니
이는 성령으로 잉태하사 동정녀 마리아에게 나시고
본디오 빌라도에게 고난을 받으사 십자가에 못박아 죽으시고
장사한지 사흘 만에 죽은 자 가운데서 다시 살아나시며
하늘에 오르사 전능하신 하나님 우편에 앉아 계시다가
저리로서 산 자와 죽은 자를 심판하러 오시리라

성령
성령을 믿사오며
거룩한 공회와
성도가 서로 교통하는 것과
죄를 사하여 주시는 것과
몸이 다시 사는 것과
영원히 사는 것을 믿사옵나이다 아멘

몸의 부활

사도신경은 단순한 부활이 아니고 "몸의" 부활을 말합니다. 어떤 이들은 부활이라고 하면 우리 영혼이 땅속에서 잠들었다가 다시 부활하는 것만 생각합니다. 종교개혁 당시 재세례파 신자들이 이와 유사한 생각을 가졌습니다. 오늘날에도 자유주의 신학자들은 부활을 몸의 부활이 아니라 예수님께서 가르친 '교훈의 부활'로 설명하곤 합니다. 세상 사람들도 부활을 여러 상징적 의미로 사용합니다. 예를 들면, 오늘날 영화 제작자들은 홍보를 위해 부활이라는 단어를 곧잘 사용합니다. "옛 타이타닉의 부활!" 그러나 "몸의 부활"은 철저히 기독교적 용어입니다. 오직 기독교에만 몸의 부활에 대한 분명한 가르침이 있습니다.

많은 사람들이 죽음 뒤에는 몸이 없어진다고 생각합니다. 그러나 그렇게 되면 몸의 부활이 불가능합니다. 아무리 똑같은 몸이 다시 생겼다 하더라도 그것은 재창조 혹은 옛 몸의 복제일 뿐입니다. 부활의 원래 뜻도 다시 선다는 뜻입니다. 우리 몸은 죽음 뒤 완전히 없어지는 것이 아닙니다. '티끌로 돌아가는 것'입니다.

하나님은 인간을 창조하실 때 몸과 영혼을 동시에 창조하셨습니다. 우리가 죽을 때 몸과 영혼은 분리가 됩니다. 몸은 썩지만 영혼은 그대로 남습니다. 영혼은 부활의 때까지 그리스도와 함께 거합니다.

이 상태가 완전한 것이 아닙니다. 우리의 영혼은 그리스도와 함께 즐거워하면서도, 우리의 몸의 부활을 소망 중에서 기다리게 될 것입니다. 복된 상태이지만, 완전한 상태는 아닙니다. 몸과 영혼은 다시 연합하여 이전보다 더 좋은 상태가 되는 것입니다.

육신의 부활

이 부분은 웨스트민스터 대·소요리문답을 통해 더 분명히 알 수 있습니다. 우리 눈에는 몸이 없어지는 것처럼 보이지만, 우리 몸은 여전히 그리스도와 연합되어 있고, 무덤에서 안식을 누립니다. 주님께서 오실 때까지 소망 중에 기다리는 것입니다. 마지막 날에 이 육신은 그리스도의 능력으로 일으킴을 받아 나의 영혼과 다시 결합하게 되고, 더 나아가 그리스도의 영광스러운 몸과 같이 변화될 것입니다.

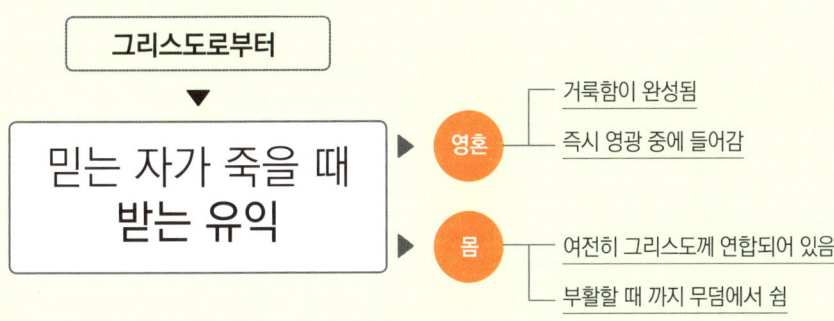

[웨스트민스터 소요리문답 37문답의 구조]

믿기 힘든 이 사실을 어떻게 확신할 수 있을까요? 여기서 우리는 구원이 무엇인가를 생각해야 합니다. 구원은 본질적으로 우리의 몸과 영혼이 그리스도와 연합하는 것입니다. 성령께서 우리의 믿음을 통하여 그리스도와 하나가 되게 하시기 때문에 어떤 상황에서도 이 연합은 깨어지지 않습니다. 죽음이 우리의 영혼과 우리의 몸은 떼어낼 수 있어도, 죽음이 우리와 그리스도를 분리시킬 수는 없습니다. "내가 확신하노니 사망이나 생명이나 천사들이나 권세자들이나 현재 일이나 장래 일이나 능력이나 높음이나 깊음이나 다른 아무 피조물이라도 우리를 우리 주 그리스도 예수 안에 있는 하나님의 사랑에서 끊을 수 없느니라" (로마서 8:39).

[웨스트민스터 대요리문답 86문답의 구조]

영원한 생명

사도신경 순서에 따르면 영생은 성령 하나님의 마지막 사역입니다. 성령이라고 했을 때, 영의 일차적인 의미는 [생명]입니다. 오직 성령만이 참 생명이십니다. 생명을 가진 모든 것들은 성령님께 자기 존재를 의존합니다. 생명의 수여자이시기 때문에, 그분은 죽은 자에게도 새로운 생명을 주셔서 부활하게 하시고, 그들에게 영원한 생명을 주어, 더 이상 죽음이 그들을 지배하지 못하게 하십니다.

여기서 [부활]과 [영생]의 관계를 생각해 볼 필요가 있습니다. 왜냐하면 영생이 없는 부활도 있을 수 있기 때문입니다. 엘리야가 사렙다 과부의 아들을 살렸습니다.(열왕기상 17:22) 예수님도 나사로를 살렸습니다. 그러나 그들이 결국에는 어떻게 되었습니까? 모두 다시 죽었습니다. 영원한 부활과는 다른 것입니다.

> **참조하기**
> 그들의 경우에는 부활이란 단어보다는 '소생'이라고 불러서 구분하는 것이 좋다고 생각합니다.

즉, 우리가 고백하는 부활은 영생으로 인도하는 부활입니다. 우리는 '다시는 사망이 지배하지 못하는 부활'을 믿습니다.

영생이라고 했을 때, 몇 가지 오해가 있습니다. 영생이라는 것을 죽지 않고 오래 사는 것으로 생각합니다. 또, 영생은 죽고 나서의 문제라고 생각하면서 현재와 상관이 없다고 생각합니다. 만약 영생이 미래에만 관계된 문제라면, 사도신경의 이 마지막 고백은 현재의 삶에 별 유익을 주지 못할 것입니다. 그러나 요리문답은 아주 분명하게, 영생과 현재의 삶이 밀접하게 연관되어 있음을 보여줍니다.

하이델베르크 요리문답 58문은 아예 우리가 지금 영생을 경험하고 있다고 주장합니다. "이미 지금 영원한 즐거움을 누리기 시작한 것처럼"이라고 표현하고 있습니다. "영생은 곧 유일하신 참 하나님과 그의 보내신 자 예수 그리스도를 아는 것(요한복음 17:3)".

예수님의 대제사장적 기도입니다. 즉, 그리스도를 통하여 삼위 하나님을 알고 교제하는 것이 바로 영생입니다. 우리가 "영생을 믿습니다"라고 고백할 때, 그 첫 번째 의미는 내가 지금 예수 그리스도를 통하여 영원한 즐거움을 마음으로 누리고 있다는 것입니다.

기쁨과 즐거움은 우리가 이 세상을 살아갈 때 꼭 필요한 것입니다. 만약 사는 동안 기쁨이랄 것이 조금도 없다면 그처럼 불행한 사람은 없을 것입니다. 여러분은 언제 기쁩니까? 아마도 가장 기쁜 순간은 결혼할 때, 취직했을 때, 시험에 합격했을 때 등일 것입니다. 또는 갖고 싶은 것을 얻었을 때, 배부르게 먹었을 때, 하고 싶은 것을 할 때 기쁩니다. 그러나 그런 기쁨들은 잠시 동안 지속될 뿐입니다. 길어봤자 일주일 이상 가지 않습니다. 대학 시험에 합격한 순간에는 좋아서 어쩔 줄 모르지만, 조금 지나면 주어지는 과제 때문에 스트레스를 받아야 합니다. 우리에게 필요한 것은 '영원한 즐거움'입니다.

영생이란 죽고 나서 주어지는 것이 아닙니다. 그것은 이미 시작되었고, 지금 이것을 누리며 즐거워하는 사람이 마지막 날에도 그것을 누리게 될 것입니다. **[육신의 부활]**을 다룰 때와 마찬가지로 **[영원한 생명]**을 다룰 때에도 요리문답은 "이 생명의 끝"을 언급하고 있습니다. 우리 생명이 끝나면 '행복 끝, 불행 시작'이 아닙니다. 또한 '불행 끝, 행복 시작'도 아닙니다. 그것은 행복 끝, 더 큰 행복, 완전한 행복의 시작입니다. 세상에서는 영원한 즐거움을 누리면서 살고, 이 생명이 끝난다면 완전한 복락 속에 살아가게 됩니다. 이것이 어떤 복인지는 "눈으로 보지도 못하고, 귀로도 듣지 못하고, 사람의 마음으로도 생각지 못한" 것(고린도전서 2장 9절)입니다. 이 생명이 끝날 때 누리게 될 복은 우리 머리로는 도무지 상상할 수 없는 것입니다.

58문은 영생에 대한 마지막 설명을 "영원한 찬양"으로 마치고 있습니다. 영원한 즐거움, 완전한 행복(구원), 그리고 영원한 찬양, 이런 것이 바로 영생입니다. 말씀을 들을 때, 그 말씀을 듣고 삼위 하나님을 알아 갈 때 기쁘십니까? 그렇다면 이미 영생이 시작된 것입니다. 하나님을 찬양할 때 마음이 즐겁습니까? 그것이 바로 영생의 시작입니다.

세상적인 것에서 행복을 찾지 않고 하나님의 말씀에서 행복을 찾을 때, 영생은 시작된 것입니다. 지금 영생의 기쁨을 맛보는 자만이, 오는 세상의 영생을 더욱 사모할 수 있습니다. 이것이, 이 생명의 끝날까지도 우리에게 주어지는, 큰 위안인 것입니다.

웨스트민스터 소요리문답의 첫 질문도 영원한 즐거움에 대해 이야기합니다. 사람의 주된 목적이 무엇입니까? 하나님을 영원토록 즐거워하는 것입니다. 그것이 우리의 존재 이유인 것입니다. 이 즐거움이 인간과 짐승을 나누는 기준입니다. 산 자와 죽은 자의 차이입니다.

우리 안에 이 즐거움이 없다면, 몸은 살아 있으나 영혼은 죽은 시체라고 할 수 있습니다. 일시적인 즐거움에 취해서 참된 영원한 즐거움을 알지 못합니다. 사람에게 즐거움을 주기 위한 것들이 참 많고 많지만, 조금만 지나치면 중독으로 발전합니다. 게임 중독에 걸리거나, 도박에 빠지거나, 흡연과 술에 중독되기도 합니다. 인터넷, 스마트 폰을 절제하지 못하기도 합니다. 이것은 즐거움을 가장한 스트레스일 뿐입니다.

| 역사 속으로

올레비아누스의 어머니, 안나

올레비아누스가 고향 트리어에서 쫓겨나 하이델베르크로 떠날 때 그의 어머니 안나는 아들과 함께 떠나지 않고 고향에 그대로 남았습니다.(p.132 참조) 무려 25년 동안 트리어에 남아 핍박받는 신교도들을 돌보고 베푸는 삶을 살았습니다. 물론, 신교도로서의 신앙도 힘써 지켰습니다. 안나는 로마 가톨릭에서 요구하는 성찬을 거부하고, 자신의 집에서 멀리 떨어진 개혁교회까지 찾아가 성찬에 참여했습니다.

세월이 흘러 개신교에 대한 압박은 더욱 심해졌고, 로마 가톨릭의 신앙고백에 동의하지 않는 자는 도시를 떠나야하는 지경이 되었습니다. 70세의 할머니가 된 안나는 그제서야 트리어를 떠납니다. 안나가 헤르보른에 완전히 정착하게 된 때는, 아들 올레비아누스가 세상을 떠난 다음 해였습니다. 안나는 거기서 8년 동안 지내다 하나님 곁으로 갑니다.

안나가 박해받는 신교도들을 구제하고 섬기는 삶을 살았던 병원 거리. (트리어)

| 확인질문

질문을 읽고 답을 먼저 적어본 후, 참조 페이지를 열어 자신의 답과 비교해 보세요.

1. 성령님은 어떤 분이십니까? 또 어떤 일을 하십니까? 요리문답 53문을 읽고 정리해 보세요.

2. 성령 하나님에 대해 설명할 때, 성부, 성자 하나님에 비해 너무 무시되거나, 너무 강조되는 경우, 어떤 부작용이 따라 올까요? 기존에 내가 가진 인식은 교리가 설명하는 바와 얼마나 달랐는지 비교해 보세요.

3. 하나님만이 거룩한데 어떻게 인간의 모임인 교회가 거룩할 수 있을까요?

4. 우리가 교회의 보편성을 믿어야할 때, 거기엔 두 가지 성격이 있습니다. 그 두 가지는 무엇인지 간략하게 설명해 보세요.

5. '성도의 교제'에 대해 당신은 어떻게 이해하고 있습니까? 요리문답 55문을 보고, 이전에 가지고 있던 생각 중에 달라진 점이 있다면 그것이 무엇인지 나누어 봅시다.

6. 죄에 대해 용서받음의 목적은 무엇이며, 죄 사함 받음과 성도의 교제는 어떤 관계를 가지고 있다고 저자는 설명하고 있습니까?

7. 우리가 죄 사함의 은혜를 받았음에도, 우리는 여전히 죄로 인해 괴롭습니다. 왜 그렇습니까?

8. 우리가 죽을 때 몸과 영혼은 어떻게 됩니까? 죽음과 동시에 우리는 완전한 상태가 됩니까?

9. 영원한 생명 즉, 영생과 지금 우리의 삶 간에 무슨 상관이 있습니까?

10. 사도신경의 후반부에서 고백하는 항목들을 우리는 모두 성령 하나님에 대한 설명에 포함시켰습니다. 그렇게 할 수 있는 이유는 무엇일까요?

숲보기

1) p.198 2) p.199-200 3) p.205 4) p.206 5) p.208 6) p.220 7) p.223 8) p.225 9) p.226-227

가난한 자는 복이 있나니

오늘은 우리 교회 교인들이 병원에서 환우들과 함께 오후 예배를 드렸다. 그곳에는 생애 처음으로 예배에 참석한 분이 계셨는데 목사로서 그분에게 손을 얹고 기도를 했다. 기도를 하는 내내 눈물을 흘리셨는데, 참 감동적이었다. 외모를 보니 젊었을 때 아주 건장한 청년이었는데 질병을 통하여 약해지고 겸손해 진 것 같다. 우리 주님의 가르침이 정말 진실되다.
"가난한 자는 복이 있나니, 천국이 저희 것임이요."

59~64문
이 지식을
아는 유익

지식의 요약, 사도신경 (23-25문)

첫째 부분, 성부 하나님과 우리의 창조에 관한 것 (26-28문) ──── 6단원
둘째 부분, 성자 하나님과 우리의 구원에 관한 것 (29-52문) ──── 7단원
셋째 부분, 성령 하나님과 우리의 성화에 관한 것 (53-58문) ──── 8단원

길고도 긴 사도신경을 다 공부하시느라 고생 많으셨습니다. 그런데 이런 공부가 실제로 우리 삶에 어떠한 변화도 줄 수 없다면, 고생스러운 이 모든 과정이 다 무슨 소용일까요? 사도신경이 가르치고 있는 이 모든 내용을 믿는 것이 도대체 무슨 유익이 있을까요?

이 단원에서 그 답을 발견하시기 바랍니다. 핵심이 무엇인지, 꼭 붙잡으시기 바랍니다. 그렇지 못하면, 그저 "오늘도 좋은 내용을 공부했구나. 음, 그래, 참 많이 배웠어!" 하는 수준에 머무르게 됩니다. 자, 당신은 "왜" 이 복음을 믿습니까?

59문: 이 모든 것을 믿는 것이
 당신에게 지금 어떤 유익을 줍니까?

답: 그리스도 안에서
 나는 하나님 앞에 의롭게 되며
 영원한 생명의 상속자가 됩니다.¹

여기서 "의롭게 된다"는 표현은, 정확히 말하면 "하나님 보실 때 의로운 자이다."라는 뜻입니다.

60문: 당신은 어떻게 하나님 앞에서 의롭게 됩니까?

답: 오직 예수 그리스도에 대한
 참된 믿음으로만 됩니다.²
 비록 내가 하나님의 모든 계명을 크게 어겼고
 단 하나도 지키지 않았으며³
 여전히 모든 악으로 향하는 성향이 있다고⁴
 나의 양심이 고소하지만,
하나님께서는
 나의 공로가 전혀 없이
 순전히 은혜로⁵
 그리스도의 온전히 만족케 하심과
 의로움과 거룩함을 선물로 주십니다.⁶
하나님께서는
 마치 나에게 죄가 전혀 없고
 또한 내가 죄를 짓지 않은 것처럼,
 실로 그리스도께서
 나를 위해 이루신 모든 순종을
 내가 직접 이룬 것처럼
 여겨 주십니다.⁷
오직 믿는 마음으로만
 나는 이 선물을 받습니다.⁸

**61문: 당신은 왜
　　　　오직 믿음으로만 의롭게 된다고 말합니까?**

답: 나의 믿음에 어떤 가치가 있어서
　　　　하나님께서 나를 받으실 만한 것은 아니며,
　　　오직 그리스도의 만족케 하심과
　　　　의로움과 거룩함만이
　　　하나님 앞에서 나의 의가 됩니다.[9]
　　　오직 믿음으로만
　　　　이 의를 받아들여
　　　　나의 것으로 삼을 수 있습니다.[10]

1) 하박국 2:4; 요한복음 3:36; 로마서 1:17
2) 로마서 3:21-26; 5:1-2; 갈라디아서 2:16; 에베소서 2:8-9; 빌립보서 3:9
3) 로마서 3:9-12; 야고보서 2:10-11
4) 로마서 7:23
5) 신명기 9:6; 에스겔 36:22; 로마서 3:24; 에베소서 2:8; 디도서 3:5
6) 로마서 4:24-25; 고린도후서 5:21; 요한1서 2:1-2
7) 로마서 4:4-8; 고린도후서 5:19
8) 요한복음 3:18; 로마서 3:22
9) 고린도전서 1:30; 2:2
10) 로마서 10:10; 요한1서 5:10

"사람은 무엇으로 사는가"

우리는 정작 별로 중요하지 않은 문제에 지나친 관심을 가집니다. 무엇을 먹을까, 무엇을 입을까 하는 문제가 그것입니다. 학생 때는 어떻게 공부를 잘 할까, 어떻게 좀 더 예쁘게 보일까, 청년 때는 어떻게 좋은 직장을 얻을까, 노인들은 무엇으로 건강하게 살까 고민합니다. 이런 고민에 몰두하다가 정말 관심을 가져야 할 문제를 놓친다면? 삶이 아주 비참할 것입니다.

하박국 선지자는 이스라엘 백성이 범죄하는 것에 정말로 분노하였습니다. "왜 이들을 가만 두십니까?" 하나님께서 답하셨습니다. "걱정마라. 내가 바벨론 민족을 불러내어서 이 백성을 철저하게 응징하겠다." 하박국은 도저히 이해할 수 없었습니다. 바벨론은 이스라엘보다 더욱 악한 사람들이었기 때문입니다. "아니, 이스라엘 백성이 악한 것은 사실이지만 그렇다고 어떻게 더 못된 자들을 사용해서 징계하십니까? 그것은 부당합니다!" 하나님께서 다시 답하십니다. "보라, 마음이 교만한 자는 그 속에 정직함이 없느니라. 그러나 의인은 그 믿음으로 말미암아 살리라" 이 말씀 앞에 하박국 선지자는 창자가 떨리고 입술이 떨렸습니다. 그리고 "비록 무화과나무가 무성치 못하며, 포도나무의 열매가 없으며, 감람나무에 소출이 없으며 밭이 식물을 내지 않으며 우리에 양들이 끊어지며 외양간에 소가 없어도, 나는 여호와를 인하여 즐거워하며 내 구원의 하나님을 인하여 기뻐하리로다!"라고 찬양하였습니다.

하박국 선지자는 이 복된 소식을 이스라엘에 전파하지만 아무도 귀를 기울이지 않습니다. 그들은 그 후로도 수백 년 동안 이 말씀이 아예 없는 것처럼, 완전히 잊고 살았습니다. 하지만 예수 그리스도가 오셔서 복음을 계시하셨고, 사도 바울은 하박국 선지자의 메시지를 다시 발견합니다. 그야말로 모래사장과 같은 구약 속에서 이 귀중한 보배로운 말씀을 찾아 회복시킨 것입니다.

시간이 지나면서 이 말씀은 또다시 희미해집니다. 인간 중심적인 가르침이 교회 안에 들어오면서, 순수한 복음은 희석되었습니다. 신자들은 잘못된 복음 속에서 무려 천 년이 넘는 기간을 신음했습니다. 누구도 이 말씀을 제대로 이해하지 못했습니다. 하지만 하나님께서는 '루터'를 세워서 이 복음을 다시 한 번 발견하게 하셨습니다. 이 복음의 회복을 통해 참된 교회가 보존될 수 있었던 것입니다.

복음이 꼭 필요한가?

로마서 1장에는 복음이라는 단어가 자주 나옵니다. 1절에 "하나님의 복음"이라는 말이 나오고, 9절에는 "하나님의 아들의 복음"이라는 말이 나옵니다. 16절에도 사노 바울은 "내가 복음을 부끄러워하지 않는다"고 고백합니다. [복음]은 문자 그대로 복된 소식 혹은 좋은 소식이란 말인데, 이것이 좋은 소식인 이유는 "모든 믿는 사람들에게 구원을 주시기"(로마서 1:15-17) 때문입니다. 복음이 어떻게 신자들에게 이런 큰 선물을 가져다 줄 수 있을까요?

요리문답을 처음부터 다시 한 번 간단히 살펴봅시다. 죄 문제를 해결할 수 있는 유일한 길은 참된 중보자뿐이시고, 그 일을 하신 분이 바로 예수님이십니다. 그렇다면 이제 모든 사람이 다 구원을 받을까요? (20문) 그렇지 않고 오직 [참된 믿음]으로 그리스도와 연합되어 그분의 모든 은덕을 받아들이는 사람만 구원을 받습니다. 그

참조하기

한글 성경에서는 관계 대명사를 모두 명사로 표현했기 때문에 복음이라는 단어가 헬라어 성경보다 훨씬 더 많이 등장합니다.

렇다면 [참된 믿음]이란 무엇일까요?⁽²¹문⁾ 바로 하나님께서 계시하신 모든 것을 진리로 확신하는 것이고, 성령께서 복음으로 내 마음 속에 일으키신 굳은 신뢰입니다. 그렇다면 그리스도인은 무엇을 믿어야 할까요?⁽²³문⁾ 복음에 약속된 모든 것을 믿어야 하는데, 그것이 바로 사도신경에 요약되어 있습니다.

그렇다면 이 복음을 믿는 유익이 무엇일까요? 왜 우리가 복음을 믿어야 할까요? 그것은 바로 우리가 하나님 앞에서 의롭다 여김 받으며 그 결과 영생의 상속자가 되기 때문입니다. 여기서 두 단어를 주목하게 됩니다. 바로 "의"와 "생명"입니다. 반대말은 "죄"와 "사망"이라고 할 수 있습니다. 인간이 죄를 짓게 되면 사망에 이르게 됩니다. 그렇다면 죄인이 영생에 이르기 위해서는 무엇이 필요할까요? "의"가 필요합니다. 복음이 죄와 사망에 처한 인간에게 복된 소식이 되는 이유는 바로 이 "의"를 알려주기 때문입니다. 그래서 로마서는 "복음에 하나님의 의가 나타났다"고 밝히 말하고 있는 것입니다.

죄인이 어떻게 하나님 앞에서 의롭게 되는가?

복음에 나타난 내용을 믿는다고 해서, 그것으로 어떻게 하나님 앞에서 의롭게 될 수 있다는 것일까요? 이것이 바로 60문이 질문하고 있는 내용입니다. 사실, 죄인이 의롭게 될 뿐만 아니라 영생을 선물로 받는다는 것은 엄청난 일입니다. 이것이 단지 믿기만 해서 된다는 이야기가 쉽게 납득되지 않습니다. 그에 대한 대답은 "오직 예수 그리스도에 대한 참된 믿음으로"입니다. 여기서 세 가지를 보게 되는데, [믿음의 대상], [믿음의 종류], 그리고 [믿음의 역할]입니다.

첫째, 믿음의 대상은 누구입니까? 오직 예수 그리스도입니다. 아무리 신앙이 좋아 보여도 그 신앙의 대상이 예수 그리스도가 아니면 그 신앙은 헛된 것입니다. 이 점에서 우리는 과연 내가 누구를 믿는지를 분명히 알아야 하겠습니다.

둘째, 믿더라도 참되게 믿어야 합니다. 심지어 마귀도 예수님을 하나님의 아들로 믿는다고 했습니다. 많은 사람이 예수를 믿는다고 하지만 참되게 믿지 않는 경우가 많다는 것입니다. 믿음은 그리스도에 대한 지식일 뿐만 아니라 그분에 대한 신뢰입니다. 예수 믿는다고 하면서 그분을 신뢰하지 않고 여전히 자기 사고방식대로 산다면, 그것은 참된 믿음이 아닙니다.

셋째, 믿음의 역할입니다. 그것은 바로 수단적 역할입니다. "으로"라는 말이 이것을 보여 줍니다. 이것을 우리는 "때문에"로 해석하지 말아야 합니다. 우리는 오직 예수 그리스도 안에서 믿음을 통하여 하나님 앞에 의롭다 여김을 받습니다.

사실 이 부분은 종교개혁 시대에 첨예하게 논쟁이 되었던 부분입니다. 일단 우리 자신부터 봅시다. 누가 보아도 우리는 하나님 앞에서 의롭다고 자신 있게 말할 수 없습니다. 아무리 근사하게 우리 자신을 그럴듯하게 보이려고 노력하더라도 적어도 우리의 양심은 우리가 어떤 사람인지 잘 알고 있습니다. 다른 사람은 속여도 자신의 양심만큼은 속이지 못합니다. 물론 어떤 이들은 양심에 화인을 맞아서 자기 자신을 속이기도 합니다. 요리문답이 말하고 있는 대로 우리 양심은 "우리가 하나님의 모든 계명을 크게 어겼고, 단 하나도 지키지 않았으며, 여전히 모든 악으로 향하는 성향이 있다"고 고소합니다. 그리고 이것은 엄연한 사실입니다.

칭의의 이중적 역할

참조하기

여기서 칭의의 이중적 역할을 보게 됩니다. 첫째, 하나님은 우리의 죄를 그리스도께 [전가]시킵니다. 전가란 쉽게 말하면 "뒤집어 씌운다"는 뜻입니다. 둘째, 하나님은 그리스도의 의를 우리에게 전가시킵니다. 이것을 우리는 "덕택"이라고 할 수 있을 것입니다. 이 이중적 칭의의 결과 하나님은 더 이상 우리를 죄인이 아니라 의인으로 간주하십니다.

그렇다면 질문이 생깁니다. 어떻게 그런 일이 가능할까요? 이미 죄를 지었고, 여전히 죄를 지으려고 하는 본성을 지닌 사람을 의인이라고 할 수 있을까요? 죄를 짓지 않고, 의를 행하고, 죄를 미워하고 의를 사랑하는 사람을 일컬어 의인이라고 해야 하지 않을까요? 우리 안에 어떠한 의도 없기 때문에 우리가 유일하게 의인이되는 길은 [우리 밖에 있는 의가 우리의 것이 되는 것]입니다. 하나님께서 그렇게 해주십니다. 우리가 한 것은 없고 그리스도께서 모든 순종을 이루셨는데, 하나님은 마치 우리가 이룬 것처럼 간주해 주십니다. 전혀 죄를 짓지 않은 것처럼 대해 주십니다. 이것을 우리는 [칭의]라고 합니다.

대표적인 예를 창세기 15장에서 볼 수 있습니다. 아브라함이 하란에서 나올 때, 하나님께서는 아브라함의 씨를 통해 복을 주시겠다고 약속하셨습니다. 아브라함은 이것을 믿고 고향을 떠났습니다. 시간이 지났지만 아들은 생기지 않았습니다. 사라도 나이가 들어 버렸습니다. 아브라함은 자신의 종인 엘리에셀을 아들로 삼기로 하였습니다. 하지만 하나님께서 아브라함에게 나타나셔서 아브라함의 몸에서 날 자가 후사가 될 것이라고 말씀하셨습니다. 사실 이 정도 되면 도저히 믿을 수 없는 약속이었을 것입니다. 하지만 아브라함은 그 약속을 믿었습니다. 하나님은 이 믿음을 그의 의로 여기셨습니다. 여기서 아브라함이 하나님을 위해서 한 일은 아무 것도 없었습니다. 의롭다고 할 만한 일을 한 것이 전혀 없었습니다. 그럼에도 불구하고 하나님은 아브라함을 의롭게 여기셨습니다.

'오직 믿음으로'의 의미

마지막으로 "오직 믿음"에 대해서 살펴보겠습니다. 보통 라틴어로 "sola fide"라고 불리는 이 문구는 정확히 말하면 "오직 믿음으로"라는 말입니다. 그런데 이 "오직 믿음"이라는 표현 때문에 너무 믿음에 지나친 강조를 두는 경향이 생겼습니다. 오늘날 오직 믿음만큼 오해되는 것도 없을 것입니다. 대표적인 예로 "믿음"만 있으면 되고 딴 것은 필요 없다는 식으로 이해합니다. 심지어 믿음을 무조건적 맹목으로 이해하기도 합니다. 따라서 뭔가 따지는 사람은 믿음이 적다고 생각합니다. 또는 믿음을 구원의 근거로 삼으면서 교만에 빠지는 경우도 많습니다. 이것은 성경이 말하는 "오직 믿음으로"가 아닙니다. 이점에서 제61문답은 "오직 믿음"에 대한 바른 이해를 위해 무척 중요합니다.

믿음'으로'라는 말은, 믿음 '때문에'라는 의미가 아닙니다. 이 말은 요리문답이 말하듯이 믿음에 어떤 가치가 있다는 뜻이 아닙니다. 즉 하나님께서 우리의 믿음을 보시고 그 믿음이 정말로 가치 있다고 판단한 다음에 의롭다 하시는 것이 아닙니다. "오직 믿음"을 정확히 이해하면 우리는 우리의 믿음을 자랑할 것이 전혀 없습니다. 심지어 믿음조차도 불완전하고 죄로 인해서 오염되어 있습니다. 하나님은 오직 그리스도의 의와 거룩 때문에 우리를 의롭다고 여기실 뿐입니다. 따라서 '오직 믿음'은 우리를 지극히 겸손하게 하고 그리스도를 높이는 교리이며 구원에 있어서 하나님의 은혜를 선포하는 교리입니다.

믿음이 중요한 이유는 그리스도의 의와 거룩을 빚는 그릇이기 때문입니다. 그릇은 음식을 담는 도구일 뿐입니다. 아무리 그릇이 예쁘다고 하더라도 그것은 우리를 잠시 즐겁게 할 뿐이지 생명을 줄 수는 없습니다. 생명은 그릇에 담긴 '음식'이 주는 것입니다. 게다가 그릇조차도 실은 하나님께서 마련해 주신 것입니다. 왜냐하면 믿음은 하나님께서 계시해 주신 복음에 대한 지식이고, 그 지식을 굳게 신뢰하도록 성령님께서 인치셨기 때문입니다. 이 칭의에, 하나님의 하나님 되심이 철저하게 드러나고, 하나님의 은혜도 드러납니다.

참조하기

종교개혁 당시의 표어들
오직 성경 Sola Scriptura
오직 은혜 Sola Gratia
오직 믿음 Sola Fide

여기에 대해서 로마 가톨릭은 다른 주장을 합니다. 그리스도의 의를 받는 수단이 두 개라는 것입니다. 좀 단순하게 말하자면, 그릇도 있어야 하지만 숟가락도 있어야 한다는 것이지요. 즉 믿음도 있어야 하지만 그것에 따른 행위도 있어야 의롭게 된다고 주장합니다. 행위는 믿음을 완성시키는 것으로 이해합니다. 믿음만으로는 부족하다는 것이지요. 물론 우리는 행위를 중요하게 생각합니다. 하지만 중요한 것은 행위가 중요한가 그렇지 않은가가 아닙니다. 그리스도의 의를 받는 데 있어서 믿음만으로 충분한가 그렇지 않은가입니다.

오직 믿음으로!

"오직 믿음으로 산다"는 교리는, 로마 가톨릭이 잘못 지적했던 것처럼 '전혀 새로운 교리(이단)'가 아닙니다. 우리가 사는 길은 첫째도 믿음, 마지막도 믿음입니다. 복음에 나타난 믿음을 통한 하나님의 의는 에덴동산에서 계시되었고, 아브라함을 통해서도 증명되었고, 하박국 선지자를 통해서도 확증되었고, 이제 마지막으로 예수 그리스도를 통해 가장 분명해졌습니다. 그리고 이 복음을 사도 바울이 증거하고 있는 것입니다.

그렇다면 우리가 사는 길이 무엇입니까? 하나밖에 없습니다. 의와 생명이 되시는 예수 그리스도를 붙잡는 것입니다. 이 예수를 붙드는 유일한 길이 믿음뿐입니다. 이 믿음을 갖게 되는 유일한 방식이 하나님의 말씀입니다. 이 사망의 세상에서 성도들이 생명을 누리는 유일한 길은 바로 "오직 믿음으로"입니다.

| 현재 위치 점검

59문: 이 모든 것을 믿는 것이 당신에게 지금 어떤 유익을 줍니까?

59문에서 우리가 얻는 진정한 유익의 핵심을 공부했습니다. 다시 한 번, 질문과 답을 꼼꼼하게 살펴 봅니다.

A. 의를 얻는다. (칭의)

2부 전체 시작할 때까지만 해도 아무도 풀지 못해서 중보자만 풀 수 있었던 바로 그 의를 얻습니다.

B. 영생의 상속자가 된다. (양자 됨)

게다가 그리스도 안에서 하나님의 자녀가 받을 은택을 다 받게 됩니다.

대단한 유익을 얻었습니다. 우리에게 놀라운 변화가 생겼습니다. 혹시 별로 놀랍지 않으신가요? 마치 당연히 받을 수 있는 것처럼 느껴지십니까? 이것이 얼마나 놀라운 변화인지를 알기 위해서는, 원래 우리가 처했던 상황을 다시 상기해봐야 합니다. 앞에서(요리문답 1부에서) 완전히 터무니없는 일처럼 보였던 것이, 이제는 마치 당연한 듯 여겨지는 이유가 무엇인지를 잘 봐야 합니다. 여기서 까딱 잘못하면 [칭의] 문제 앞에서 큰 오류에 빠지게 되기 때문입니다.

이제부터 공부할 62~64문에서는 "우리의 선행과 공로"에 대해 [왈가왈부]하게 됩니다. 따지는 듯한 질문이 또다시 반복될 것입니다. 이 부분은 전체 흐름에서 어떤 역할을 할까요? [믿음과 선행에 대한 중요한 논증]입니다. 개념을 확실히 잡아주려는 의도로, 집어넣은 부분입니다.

이 내용은 역사적으로 당시 믿음과 선행에 대해 로마 가톨릭의 교리와 치열하게 싸워야 했던 배경 가운데서 나온 것입니다. 시대적으로 중요한 질문에 대한 대답이었습니다. 물론, 오늘날에도 여전히, 이 문제는 우리에게 중요한 질문이 되고 있습니다.

더 깊은 이해를 위한 참고도서: 가이 워터스, 『칭의란 무엇인가』

[예고편] 선행에 대한 언급은 하이델베르크 요리문답 제 3부의 86문에도 비슷하게 등장한다는 사실을 눈치 챈 분이 계실지도 모르겠습니다. 그 부분의 역할은 이곳에서의 맥락과 조금 다릅니다. 어떻게 다른지는 [특강 하이델베르크 요리문답] (하권)에서 다루도록 하겠습니다. 관점의 차이가 있습니다. 기대하세요! ^^

62문: 우리의 선행은 왜
 하나님 앞에서 의가 될 수 없으며
 의의 한 부분이라도 될 수 없습니까?

답: 하나님의 심판대 앞에 설 수 있는 의는
 절대적으로 완전해야 하며
 모든 면에서
 하나님의 율법에 일치해야 합니다.[1]
그러나 우리가 이 세상에서 행한 최고의 행위라도
 모두 불완전하며
 죄로 오염되어 있습니다.[2]

63문: 하나님께서 우리의 선행에 대해
 이 세상과 오는 세상에서
 상 주시겠다고 약속하시는데,[3]
 그래도 우리의 선행은
 아무 공로가 없다고 할 수 있습니까?

답: 하나님의 상은
 공로로 얻는 것이 아니고
 은혜로 주시는 선물입니다.[4]

64문: 이러한 가르침으로 말미암아
 사람들이 무관심하고 사악하게 되지 않겠습니까?[5]

답: 아닙니다.
 참된 믿음으로 그리스도에게 접붙여진 사람들이
 감사의 열매를 맺지 않는 것은 불가능합니다.[6]

1) 신명기 27:26; 갈라디아서 3:10
2) 이사야 64:6
3) 마태복음 5:12; 히브리서 11:6
4) 누가복음 17:10; 디모데후서 4:7-8
5) 로마서 3:8
6) 시편 92:12-15; 마태복음 7:18; 누가복음 6:43-45; 요한복음 15:5

오직 믿음이라면, 아무렇게나 살아도 될까?

"오직 믿음으로 의롭게 됨". 이 은혜로운 교리는 역사 속에서 제대로 이해되지 않았고, 항상 도전을 받았습니다. 가장 큰 이유는 사람들이 '오직 믿음'을, 마치 '우리의 행위는 아무런 가치가 없는 것이다'라는 식으로 오해했기 때문입니다. 그래서 이 교리를 반대하는 이들은 '믿음도 중요하지만 우리의 행위도 어떤 식으로든 구원에 도움을 주어야 옳다'고 주장합니다. 이 두 견해는 모두 **'이신칭의'** 교리를 제대로 이해하지 않았기 때문에 생긴 결과입니다.

이신칭의: (Justification by faith 以信得義)
믿음으로 의롭다 여김 받는 것!

이신칭의를 반대하는 자들은 더 나아가, 하나님께서 우리 선행에 아무런 상응하는 조치를 취하지 않는다면 그런 하나님은 전혀 의롭지 않은 분이 된다고 생각합니다. 그래서 종교개혁 당시 로마 가톨릭 교회는 트리엔트 공의회*를 개최하여 최종적으로 다음과 같이 정했습니다.

"누구든지 '의롭게 된 자의 선행들이 오직 하나님의 선물'이기 때문에, 그것들이 그 사람의 선한 공로가 아니라고 말하거나 예수 그리스도의 은혜와 공로를 통해 행한 선행에 의해서 의롭게 된 사람(그리스도의 살아있는 지체)이 은혜의 증가, 영생, 그리고 그 영생의 획득물을 참으로 받기에 합당하지 않다고 말하는 자에게는 저주가 있을 것이다."

이러한 로마 가톨릭의 교리는 하이델베르크 요리문답의 가르침과 정면으로 상충되는 것을 볼 수 있습니다. 따라서 우리는 [선행]에 대해 분명하게 이해해야 합니다. 잘못하면 우리 행위를 전적으로 무가치하게 여겨서 그야말로 방종에 빠지거나, 반대로 로마 가톨릭의 오류에 빠질 수 있기 때문입니다. 다수의 신자들은 어쩌면 그런 오류에 이미 물들어 있는지도 모릅니다.

트리엔트 공의회 (Council of Trent)
종교개혁에 대항하여 열린 로마 가톨릭의 종교회의. 여기서 개혁 사상을 이단으로 선언하고 내부적으로는 로마 가톨릭의 교리를 재정비함. 이탈리아 북부의 트리엔트에서 18년에 걸쳐 개최되었음(1545-1563).

행위가 왜 가치가 없다고 하는 것일까?

신앙생활을 하면서 우리가 늘 반복하는 질문이 있습니다. '예수를 믿고 나서 주님을 위해 여러 가지 일을 많이 하는데, 하나님께서는 이런 나를 어떻게 보실까? 교회에 다니는 어떤 사람들은 그냥 왔다갔다 출석만 하는데, 나는 교회를 위해서 더 수고하고 봉사도 많이 하고 헌금도 열심히 한다. 둘 사이에 아무런 차이가 없을까? 만약 아무런 차이도 없다면, 그건 불공평하지 않나? 그렇게 대우하시는 하나님이 정말 의로우신 분일까? 만약 차이가 있다면 어떤 차이가 있을까……'

먼저는 이것이 "하나님 앞에서"의 선행이라는 것을 기억해야 합니다. 이것을 잊는다면, 어떠한 종류의 선행도 할 수 없다는 식으로 오해하기 쉽습니다. "우리 행위는 어떤 가치가 있는가?"라는 질문을 살펴봅시다. 우리가 다루는 선행의 가치는 그 행위 자체에 관한 것이 아닙니다. 인간은 가치 있는 선행을 많이 할 수 있습니다. 문제는 하나님 앞에서 어떤 가치 있는 선행을 할 수 있는가 입니다.

행위의 가치는 관계적입니다. 어떤 사람이 길 잃은 아이를 어머니에게 찾아 주었다고 해서 제 3자인 제가 보답할 이유는 없는 것입니다. "그 사람 참 좋은 일을 했다" 생각하면 그 뿐이지, 일부러 그 사람을 찾아가서 뭔가 감사의 표시를 해야 할 의무가 있습니까? 물론 할 수는 있겠지요. 하지만 그것도 그 사람이 행한 일 때문이 아니고 제가 감동했기 때문일 것입니다. 마찬가지로, 신자가 하나님을 위해 어떤 좋은 일을 했다고 합시다. 그 일을 하나님께서 어떻게 보실까요? [하나님께서 받으실만한 의]는 절대적으로 완전해야 하고 모든 면에서 하나님의 율법에 일치하는 것이어야 합니다.

열심히 하면 들어 주신다?

우리가 열심히 뭔가를 위해 기도한다고 합시다. 그 때문에 하나님께서 우리 기도를 꼭 들어주셔야 하는 것이 아닙니다. 즉 우리 행위에 따라 하나님께서 주시는 상이 비례한다는 생각은, 전형적으로 이방인들의 발상입니다. 심지어 어떤 사람들은 솔로몬과 같이(?) **일천 번 제***(역대하 1장 6절)를 드리기도 하고, 기도를 마치 저축하는 것으로 이해하기도 합니다. 이것은 모두 다 하나님의 의로우심과 인간의 죄 됨을 제대로 알지 못해서 생기는 신앙의 양태입니다.

일천 번 제 : 한자로는 一千燔祭, 영어로는 A thousand burnt offerings(NIV 성경)입니다. 여기서 일천(1000)이란, 제사 기간이나 횟수가 천 번이었다는 것이 아닙니다. 당시에, [제사의 규모]가 컸음을 뜻합니다.

이런 행위를 할 수 있는 사람이 있습니까? 오직 그리스도만 하실 수 있을 뿐입니다. 심지어 신자가 하나님의 은혜의 도움으로 율법을 지켰다 하더라도 그것은 완전하지 않은데, 왜냐하면 그 행위조차도 죄로 오염되어 있기 때문입니다. 따라서 하나님께서는 우리 행위에 뭔가를 보답할 의무가 전혀 없습니다.

정말로 원하는 것이 무엇인가?

그렇다고 해서 우리의 행위와 하나님 사이에 아무런 관계가 없는 것은 아닙니다. 자비로우신 하나님께서는 우리의 선한 행위에 대해 [상급]을 약속하십니다. 우선, 이 상은 우리가 흔히 생각하는 상으로 이해해서는 안 됩니다. 여기서 말하는 상은 '보상'의 의미로서의 상(賞)입니다. 이 세상에서 주님의 이름 때문에 당한 어려움과 수고에 대한 보상으로 받는 상입니다. 행위 자체에 어떤 가치가 있는 것이 아니고, 그 가치에 따라 등급을 매겨서 주는 것도 아닙니다. 어떤 군인이 복무 중 무기를 다루다가 사고로 다쳤다고 칩시다. 나라에서는 그가 당한 재해에 대해 보상을 해 줍니다. 그 돈은 그가 무엇을 잘 해서 받는 것이 아니라, 그가 행한 일의 가치에 대한 것이 아니라, 그가 당한 손해에 대한 보상입니다.

마찬가지로 하나님은 신자들이 이 세상에서 주의 이름 때문에 당하는 모든 고난을 지켜보고 계십니다. 그리고 그 일들을 잘 하라고 격려하기 위해서 큰 보상을 마련해 두고 계십니다. 그 보상은 우리가 한 일의 가치 때문이 아니라, 하나님께서 자신의 큰 자비로우심에 근거합니다. 게다가 이 상은 '하늘에서 받게 될 상'입니다. 이것은 오직 믿음의 눈으로만 볼 수 있습니다. 물론 우리는 오직 예수님만을 바라보아야 합니다. 보상 자체가 목적이 될 수 없습니다. 그러나 하나님은 우리 연약함을 아시고 보상을 약속하십니다. 이것을 보고 신자들이 믿음의 싸움을 더욱 열심히 하기를 원하시는 것입니다. 세상에서 정직을 지키며 의를 행하는 것은 참으로 힘이 듭니다. 때로는 상당한 손해도 보아야 합니다. 그럴 때 우리에게 힘이 되는 것이 바로 하나님께서 우리에게 약속하신 보상입니다.

선행이 따르지 않는 믿음은……

이제 마지막 문제가 있습니다. 상급마저 우리 노력과 상관없이 오직 하나님의 은혜로 주어지는 선물이라면, 신자들은 도대체 선행을 해야 할 이유를 찾지 못해서 선행에 무관심해지지 않을까요? 많은 사람들이 '이신칭의'를 잘못 이해해서, 우리의 행위는 구원과 상관없다고 한다든지, 구원에 필수적이지 않다고 말하는 경우를 많이 봅니다. 개혁신학은 그런 식으로 말한 적이 한 번도 없습니다. 믿음뿐만 아니라 우리 행위도 구원에 필수적이 되는데, 이 점에 대해 확실하게 답을 주고 있습니다. 표현을 잘 봅시다. "참된 믿음으로 그리스도에게 접붙여진 사람들이 감사의 열매를 맺지 않는 것은 불가능합니다."

오늘날 기독교인들이 부도덕하거나 비상식적인 행위를 부끄러워하지 않는다고 욕을 많이 얻어먹고 있습니다. "일부" 몰지각한 기독교인이라고 변명하기에는 너무나 많은 기독교인들이 그런 행동들을 서슴없이 하고 있습니다. 그래서 어떤 사람들은 설교 시간에, 기복적인 설교보다 윤리적인 설교를 많이 해야 한다고 합니다. 그러나 윤리적인 설교를 많이 한다고 해서 선행을 많이 할까요? 그렇지는 않습니다. 문제는 그들이 교회에 속해 있으나 구원을 받지 못했거나, 구원을 받았다고 하더라도 그들의 믿음이 너무나 연약하다는 것입니다.

행위가 따르지 않는다면 그것은 '참된 믿음'이 아닙니다. 그렇다고 해서 그것을 거짓 믿음이라고 단정하는 것은 아닙니다. 믿음처럼 보이지만, 그것은 '신념'이 될 수도 있고, '긍정적 사고'가 될 수도 있고, 자기만의 '감정'이나 '느낌'이 될 수도 있습니다. 중요한 것은 그 믿음이 감사의 열매를 내는 믿음인가 하는 것입니다. 예수 그리스도와 전혀 상관없이 교회를 출석하게 될 때, 그들의 삶은 전혀 변하지 않을 수 있는 것입니다. 열매 맺는 '참된 믿음'만이 우리를 구원에 이르게 합니다.

하나님은 우리의 수고를 위해서 상급을 예비해 두셨습니다. 주를 위해 애쓰고 수고하는 모든 이들에게 큰 위로의 메시지입니다. 여러분은 우리가 받을 상급이 우리 노력에 따라 달라져야 한다고 생각하십니까? 아니면 그 상급의 내용도 하나님께서 전적으로 정하셔야 한다고 생각하십니까? 분명한 것은, 하나님은 우리가 한 행위 그 이상의 보상을 주실 거라는 사실입니다.

이 보상은 우리의 공로로 획득되는 것이 아니고 은혜로 주어지는 선물입니다. 우리의 선행은 이 선물을 받기 위한 행위가 아니라 이미 우리 안에서 이루어진 구원에 대한 [감사의 열매]입니다. 이 열매는 오직 참된 믿음을 가진 자만이 맺을 수 있습니다. 따라서 우리에게 정말 필요한 것은 참된 믿음입니다. 이 믿음의 경주를 더 잘 하도록 하기 위해서, 하나님은 큰 보상을 약속하셨습니다.

"나를 인하여 너희를 욕하고 핍박하고 거짓으로 너희를 거슬러 모든 악한 말을 할 때에는 너희에게 복이 있나니 기뻐하고 즐거워하라 하늘에서 너희의 상이 큼이라."(마태복음 5:11~12)

주께서 말씀하셨습니다.

상속과 유산

칼빈은 이 보상을 공로로 이해하지 않도록 하려고 [유산]이라는 개념으로 설명합니다. 일꾼이 받는 [삯]과는 다르다는 것입니다. 하나님과 우리의 관계는 일꾼과 주인의 관계가 아니라 아들과 아버지의 관계입니다. 우리가 받게 될 보상은 '행한 일'에 근거한 것이 아니라 '관계'에 근거하고 있습니다. "돌아온 탕자"가 한 일이라고는 밖에 나가서 아버지의 재산을 다 허비한 일밖에 없습니다. 그러나 아버지는 그 아들을 위해 큰 형에게도 해 주지 않았던 잔치와 음식과 옷을 준비시켰습니다. 우리가 받게 될 보상도 이와 같습니다. 비록 우리 행위가 그리 대단한 것이 아니지만, 하나님께서는 우리가 자녀이기 때문에 그분께 속한 모든 것을 상속하십니다.

| 에필로그

참된 믿음의 가장 중요한 일은 신자를 그리스도께 접붙이는 것입니다.

그러니까, 구원받은 신자에게 선행이라는 열매는 필수적으로 따라오겠지요?

하나님을 기쁘시게 하는 것은 우리의 행위가 믿음에서 나왔기 때문입니다. (히브리서 11:6)

우리의 행위가 선행이 되는 이유는 행위 그 자체가 아니라 참된 믿음에 있습니다.

어떤 사람이 감사의 마음을 표현하면서 또 무엇인가를 받기를 기대한다면 그 감사가 진정한 감사가 될 수 있을까요?

우리가 선행을 해야 하는 이유는 그것을 통해서
무엇인가를 하나님께 더 받기 위해서 하는 것이 아니라...

하나님께서 우리에게 베풀어주신 은혜에 대해 감사를 표현하는 것이죠.

| 확인질문

질문을 읽고 답을 먼저 적어본 후, 참조 페이지를 열어 자신의 답과 비교해 보세요.

1. 복음에 약속된 모든 것을 믿어야 하는데, 그것이 바로 사도신경에 요약되어 있습니다. 이 복음을 믿는 유익이 무엇일까요? 59문의 답은 무엇이었습니까?

2. 구약 시대에 하박국 선지자가 "의인은 믿음으로 살리라"라는 말씀을 받았고, 이를 신약 시대에 사도 바울이 다시 전합니다. 이후 천 년이 넘는 동안 희미해진 이 말씀을, 종교개혁 시대에 어떤 사람으로 하여금 다시 발견케 하셨습니까?

3. 요리문답 60문에 따르면, 우리가 하나님 앞에 의롭게 되려면, "오직 예수 그리스도에 대한 참된 믿음으로"만 됩니다. 겹따옴표 안에 있는 말을 믿음의 대상, 믿음의 종류, 믿음의 역할로 나누어 설명해 보세요.

4. 왜 하나님께서는 아브라함을 의롭게 여기셨습니까? (창세기 15장)

5. 우리가 의롭게 되는 데 있어 오직 믿음이 필요합니다. 하지만 이 믿음조차도 불완전하고 죄로 인해 오염되어 있는데도, 가능하게 되는 이유는 무엇이라고 설명하고 있습니까?

6. 우리의 선행에 대한 상급(보상)이 있다는 것을 공로로 오해하지 않도록, 칼빈은 어떤 개념으로 설명하고 있습니까?

7. "참된 믿음으로 그리스도에게 접붙여진 사람들이 감사의 열매를 맺지 않는 것은 불가능합니다."라는 64문의 답에서 감사의 열매는 무엇을 의미합니까?

8. 이 단원과 앞의 6~8단원은 무슨 관계이며 왜 꼭 필요한 부분인지, 전체 구조를 보면서 설명해봅시다.

1) p.234 2) p.237 3) p.238 4) p.240 5) p.241 6) p.248 7) p.249

65~74문

그 신뢰의 수단⁽¹⁾_세례

성령님은 믿음을 주실 때, 빵을 입에 넣어 주시듯 직접 주시는 것이 아닙니다. 만약 성령님께서 그런 식으로 믿음을 주신다면 우리는 성령님께서 믿음을 주실 때까지 아무것도 하지 않고 가만히 기다려야 할 것입니다.

믿음이 하나님의 전적인 선물이지만, 이 말은 우리에게 믿음이 생길 때까지 그냥 가만히 있어도 된다는 의미가 아닙니다. 성령님은 참된 믿음을 주실 때 은혜의 외적 수단을 사용하십니다. 눈에 보이는 이 외적 수단으로, 하이델베르크 요리문답은 [성례]와 [말씀]을 소개합니다.

이제부터 두 단원에 걸쳐, 먼저 [성례]에 대해 공부합니다.

여기까지 오시느라 수고 많으셨습니다.^^ 지난 9단원까지 공부하시면서 아마도 적지 않은 시간과 노력을 다하셨으리라 생각합니다. 10단원에 들어섰다는 것은, 이 책의 정상에 오르기 직전, 마지막으로 여유를 부리며 [지도(부록맵)]를 펼쳐보실 지점에 도착하셨다는 뜻입니다. 잠깐 멈춰서서, 지금 내가 어디를 지나왔는지, 현재 위치는 어디인지, 꼭 되짚어 보세요. 그래야 앞으로 아직 많이 남은 나머지 부분을 공부할 때 힘이 됩니다.

앞에서 참된 믿음을 정의했던 21문을 기억하시지요? 너무 오래 전 일인가요? ^^ 지금 우리는 복음에 대한 "확실한 지식"과 "굳은 신뢰", 이 두 가지를 계속해서 공부하는 중입니다. 앞 단원까지 "확실한 지식"을 다루었다면, 이제부터는 "굳은 신뢰"를 공부할 차례입니다. 만약 여러분이 21문을 공부한 뒤로 많은 시간이 흘렀다면, 여기서 "갑자기 웬 신뢰?" 하면서 어리둥절할 수도 있습니다. 게다가 요리문답 65문의 본문은 "믿음"이라고 번역되어 있어서, 더더욱 헷갈리기 쉽습니다.

괜찮습니다. 차근차근 정리하면서 가시면 됩니다. 지난 주 설교 말씀이 어디였는지도 잊어버리기 쉬운 우리이기 때문에, 얼마든지 그럴 수 있습니다. 이런 중요한 지점에서 길을 잃고 방황하지 않으려면, 항상 지금 우리가 "어떤 맥락에서 공부하고 있는지"를 살펴봐야 합니다. 맵을 보면서 흐름을 정리해 보세요. 이런 나침반 없이 요리문답만 꾸역꾸역 공부하면, 일단 지루하고, 재미도 없고, 체계적인 신앙을 갖추기도 어렵습니다.

우리는 65문 앞에서 아래와 같은 문제를 풀었습니다.

60문. 우리가 어떻게 의롭게 됩니까?
답. 오직 그리스도를 믿는 참된 믿음으로만!

신기하다! 그게 어떻게 가능한 거지?

네가 잘 나서 혹은 뭔가 변해서 된 일이 아니라 그리스도 덕분이야!

오직 '믿음'만이 우리를 그리스도와 그분의 모든 복의 참여자로 만드는데, 그러면 그 믿음이 어디에서 어떻게 오는지를 질문할 차례입니다.

| 현재 위치 점검

믿음 / 믿음은 어디에서 오나?

65문. 그 신뢰는 어떻게 생깁니까?
답. "복음의 설교와 성례" 입니다.

답은 무엇일까요? 앞에서 참된 믿음을 정의할 때(21문) [지식]과 [신뢰]로 나뉘었다면, 여기서도 다시 두 가지 대답이 나옵니다.

두 개의 답에 따라, 이후 구조 역시 두 개로 나누어지는 것을 볼 수 있습니다.

66~82문. 성례

83~85문. 말씀과 권징

그러면 이제 다음 단원에서 공부할 66문부터는 복음의 설교를 공부하게 되는 것이 자연스러울 텐데, 실제로 하이델베르크 요리문답은 순서를 좀 바꿔서, 성례부터 공부합니다. (맵 참조 : 혼동하지 마세요!) 이유는 확실하지 않지만, 논리적 흐름을 유지하고 성도들을 단계별로 자연스럽게 가르치기 위한 조치였을 것입니다. P.320을 참고하세요! ^^

66문. 성례란 무엇인가?
답. 성례란 볼 수 있는 거룩한 표와 인인데, 하나님에 의해 제정된 것입니다.

66문은 [정의문]으로 개념을 먼저 정립해주면서 진행됩니다. 먼저 성례란 무엇인가를 질문합니다.

그리고 이어서 68문은 성례에 무엇 무엇이 있는지 질문합니다.

68문. 그리스도께서는 신약에서 몇 개의 성례를 제정하셨습니까?
답. 두 개입니다. 즉, 세례와 성찬입니다.

자, 이렇게, 개념과 지도를 먼저 머릿속에 넣으십시오. 잠깐 멈추고 이 흐름을 직접 종이에 연필로 그려보시기 바랍니다. 정리가 되셨다면, 성례를 공부하실 수 있는 준비가 끝난 것입니다. ^^

65문: 오직 믿음으로만 우리가
그리스도와 그의 모든 은덕(恩德)에 참여할 수 있는데,
이 믿음은 어디에서 옵니까?

답: 성령에게서 옵니다.¹
그분은 거룩한 복음의 강설로
우리의 마음에 믿음을 일으키며,²
성례의 시행(施行)으로
믿음을 굳세게 하십니다.³

66문: 성례가 무엇입니까?

답: 성례는
복음 약속의
눈에 보이는 거룩한 표(標)와 인(印)으로,
하나님께서 제정하신 것입니다.
성례가 시행될 때,
하나님께서는
복음 약속을 우리에게
훨씬 더 충만하게 선언하고 확증하십니다.⁴
이 약속은
그리스도께서 십자가 위에서 이루신
단번의 제사 때문에,
하나님께서 우리에게
죄 사함과 영원한 생명을
은혜로 주신다는 것입니다.⁵

67문: 그러면 말씀과 성례 이 둘은
　　　　우리의 믿음을
　　　　우리의 구원의 유일한 근거가 되는 것,
　　　　곧 예수 그리스도의 십자가의 제사로
　　　　향하도록 하기 위한 것입니까?

답: 참으로 그렇습니다.
　　　우리의 모든 구원이
　　　　　그리스도가 우리를 위해 십자가 위에서 이루신
　　　　　단번의 제사에 있다는 것을
　　　성령께서는
　　　　　복음으로 가르치고
　　　　　성례로 확증하십니다.[6]

---

1) 요한복음 3:5; 고린도전서 2:12; 12:3; 에베소서 2:8; 빌립보서 1:19
2) 사도행전 16:14; 로마서 10:17; 야고보서 1:18; 베드로전서 1:23
3) 마태복음 28:19; 고린도전서 11:26
4) 창세기 17:11; 신명기 30:6; 이사야 6:6-7; 54:9; 에스겔 20:12; 로마서 4:11
5) 레위기 6:25; 마태복음 26:28; 히브리서 9:7, 9, 24; 10:10
6) 로마서 6:3; 고린도전서 10:16; 11:26; 갈라디아서 3:27

사람이 믿음을 줄 수 있을까?

믿음에 대해 다시 정리합시다. 진정한 믿음은 살아있는 믿음으로서, 신자를 그리스도와 연합하게 하는 믿음이요, 그분의 모든 은덕에 우리를 참여시키는 믿음이요, 따라서 구원을 일으키는 믿음이며, 더 나아가 선한 행위를 일으키는 믿음입니다. 따라서 이 믿음은 우리가 통상적으로 이해하는 믿음과는 구별이 됩니다. 어떻게 구별할 수 있을까요? 진정한 믿음이 아닌 믿음은 그 출처가 모두 '사람'에게서 나온다는 것만 알면 됩니다.

어떤 사람이 의사로부터 죽을병에 걸렸다는 선고를 받았습니다. 그런데 그 사람은 그 진단을 사실로 받아들이지 않습니다. 적어도 자신의 가족을 생각해 볼 때, 절대로 지금 자신이 죽어서는 안된다고 생각하였습니다. 그래서 그는 절망하지 않고 "나는 죽지 않는다"라고 믿기 시작하였습니다. 얼마 후에 그 병이 완전히 나았습니다. 정말로 나아버렸습니다. 자, 우리는 이와 유사한 이야기를 많이 들었을 것입니다. 이 사람의 믿음이 어디에서 나왔습니까? 아마 그 사람 스스로 그런 믿음을 가졌을 수도 있을 것입니다. 또는 주위의 사람들이 격려를 했을 수도 있습니다. 그런데 이와 같은 믿음, 혹은 신념은 모두 사람에게서 나온 것입니다.

진정한 참된 믿음은 그렇지 않습니다. 사람을 구원에 이르게 하는 믿음은 사람에게서 나오지 않습니다. 이 믿음은 오직 하나님, 더 구체적으로 말하면 성령님으로부터 나옵니다.

간절히 믿고 싶다고 해서 믿어질까?

믿음의 [주체]는 하나님이 아니라 인간입니다. 하나님이 믿는 것이 아니라 인간이 믿는 것입니다. 쉽게 말해서 "내가" 믿는 것입니다. 그러나 구원에 이르는 믿음은 사람에게서 나오지 않습니다.

우리가 믿고 싶다고 해서 믿을 수 있는 것이 아니라는 이야기입니다. 우리 노력을 통해서 믿음이 생기지 않습니다. 바로 그 이유로, 믿음을 하나님이 주신 선물이라고 합니다.

"너희가 그 은혜에 의하여 믿음으로 말미암아 구원을 받았으니 이것은 너희에게서 난 것이 아니요 하나님의 선물이라 행위에서 난 것이 아니니 이는 누구든지 자랑하지 못하게 함이라(에베소서 2:8-9)".

따라서 예수를 믿게 된 것을 우리는 정말로 '은혜'로 생각해야 합니다. 누구든지 복음 앞에서 겸손해야 합니다. 우리 중에 누군가 자신을 앞세우는 자가 있다면 그 사람은 복음을 제대로 이해하지 못하는 자입니다.

"내가 그리스도를 믿을 수 있는 것도, 하나님께서 성령님을 통해 일하신 덕분!"

그런데 이 믿음의 은혜 됨을 제대로 이해하지 못하는 그룹이 적지 않습니다. 대표적인 예는 믿음을 '강요'하는 경우입니다. 교회 역사 속에서 한 때 기독교 국가가 정복전쟁을 주도하면서 식민지 국민들을 강제로 개종시키던 적이 있습니다. 수많은 사람들이 교회당을 가득 채웠을지는 모르지만 그로 인해 이름만 신자인 사람들이 양산되어서 교회를 타락시켰습니다. 학생 선교단체들도 이와 비슷한 양상을 보이곤 했습니다. 소위 영접 기도를 따라하면, 구원 받은 것으로 간주합니다. 그래서 어떻게 하든지 그 자리에서 예수를 영접하도록 분위기를 조성합니다. 이 모든 시도들은 믿음을 주시는 분이 성령님이라는 가장 기본적인 사실을 망각하는, 안타까운 일입니다.

그런데 어떤 사람은 이렇게 반론할 수 있을 것입니다.
"정말로 믿음은 하나님의 선물이 맞는 것 같아.
나는 아무리 노력해도 믿어지지 않으니까. 따라서 믿지 않는 것은 내 책임이 아니야."
이런 변명이 논리적으로는 옳은 것 같기도 합니다. 이것을 어떻게 이해해야 할까요?
계속해서 보겠습니다. ^^

지식으로 믿는가, 체험으로 믿는가?

성령님은 참된 믿음을 주실 때 외적인 수단을 사용하십니다. 그것은 거룩한 복음의 설교와 성례의 시행입니다. 복음의 설교는 우리에게 믿음을 일으키고, 성례는 일으킨 믿음을 굳세게 하는 역할을 합니다. 설교를 들을 때 우리에게 믿음이 생기며, 성찬을 시행할 때 우리의 믿음이 굳건하게 됩니다. 이 둘은 항상 같이 가야 합니다.

하지만 엉뚱한 말을 하는 사람이 있습니다. 고린도전서 1장 18~25절에 대표적인 두 가지 예가 나오는데, 하나는 유대인이고 다른 하나는 헬라인입니다. 이들의 공통점은 복음의 설교를 미련하다고 생각하는 것입니다. 유대인들은 어떤 기적이나 표적이 있어야 믿음이 생길 수 있다고 생각하였고, 헬라인들은 지혜가 더 중요하다고 생각하였습니다. 복음의 핵심은 그리스도께서 우리 죄를 대신하여 십자가에 못 박히셨다는 역사적 사실입니다. 그런데 유대인들에게는 비록 그분이 죽음에서 부활하셨다고 하더라도 그것은 표적이 될 수 없었습니다. 성경에 따르면, 나무에 달린 자들은 모두가 다 저주받은 자들이었기 때문입니다. 마찬가지로 십자가의 도는 헬라인에게도 매우 불합리한 것으로 보였습니다. 그들의 이론에 따르면, 구원은 육신으로부터의 해방이기 때문에, 육신을 가지고 인간이 다시 부활한다는 것은 그들에게 복음이 될 수 없었습니다.

요즘 소위 부흥한다는 교회를 보면 뭔가 기적이 일어나고 치유가 일어난다고 합니다. 교회라면 모름지기 그런 것들이 있어야 사람이 더 많아진다고 생각합니다. 어떤 이들은 현대의 합리주의자들에게 호소하기 위해서 십자가의 복음을 변질시킵니다. 그들에게 십자가는 역사적 사실로서 죄인을 위한 대속의 죽음이 아니라, 억압으로부터 해방을 위한 희생의 상징일 뿐입니다. 그러나 이 모든 것은 사실이 아닙니다. 교회 역사를 볼 때, 복음은 설교의 미련한 것을 통해 전파되었습니다. 강단에서 복음의 설교가 선포되고 성례가 신실하게 시행될 때, 성령님의 역사를 통해 믿음은 일으켜지고 굳건해 집니다. 이것이 인간의 눈에는 참으로 미련하게 보일지 모르지만, 그 미련한 수단을 통해 십자가의 도가 온 세상에 계속 전파되었습니다.

설교는 믿음을 일으키고, 성례는 믿음을 굳세게 한다

"하나님의 지혜에 있어서는 이 세상이 자기 지혜로 하나님을 알지 못하므로 하나님께서 **전도**의 미련한 것으로 믿는 자들을 구원하시기를 기뻐하셨도다."(고린도전서 1:21)

[전도]라는 말에 대해서 생각해봅시다. 일반적으로 전도라고 하면, 길거리에서 "예수 믿으세요!"라고 외치거나, 사람들에게 전도지를 나누어 주는 것을 의미합니다. 그러나 여기서는 그런 뜻이 아닙니다. 고린도전서 1장 21절에 사용된 헬라어 단어는 '케리그마'라고 하는데 [선포] 혹은 [설교]라는 의미에 더 가깝습니다.

"이 말은 우리가 전도지를 나누어 주는 전도와 같은 방식을 하지 말라는 말이 결코 아닙니다. 그것이 믿음을 일으키는 주된 방식은 아니라는 것입니다."

우리에게 믿음을 일으키는 것은 설교입니다. 요즘 설교가 그야말로 무시를 당하고 있습니다. 예를 들면, 오늘날에는 일방적 방식의 설교보다는 셀모임과 같은 곳에서의 대화체 형식의 나눔이 더 설득력이 있다고들 주장합니다. 효과적인 설교는 쌍방향 커뮤니케이션이어야 한다고 이야기하기도 합니다. 어떤 이들은 목사의 설교보다는 개인적인 QT를 통해서 복음을 더 잘 이해할 수 있다고 주장합니다. 이런 것들이 다 틀렸다고 말하고 싶지는 않습니다. 그러나 이런 이해 속에는 아주 무서운 요소가 들어있습니다. 주님께서 정하신 방식이 아닌, 자기가 선호하는 방식이 더 효과적이라고 주장하는 것이 될 위험성입니다.

성례도 마찬가지입니다. 성례 중의 하나인 성찬에 대해서 주께서 이같이 말씀하셨습니다. "너희가 이 떡을 먹으며 이 잔을 마실 때마다 주의 죽으심을 그가 오실 때까지 전하는 것이니라."(고린도전서 11:26) 설교뿐 아니라 성찬도 주님의 죽으심을 전하는 한 형태입니다. 여러분은 이것이 정말 효과적인 복음 전도 방식이라고 생각하십니까? 믿음의 눈으로 보지 않으면 성찬이야말로 정말 웃긴 의식이라고 하지 않을 수 없습니다. 떡을 떼고, 잔에 붓고, 먹고 마시는 행동은 믿음이 없다면 그냥 소꿉장난이라고 생각할 수도 있을 것입니다. 그러나 우리가 이것을 믿음으로 받아들일 때, 이 모든 예식은 놀라운 은혜를 우리에게 주는 수단이 됩니다.

복음은 그리스도의 죽으심, 즉 십자가의 제사가 신자에게 구원의 유일한 근거라는 약속입니다. 이 약속을 들었을 때, 믿든지 아니면 거부하든지 선택해야 합니다. 그런데 신자가 복음을 받아들이기로 결정하였더라도 그의 믿음이 약하기 때문에 항상 어떤 증표를 요구합니다. 이런 연약함을 아시는 하나님께서 성례(세례와 성찬)를 표와 인(印)으로 주신 것입니다. 표는 보이지 않는 것을 분명하게 보여 주는 역할을 하고, 인은 그것이 진실이라는 확신을 줍니다.

그렇다면 복음의 설교와 성례의 시행 외에 다른 방식은 없을까요? 병 고침이나 이적을 생각해 봅시다. 이것도 우리 믿음에 약간의 도움을 줄 수 있을지 모릅니다. 그러나 우리에게 구원을 일으키는 믿음은 이적에 대한 믿음이 아닙니다. 심지어 예수님께서 병을 고치셨다는 것을 믿는다고 해서, 그 믿음이 우리 병을 고칠 수 있을지는 모르지만, 우리를 구원하는 것은 아닙니다. 한 번이라도 이적을 경험한 사람들은 복음의 약속 보다는 자신의 경험을 더 굳게 붙잡는 경우가 참 많습니다. 복음 안에서 우리에게 주어진 약속은 그리스도께서 십자가 위에서 이루신 단번의 제사 덕분에, 하나님께서 은혜로 우리에게 죄 사함과 영원한 생명을 주신다는 것입니다.

68문: 그리스도께서 신약에서 제정하신 성례는 몇 가지입니까?

답: 거룩한 세례와 성찬, 두 가지입니다.

69문: 그리스도께서 십자가 위에서 이루신 단번의 제사가
당신에게 유익이 됨을
거룩한 세례에서 어떻게 깨닫고 확신합니까?

답: 그리스도께서
    물로 씻는 이 외적(外的) 의식을 제정하시고,[1]
그의 피와 성령으로
    나의 영혼의 더러운 것,
    곧 나의 모든 죄가 씻겨짐을 약속하셨습니다.[2]
이것은 물로 씻어 몸의 더러운 것을 없애는 것처럼
    확실합니다.

70문: 그리스도의 피와 성령으로 씻겨진다는 것은
무슨 뜻입니까?

답: 그리스도의 피로 씻겨짐은
    십자가의 제사에서 우리를 위해 흘린
    그리스도의 피로 말미암아
    은혜로 우리가
    하나님께 죄 사함 받았음을 뜻합니다.[3]
성령으로 씻겨짐은
    우리가 성령으로 새롭게 되고
    그리스도의 지체(肢體)로 거룩하게 되어,
    점점 더 죄에 대하여 죽고
    거룩하고 흠이 없는 삶을 사는 것을
    의미합니다.[4]

71문: 세례의 물로 씻는 것처럼 확실히,
그리스도께서 자신의 피와 성령으로
우리를 씻으신다는 약속을
어디에서 하셨습니까?

답: 세례를 제정하실 때 이렇게 말씀하셨습니다.
"그러므로 너희는 가서
　모든 족속으로 제자를 삼아
　　아버지와 아들과 성령의 이름으로
　　　세례를 주고"(마태복음 28:19),
"믿고 세례를 받는 사람은
　구원을 얻을 것이요,
믿지 않는 사람은
　정죄를 받으리라"(마가복음 16:16).
이 약속은 성경이 세례를
　"중생의 씻음"
　　혹은 "죄를 씻음"이라고 부른 데서도
　　　거듭 나타납니다(디도서 3:5; 사도행전 22:16).

1) 마태복음 28:19
2) 마태복음 3:11; 마가복음 1:4; 16:16; 누가복음 3:3; 요한복음 1:33; 사도행전 2:38; 로마서 6:3-4; 베드로전서 3:21
3) 에스겔 36:25; 슥 13:1; 에베소서 1:7; 히브리서 12:24; 베드로전서 1:2; 요한계시록 1:5; 7:14
4) 에스겔 36:26-27; 요한복음 1:33; 3:5; 로마서 6:4; 고린도전서 6:11; 12:13; 골로새서 2:11-12

그리스도께서 제정하신 성례는 단 두 가지 뿐

68문은 [세례]와 [성찬] 두 가지만을 성례라고 가르칩니다. 그 이유는, 이 두 예식만이 그리스도께서 직접 제정하셨기 때문이고, 이 두 성례만이 우리 구원의 유일한 근거인 그리스도의 십자가로 이끌기 때문입니다. 이런 점에서, 세례와 성찬은 아주 다른 것 같지만 본질적으로 같으며, 다만 복음의 진수를 확신시켜주는 '방식의 차이'일 뿐입니다. 세례를 통해 우리 죄가 용서 받았다는 확신을 갖게 되고, 성찬을 통해 그리스도와 연합되었다는 확신을 갖게 됩니다.

이 두 성례가 밀접하게 연결되어 있음을, 출애굽 사건을 통해 확실히 알 수 있습니다. 고린도전서 10장 1~2절에, 홍해를 건넌 것과 광야에서 만나를 먹고 생수를 마신 것이 바로 연결되어 있는 것을 보게 됩니다. 그들은 다 함께 스스로를 홍해에서 씻었고, 광야에서 함께 신령한 음식을 먹고 신령한 생수를 마셨습니다. 이것이야말로 구원의 본질입니다.

세례: 그리스도의 피와 성령으로 죄 씻음을 받는 것

세례는 부활하신 주님께서 친히 제정하신 거룩한 예식입니다. 그 전에도 세례요한의 세례가 있었지만, 그것도 '주님께서 인정하셨기 때문에' 유효한 것입니다. 지금도 비록 목사가 세례를 집례하지만, 그것을 실제로 효력 있게 하시는 분은 우리 주님이라는 사실을 잊어서는 안 될 것입니다.

[깜짝 퀴즈]
로마 가톨릭 교회의 성례는 총 몇 개일까요?
① 1개 ② 2개 ③ 4개 ④ 7개 ⑤ 100개
* 정답은 p.269 하단에 있습니다. ^^

교회의 역사 속에서 세례가 잘못 사용된 경우가 많습니다. 로마 가톨릭 교회처럼 미신같이 취급되거나, 재세례파 교회와 같이 인간들의 행사로 이해되거나, 형식적 관습이 되어버리곤 했습니다. 이것을 제대로 알고 실천할 때, 비로소 주님께서 명하신 "세례를 주어 제자를 삼아라!"는 명령을 잘 순종할 수 있을 것입니다.

세례에서 사용되는 물질적 요소는 [물]입니다. 물이 죄 씻음을 상징하기 때문입니다. 요리문답이 가르치는 대로, 물이 몸의 더러운 것을 씻듯이 그리스도의 피와 성령으로 우리의 모든 죄가 씻어집니다. 따라서 세례는 무엇보다 정결 의식, 즉 더러움을 씻는 예식이라고 할 수 있습니다. 그렇다면 세례는 우리가 더럽다는 것을 전제로 하고 있습니다. 더럽게 하는 것은 무엇일까요? 죄입니다. 마태복음 15장에서, 제자들이 떡을 먹을 때 씻지 않고 먹는 것을, 바리새인들이 비판했습니다. 예수님은 입으로 들어가는 것이 아니라 입에서 나오는 것이 사람을 더럽게 한다고 말씀하시면서, 그것들은 악한 생각, 살인, 간음, 음란, 도적질, 거짓증거와 신성모독이라고 하였습니다.

물은 생명을 상징하기도 하지만, 어떤 경우에는 죽음을 상징하기도 합니다. 사막에서 물은 생명 그 자체입니다. 그러나 노아 홍수의 경우에는 죽음과 심판을 의미하기도 합니다. 출애굽 도중 홍해를 건널 때, 물은 이스라엘에게 구원을 가져다주었지만, 애굽인에게는 멸망을 가져다주었습니다.

적당히 더럽게 살면 어때?

어떤 사람들은 이렇게 말할지 모릅니다. "그렇게 깨끗하게 살 필요가 뭐 있나? 차라리 적당하게 더럽게 사는 것이 훨씬 편하고 행복하게 사는 것이 아닌가? 나는 그냥 내가 하고 싶은 대로 살고 싶어." 물론 그렇게 생각할 수는 있을 것입니다. 그러나 그것은 개나 돼지 같이, 짐승처럼 살겠다고 말하는 것과 마찬가지입니다. 짐승들은 더러움을 별로 개의치 않고 살아갑니다. 주께서 비유하신 것처럼 토한 것을 도로 먹는 것을 전혀 개의치 않고 살아갑니다. 죄를 짓고 또 짓고 살아가면서도 전혀 부끄러움을 모릅니다.

더러움을 피해야 하는 가장 큰 이유는, 더러운 사람은 식사에 초대를 받지 못하기 때문입니다. 우리는 이 사실을 마태복음 22장의 한 비유에서 알 수 있습니다. 어떤 왕이 자기 아들을 위해 잔치를 열고 사람들을 초대하였는데, 참석자 중에서 어떤 이들을 쫓아냈습니다. 그들이 예복을 입지 않았기 때문이었습니다. 이것은 신자의 삶에 그대로 적용이 됩니다. 구원은 왕이 베푸신 천국 잔치에 참여하는 것입니다. 여기에는 깨끗한 예복을 준비한 사람들이 들어 갈 수 있습니다. 그런데 죄인들은 누더기 옷만 있을 뿐이고 예복을 스스로 준비할 수 없습니다. 오직 그리스도께서 이 예복을 준비하십니다. 계시록 7장에 '흰 옷 입은 자들'이 나오는데, 그들은 어린 양의 피에 그 옷을 씻은 자들입니다. 19장에는 어린 양의 혼인 잔치에 참석한 자들이 깨끗한 세마포 옷을 입었는데, 그 세마포는 [성도의 옳은 행실]입니다. 오직 이렇게 정결하게 된 자들만이 천국잔치의 기쁨을 누릴 수 있습니다.

그리스도의 피와 그의 영(성령)으로 씻음

요리문답 69문은 죄 씻음의 예식을 두 가지 측면에서 설명하고 있습니다. 하나는 [그리스도의 피]이고, 다른 하나는 [성령]입니다. 물이 몸을 씻는 수단이듯이, 그리스도의 피와 그의 영이신 성령도 우리의 영혼을 씻는 수단입니다.

참조하기

레위기 17장 11절은 이것을 다음과 같이 설명합니다. "육체의 생명은 피에 있음이라. 내가 이 피를 너희에게 주어 단에 뿌려 너희의 생명을 위하여 속하게 하였나니 생명이 피에 있으므로 피가 죄를 속하느니라." 히브리서 기자 역시 이 말씀에 근거하여 "피 흘림이 없이는 사함이 없다"(히브리서 9:22)고 선언합니다.

그리스도의 피로 씻겼다는 말은 "십자가 제사에서 우리를 위해 흘린 그리스도의 피로 말미암아 은혜로 우리가 하나님께 죄 사함을 받았다"는 의미입니다. 피가 죄를 사한다는 사실은 구약을 통해 보면 알 수 있습니다. 레위기에서 사람의 죄를 속하기 위해 수많은 동물의 피가 뿌려졌습니다. 이 원리는 지금도 여전히 유효합니다. 더러운 죄인이 깨끗하게 되는 길은 오직 십자가에서 흘리신 그리스도의 보혈의 공로를 덧입는 것입니다. 무엇보다도 세례가 이것을 우리 눈에 확실히 보여줍니다. 교회에서 세례식을 행할 때마다 신자들은 자신이 정결하게 된 근거가 바로 십자가에 있다는 것, 그리고 그 십자가를 통해 죄 사함 받았다는 것을 확신합니다.

세례의 물은 그리스도의 피 뿐만 아니라 성령도 상징합니다. 만약 그리스도의 피만을 상징하려고 했다면 물 대신 포도주를 썼을 것입니다. 그러나 포도주는 씻음을 보여 줄 수는 없습니다. 포도주를 옷에 뿌려 보십시오. 오히려 옷이 더러워지는 것입니다. 세례식에서 포도주를 사용하지 않는 것은 물이 그리스도의 피 뿐만 아니라 그의 영이신 성령도 같이 나타내기 때문입니다. 성경에서 물과 성령은 아주 밀접한 관계를 가지고 있습니다.

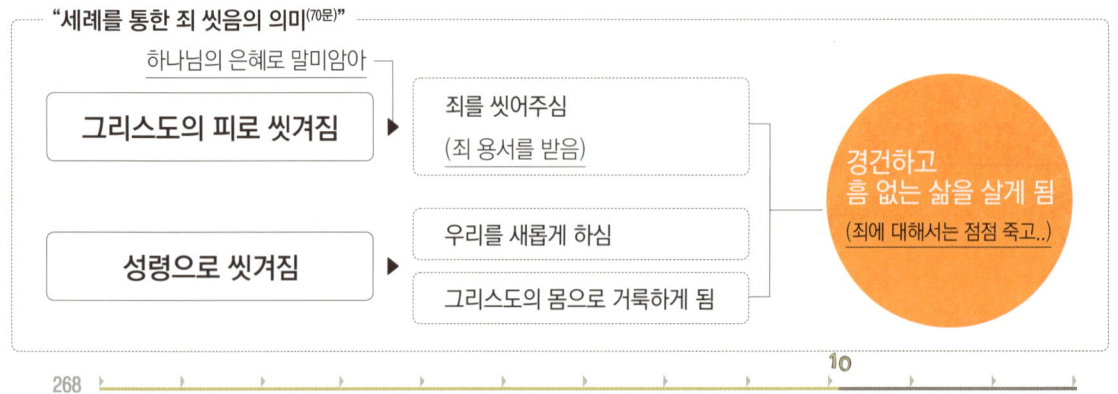

삼위 하나님의 이름과 세례

다른 종교에서도 세례와 비슷한 정결 예식이 많이 있습니다. 그들도 물로 정결케 합니다. 그렇다면 차이점이 무엇일까요? 바로 삼위 하나님의 이름입니다. 예수님은 아버지와 아들과 성령의 이름으로 세례를 주라고 하셨습니다. 만약 어떤 사람이 삼위 하나님의 이름이 아니라 다른 이름으로 세례를 받았다면 그것은 세례가 아닙니다.

이방인들과는 달리 이스라엘 백성은 여호와 하나님만을 유일한 신으로 섬겼습니다. 그러나 그들은 차츰 여호와의 법대로 행하지 않았고, 다른 백성들과 전혀 다를 바 없게 되었습니다. 여호와의 이름이 더럽혀진 것입니다. 하나님의 백성이 죄를 지으면 자신을 더럽힐 뿐 아니라 여호와의 이름을 더럽힙니다. 하나님은 이런 상황을 그대로 두지 않으시고 자신의 이름을 거룩하게 하셨습니다.

그 방법이 무엇입니까? 물로 정결케 하는 것(에스겔 36:25)입니다. 그러나 물 뿐만 아니라 새 영과 새 마음을 주십니다. 하나님의 법을 지키도록 하십니다. 물과 성령이 함께 역사하는 것입니다. 그래서 어떤 결과가 생깁니까? "내가 너희 조상들에게 준 땅에서 너희가 거주하면서 내 백성이 되고 나는 너희 하나님이 되리라(에스겔 36:28)"입니다. 즉, 세례란 하나님과 자기 백성 사이의 언약관계를 보증하는 예식입니다. 삼위 하나님께서 바로 우리 하나님이라는 가장 확실한 보증인 것입니다.

따라서 세례의 주체는 삼위 하나님이십니다. 자기 신앙을 고백하고 목사가 물 뿌리는 것이 세례의 핵심이 아니란 말입니다. 삼위 하나님께서 친히 자신의 이름을 거룩하게 하시는 것이 세례입니다. 이 세례에 참여할 수 있는 자들은 자신의 더러운 행위를 모두 버리고 하나님만을 자기 왕으로 고백하는 자들입니다. 주님의 이름은 다른 어떤 곳에서 보다 세례식에서 가장 거룩히 여김을 받는다 할 수 있습니다. 그 이름 덕분에 죽었던 자가 살아나서 그리스도의 지체가 되기 때문입니다.

정답 : 4번, "7개"입니다. 로마 가톨릭 교회는 세례와 성찬 외에 다섯 개의 성례가 더 있습니다. 그것은 견진성사, 고해성사, 혼인성사, 병자성사, 성품성사입니다. 개신교는 이것들을 은혜의 수단인 성례로 인정하지 않고, 입교, 죄의 고백, 혼인예식 등으로 올바르게 자리매김 시켰습니다.

72문: 세례의 물로 씻음이
곧 죄 씻음 자체입니까?

답: 아닙니다.¹
  오직 예수 그리스도의 피와 성령만이
    우리를 모든 죄에서 깨끗하게 합니다.²

73문: 그러면 왜 성령께서는 세례를
"중생의 씻음"과 "죄를 씻음"이라 하셨습니까?

답: 하나님께서 그렇게 말씀하신 데에는
    중요한 이유가 있습니다.*
  하나님께서는
    몸의 더러운 것이 물로 씻겨지듯이
    우리의 죄가 그리스도의 피와 성령으로 없어짐을
    우리에게 가르치려 하셨습니다.³
  더 나아가서 우리의 죄가 영적으로 씻겨지는 것이
    우리의 몸이 물로 씻겨지는 것처럼
    매우 실제적임을
    이러한 신적(神的) 약속과 표로써
    우리에게 확신시키려 하셨습니다.⁴

1) 마태복음 3:11; 에베소서 5:26; 베드로전서 3:21
2) 고린도전서 6:11; 요한1서 1:7
3) 고린도전서 6:11; 요한1서 3:5; 5:6-8; 요한계시록 1:5; 7:14
4) 마가복음 16:16; 사도행전 2:38; 갈라디아서 3:27

74문: 유아들도 세례를 받아야 합니까?

답: 그렇습니다.
그것은 유아들도 어른들과 마찬가지로
　하나님의 언약과 교회에 속하였고,⁵
또한 어른들 못지않게 유아들에게도
　그리스도의 피에 의한 속죄와
　믿음을 일으키시는 성령이
　약속되었기 때문입니다.⁶
그러므로 유아들도
　언약의 표인 세례를 통하여
　그리스도의 교회에 연합되고
　불신자의 자녀와 구별되어야 합니다.⁷
이런 일이
　구약에서는
　　할례를 통하여 이루어졌으나⁸
　신약에서는 그 대신
　　세례가 제정되었습니다.⁹

---

5) 창세기 17:7; 마태복음 19:14
6) 시편 22:10; 이사야 44:1-3; 사도행전 2:39; 16:31
7) 사도행전 10:47; 고린도전서 7:14
8) 창세기 17:10,14
9) 골로새서 2:11-12

유아세례: 언약 자손에게 주어진 약속의 표지

제가 고등학생일 때, 한 친구가 말했습니다. 앞으로 결혼해서 아이를 낳으면 절대로 아이에게 유아세례를 받지 못하도록 하겠다는 것입니다. 그 친구의 뜻은 이렇습니다. '자기도 유아세례를 받았지만, 세례에 대한 기억이 전혀 없다, 그래서 의미도 없고 아무 유익도 없다, 세례란 자기 입으로 직접 신앙을 고백해서 받아야 진정한 의미가 있다고 본다…' 어떻게 생각하십니까? 논리적으로는 맞는 주장 같습니다. 많은 사람이 이런 생각을 하고 있습니다.

하지만 여기에는 치명적인 오류가 있습니다. 먼저 그 친구는 믿음을 철저하게 개인적인 문제로만 이해했습니다. 부모의 신앙과 자녀의 신앙이 아무런 관계가 없다고 봅니다. 믿고 안 믿고는 자녀의 문제라고 보는 것이지요. 이같은 관점은 오늘날 만연한 개인주의 사고와 매우 잘 맞습니다. [너는 너, 나는 나]라는 생각이 우리 사회를 지배하고 있으며, 교회 안에도 들어와서 교회를 파괴시키고 있습니다.

또 다른 치명적 오류는 '체험'이 신앙의 문제를 판단하는 데 절대적 기준이 된다는 것입니다. 자신이 체험하지 않은 것은 유익이 되지 않는다고 판단합니다. 어려서 잘 모르는 사이에 받은 세례는 무효이며, 오히려 믿음에 해가 된다고 생각합니다. 실제로 국가와 종교가 일치되었던 시절에 유아세례는 수많은 명목상의 신자들을 양산한 경우가 있었습니다. 그 결과 교회의 거룩성이 심각하게 손상되었고요. 그 때문에 재세례파들은 유아세례 자체를 거부하면서 "신자들의 세례(believers' baptism)"만이 참된 세례라고 주장하였습니다.

그들의 이런 주장에 일리가 없는 것은 아니지만 중요한 것은 과연 성경이 무엇을 가르치느냐 입니다. 과연 부모와 자녀가 아무런 관계가 없을까요? 또한 세례가 반드시 체험이 되어야만 우리에게 유익이 있을까요? 신앙의 문제를 판정하는 기준이 자기 자신의 경험이 되어야 할까요? 성경은 어떤 교훈을 주고 있을까요?

앞에서 우리는 세례를 받을 때 우리 죄가 그리스도의 피와 성령으로 씻긴다는 확신을 갖게 된다고 배웠습니다. 성경은 무엇보다 세례를 "중생의 씻음"과 "죄를 씻음"이라고 표현합니다. 그러나 이것을 주의 깊게 이해할 필요가 있습니다. 왜냐하면 어떤 이들, 특히 로마 가톨릭 교회는 세례가 바로 죄 씻음 그 자체라고 주장하기 때문입니다. 이런 잘못된 교리에 대해 요리문답 72문에서는 세례가 죄 씻음 자체가 아니며 "오직 그리스도의 피와 성령만이 우리를 모든 죄에서 깨끗하게 한다."라고 선언합니다.

그렇다면 "중생의 씻음"이나 "죄를 씻음"이란 무엇을 뜻할까요? 이것이 73문이 던지는 질문입니다. 이에 대해 "우리의 몸이 물로 씻기는 것처럼, 우리의 죄가 영적으로 씻기는 것이 매우 실제적임을 신적 약속과 표로써 우리에게 확신시키는 것"이 세례라고 요리문답은 말합니다. 다시 한 번 강조하지만 세례는 우리 죄가 씻긴다는 것을 가장 확실하게 보여주는 "표"입니다. 세례는 죄 씻음 자체가 아니라 죄 씻음에 대한 약속입니다.

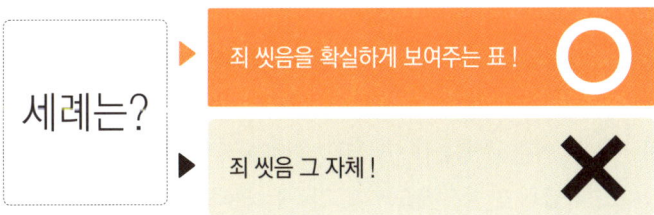

세례는 죄 씻음에 대한 약속!

세례는 죄 씻음 자체가 아니라 '죄 씻음에 대한 약속'이라는 이 구분은 유아세례를 제대로 이해하기 위해 매우 중요합니다. 만약 세례가 로마 가톨릭에서 이해하듯이 죄 씻음 자체라면, 유아도 죄 아래 태어나기 때문에 구원을 받기 위해서는 반드시 세례를 받아야 합니다. 단정적으로 말해서, 그들이 세례를 받지 못하고 죽으면 천국에 갈 수 없게 됩니다. 이런 생각 때문에, 천주교회는 응급상황인 경우 산파가 사제를 대신하여 아이에게 세례를 줄 수 있도록 허용하고, 물이 없을 경우에는 침이라도 사용해서 세례를 주도록 가르칩니다. 이런 것들은 죄 씻음 자체와 약속을 구분하지 못하는 데서 비롯한 미신입니다.

그러면 이런 의문이 생길 수 있을 것입니다. "세례가 죄 씻음 자체가 아니고 유아들에게 구원을 주는 것도 아니라면, 꼭 세례를 줄 필요가 없지 않을까?" 물론 세례가 유아들의 죄를 씻지는 않지만, 그렇다고 해서 유아들에게 세례를 주지 않아도 되는 것은 아닙니다. 왜냐하면 유아들에게도 죄 씻음에 대한 약속은 필요하기 때문입니다.

요리문답은 유아들이 세례를 받아야 하는 이유를 두 가지로 설명하고 있습니다. 그 중 하나가 바로 유아들에게도 "그리스도의 피에 의한 속죄와 믿음을 일으키는 성령이 약속되었"기 때문입니다. 베드로가 십자가의 복음을 설교하였을 때 수많은 사람들이 양심에 가책을 받아 "우리가 무엇을 해야 하는가?"라고 물었습니다. 그때 베드로는 회개하고 세례를 받아 죄 사함을 받으면 성령을 선물로 받게 되는데, 이 약속은 그들뿐만이 아니라 그들의 자녀들에게도 주어진 것이라고 설교하였습니다.(사도행전 2:37-39) 세례는 그들이 정말로 약속을 받았다는 것을 가시적으로 보여주는 표지인 것입니다.

사도 바울도 마찬가지로 베드로가 전한 동일한 복음을 전하였습니다. 바울이 빌립보에서 실라와 함께 복음을 전하다가 옥에 갇혔을 때, 지진이 일어나면서 옥문이 다 열리고 수갑과 착고가 다 풀렸습니다. 옥을 지키던 간수는 죄수들이 다 도망친 줄 알고 칼을 빼어서 자결을 하려고 했는데, 바울과 실라는 자신들이 여전히 그대로 있다고 다급히 안심시켰습니다. 간수는 놀라움에 떨면서 "내가 어떻게 하여야 구원을 얻을 수 있습니까?"라고 부르짖었고, 바울은 "주 예수를 믿으라. 그리하면 너와 네 집이 구원을 얻으리라!"고 담대히 말하였습니다.(사도행전 16장) 이 사건을 통해서 우리는 구원에 관하여 중요한 사실을 알 수 있습니다. 적어도 구원은 개인적인 것을 넘어서 가족적인 차원에서 이루어진다는 사실입니다. 세례는 이 사실을 가장 분명하게 보여주는 외적인 표지입니다.

약속으로서의 세례는 실체가 아닙니다. 그러나 그렇다고 해서 그것이 단지 공허한 예식에 불과한 것도 아닙니다. 우리는 약속으로서의 세례를 상속권에 비유할 수 있을 것입니다. 자녀들은 태어나면서부터 자신의 의지와 상관없이 부모의 재산을 상속을 받을 권리를 가집니다. 하지만 갓난아이 때는 그런 권리를 행사할 수 없으며, 실제로 부모의 재산을 누리지도 못합니다. [그럼에도 불구하고] 이 상속권은 아이에게 매우 중요한 영향을 미칩니다. 아버지가 가진 모든 것이 자신의 것이 될 것임을 상속권이 확실하게 보증하기 때문입니다.

언약의 표로서의 세례

비록 유아세례가 구원에 필수적이지는 않더라도 신자들의 자녀들에게 꼭 시행해야 할 또 하나의 이유는 유아세례야말로 그들의 정체성을 확증하기 때문입니다. 성경에 따르면 모든 인간은 아담 안에서 범죄하였습니다. 이것을 우리는 원죄라고 부릅니다. 따라서 한 아이가 출생을 하면 죄인 한 명이 더 태어난다고 보아야 합니다.

그렇다면 신자의 자녀들을 어떻게 보아야 할까요? 불신자와 똑같은 죄인이 한 명 더 증가한 것으로 보아야 하겠습니까? 그렇지 않다면 어떤 근거에서 아니라고 할 수 있을까요? 이 질문이야말로 유아세례와 관련된 핵심적인 질문이라고 할 수 있습니다.

74문은 유아들이 세례를 받아야 하는 이유 중 하나로 그들도 부모와 마찬가지로 "하나님의 언약과 교회에 속하였기" 때문이라고 답합니다. 그리고 좀 더 상세하게 설명합니다. "유아들도 언약의 표인 세례를 통하여 그리스도의 교회에 연합되고 불신자의 자녀와 구별되어야 합니다." 유아들 역시 하나님의 언약에 속하였기 때문에 그리스도의 교회에 연합되어있고 따라서 불신자의 자녀와 구별되어야 하는데 그 표가 바로 세례라는 것입니다. 여기서 우리가 주목하게 되는 것은 두 가지인데, 하나는 [언약]이고 다른 하나는 [교회]입니다.

여기서 우리는 언약이라는 말에 주의를 하게 됩니다. 하나님께서 인간과 특별한 교제의 관계를 맺으실 때, 각 개인별로 일대 일로 맺지 않으십니다. 하나님은 예수 그리스도를 먼저 선택하셨고 예수 그리스도께 속한 모든 자들과 유대관계를 맺으셨습니다. 우리는 하나님 앞에서 단독자로 존재하지 않고 그리스도의 지체로서 존재합니다. 그런데 이 언약관계에 있어서 신자의 자녀들도 포함된다는 것입니다. 여기에 대한 가장 중요한 사실을 우리는 아브라함의 예를 통해서 잘 알 수 있습니다. "내가 내 언약을 나와 너 및 네 대대 후손 사이에 세워서 영원한 언약을 삼고, 너와 네 후손의 하나님이 되리라."(창세기 17:7)

겉으로만 보면 신자의 자녀와 불신자의 자녀가 아무런 차이가 없습니다. 신자의 자녀라고 해서 그들이 불신자의 자녀들보다 더 예쁘다든지, 머리가 좋다든지, 건강하지 않습니다. 아직 어리기 때문에 행동에 있어서 차이를 보일 수도 없습니다. 그렇다면 우리가 우리의 자녀들을 뭔가 특별하게 보아야 할 이유가 전혀 없습니다. 그냥 부모로서 기본적인 의무만 다하고 신앙생활은 알아서 스스로 하도록 하면 될 것입니다. 그러나 하나님과 신자의 언약관계는 자녀에게까지 확대되기 때문에 우리의 자녀들은 불신자와 구별된 거룩한 자들입니다.

교회에 소속되었다는 것은 그리스도와 연합되었다는 것과는 조심스럽게 구분되어야 할 필요가 있습니다. 왜냐하면 그리스도와 연합되는 것은 오직 믿음으로만 가능한데, 유아들에게는 믿음이 없기 때문입니다. 그러나 교회에 속하였다는 것도 우리의 자녀들에게는 대단히 큰 복입니다. 무엇보다 그들은 교회 안에서 주의 교훈과 훈계로 양육될 것입니다. 세례를 통해서 약속을 받았기 때문에 말씀을 듣고 믿음을 가지게 되면 세례 때 받았던 그 약속(그리스도와의 연합)을 '실제로' 받게 될 것입니다.

자녀에게 주는 최고의 선물

유아세례야말로 부모가 자녀들에게 줄 수 있는 최고의 선물이라고 할 수 있습니다. 요즘 부모들이 자녀를 하나만 낳다 보니 지나치게 관심이 많습니다. 장난감이나 어린이 교육 교재에서부터 음식까지 최고로 잘 해주려고 합니다. 아이가 태어날 예정일에 맞추어서 온갖 것을 다 준비합니다. 그러나 정말로 중요한 것은 아이들의 영적인 성장입니다. 이것을 위한 첫 출발은 바로 유아세례입니다. 그렇다면 이 유아세례야말로 우리 자녀들에게 부모가 줄 수 있는 가장 큰 선물이라고 할 수 있을 것입니다.

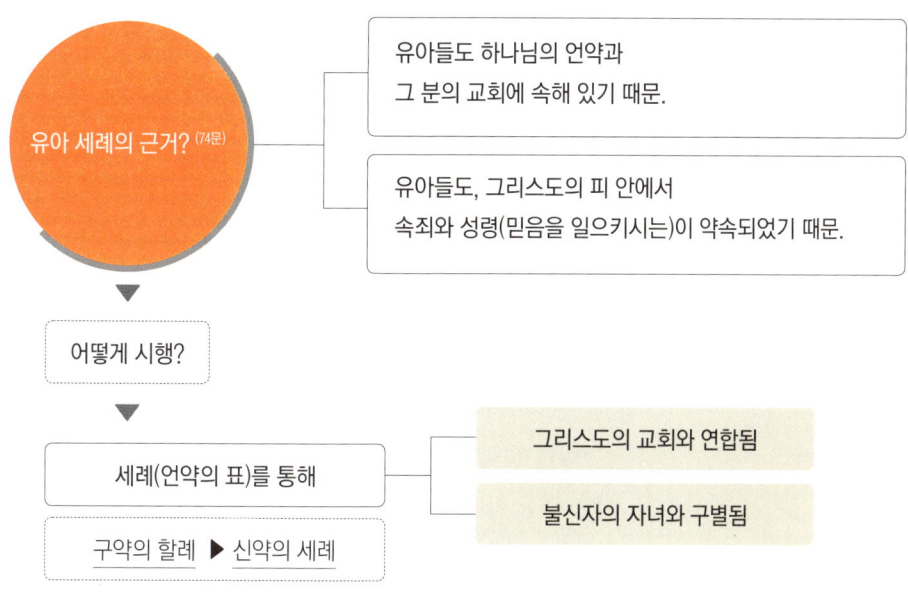

아이들을 무시해서는 안 될 이유

유아세례를 통해서 우리가 명심해야 할 사실은 유아들도 엄연히 그리스도의 지체라는 것입니다. 아무리 어려서 먹고 자고 우는 것 밖에 할 줄 아는 것이 없다 하더라도 그 아이는 우리 교회의 회원입니다. 따라서 아무리 어리더라도 우리는 그 아이들을 교회의 회원으로 소중히 여겨야 하겠습니다. 이 점에서 예수님은 모범을 보여 주셨습니다. 제자들은 어린이들이 오는 것을 꾸짖었으나, 예수님은 "그 어린 아이들을 불러 가까이 하시고" 이렇게 말씀하셨습니다. "어린 아이들이 내게 오는 것을 용납하고 금하지 말라 하나님의 나라가 이런 자의 것이니라"(누가복음 18:16)

오늘날 교회에서 어린이들이 무시되는 것을 종종 봅니다. 특별히 오늘날 어린이들은 예배에서 소외되어 있습니다. 어른들은 어린이들의 시끄러움과 미성숙을 용납하지 못합니다.

어린이들을 따로 내모는 것이 한국교회의 현실입니다. 하지만 예수님은 그들을 부르셨고 가까이 하셨습니다. 그렇다면 우리도 그들을 가까이 하고 관심을 가져 주어야 할 것입니다. 그들은 우리 교회의 회원이기 때문에 무엇보다 그들을 위해서 기도해야 할 것입니다. 왜냐하면 그들도 우리의 지체이기 때문입니다.

유아세례는 무엇보다 부모에게 강력한 의무를 요청합니다. 자녀 교육에 대해 깊이 생각해야 되는 것입니다. 세례를 받게 하는 것으로 부모의 의무가 끝난 것이 아닙니다. 유아세례를 받았다는 말은, 그 아이가 불신자의 자녀들과는 [다르다]는 것을 의미합니다. 그렇다면 이제 우리는 그들을 실제로 다르게 키워야 하는 것입니다. 세상 법이나 가치관이 아니라 하나님의 말씀으로 가르쳐야 합니다. 그들에게 믿음을 주는 것은 하나님만이 하실 수 있지만 그들로 하여금 말씀을 듣게 하고 기독교적 가치관을 심어주는 것은 부모의 신성한 의무입니다.

이 일에 대한 최종적인 책임은 부모에게 있지만, 물론 부모가 이 일을 전부 감당할 수는 없습니다. 교회의 목사는 이들에게 최선을 다하여 부지런히 말씀을 가르치고, 담당 교사들 역시 이 일에 협력하며 다른 성도들도 특별한 관심을 갖고 이들이 바로 서도록 도와야 합니다. 필요하다면 재정적인 지출도 감당할 준비가 되어 있어야 합니다.

"연령별로 나눠서 예배드리는 현실에 대해서도 생각해볼 점이 있습니다."

"그런 의미에서 본다면, 교회가 말씀 앞에서 순수한 교회로 바로 서기 위해서는 장기적인 계획으로 조그만 기독교 학교를 운영하는 것도 고민해봐야 할 주제일 것입니다."

아이들이 사망의 어려움을 당했을 때

유아세례는 아이들이 사망의 어려움을 당했을 때 부모에게 큰 위로가 됩니다. 그들은 어리기 때문에 믿음을 가질 수 없었습니다. 그렇다면 불신자들과 같이 지옥에 갔다고 해야 할까요? 그렇지 않습니다. 그들은 불신자와 다릅니다. 왜냐하면 [약속]을 가졌기 때문입니다. 하나님께서 주신 약속은 반드시 이루어집니다. 약속을 어기는 것은 하나님도 하실 수 없습니다. 따라서 비록 그들이 어려서 죽음에 이르더라도, 그들이 구원받는 것을 의심할 이유가 없습니다. 그래서 유아세례가 부모에게 가장 큰 위안이 되는 것입니다. 유아도 언약에 속해 있고, 죄 사함이 약속되어 있으며, 그리스도의 교회에 속해 있다는 그 사실... 이것이야말로 가장 크고 유일한 위안일 것입니다.

| 포토 에세이

태아를 잃어 슬픔에 잠긴 형제 자매를 위하여

수넴 여인 : 더 큰 소망을 주시는 하나님
(부제: 잠자리 들기 전 아내에게 한 설교)

"여인이 가로되 내가 내 주께 아들을 구하더이까 나를 속이지 말라고 내가 말하지 아니하더이까?" (열왕기하 4장 28절)

수넴 여인은 선지자(엘리사)에게 말한다. "내가 아들을 구하더이까? 나를 속이지 말라고 말하지 아니하더이까?" 수넴 여인의 질문은 핵심을 찌르는 질문이었다. 이 설교를 어린이들에게 말하면서 질문을 하였다. 목사님이 너희 중 하나에게 아주 좋은 선물을 주었다가 갑자기 다시 빼앗으면 목사님이 좋은 사람일까? 아니면 나쁜 사람일까? 아이들은 서슴없이 나쁜 사람이라고 대답하였다. 그러면, 하나님이 이 여인에게 아들을 주셨다가 다시 가져 갔으면 이 하나님은 좋은 하나님일까 아니면 나쁜 하나님일까라고 물었다. 아이들은 처음에는 나쁜 하나님이라고 말하더니 금방 좋은 하나님이라고 했다가 헷갈려 하기 시작하였다. 만약 하나님이 좋은 하나님이라면 왜 아들을 데려가셨을까?

하나님은 이 아들을 다시 살리심으로 그 여인의 질문에 대답하였다. 하나님은 그 아들을 다시 살리심으로 더 큰 소망을 주신 것이다. 하나님은 그녀에게 아들을 주심으로 생명의 소망을 주셨다면, 이번에는 부활을 통해 더 큰 소망을 주신 것이다.

하나님은 한 아기를 우리에게 주셨다. 그 아들은 오직 하나뿐인 아들이었다. 그런데 하나님은 그 아들을 다시 십자가에서 데려가시고 말았다. 우리는 왜 하나님이 데려가셨는지 그 이유를 안다. 사흘만에 다시 살리심으로 우리에게 더 큰 소망을 주셨기 때문이다. 우리는 그리스도의 부활을 통하여 더 큰 소망과 확신을 가지게 된다.

몇년 전 우리 가족은 이와 비슷한 경험을 했다. 하나님께서 생명을 주셨는데 그만 유산하고 만 것이다. 하나님께서 생명을 주셨다가 다시 가져가시고 말았다. 그것은 나에게, 특히 나의 아내에게 큰 슬픔이 아닐 수 없었다. 그런데 이번 주에 하나님은 우리에게 새로운 언약의 자손인 은송이를 주셨다. 이 은송이를 보면서 우리는 하나님께서 왜 지난번의 생명을 다시 가져가셨는지를 분명하게 알게 된다.

[나의 설교가 이 부분에 이르게 되자, 나의 아내는 갑자기 하염없는 눈물을 흘리기 시작하였다. 사실 솔직히 조금 당황하였다. 그러나 나는 안다. 이제 주의 말씀을 통하여 과거에 가졌던 아픔이 완전히 치유된 것이다. 이 글을 읽는 모든 사람과, 더 큰 소망을 주시는 하나님을 함께 나누고자 한다.]

| 에필로그

복음의 본질은 십자가입니다. 설교는 그 복음을 전하는 가장 효과적인 수단입니다.

은혜의 수단
참된 믿음을 주시는 수단

말씀 (복음의 설교)   **성례** (세례와 성찬)

그리고 성례는 이 복음을 우리에게 훨씬 더 충만하게 선언하고 확증합니다.

자, 그럼 세례를 받은 우리가 깨끗한 삶을 살기 위한 첫 걸음은 무엇일까요?

자신의 죄, 심지어 그 죄를 행하는 자신까지 미워하는 것입니다.

No more!

죄에 대해 죽은 자만이 하나님께서 요구하시는 율법의 의에 완전히 순종할 수 있기 때문입니다. (물론, 성령의 도우심으로!)

신자의 자녀들은 불신자의 자녀들과 처음부터 구별되어야 합니다.

세례는?
▶ 죄 씻음을 확실하게 보여주는 표!
▶ 죄 씻음 그 자체!

이 일이 구약에서는 할례를 통하여 이루어졌고, 신약에서는 세례로 제정되었습니다.

"그 때에 너희가 너희 악한 길과 너희 불선한 행위를 기억하고 너희 모든 죄악과 가증한 일을 인하여 스스로 밉게 보리라" (에스겔 36:31)

| 확인질문

질문을 읽고 답을 먼저 적어본 후, 참조 페이지를 열어 자신의 답과 비교해 보세요.

1. 오직 믿음으로만 우리가 그리스도와 그의 모든 은덕에 참여할 수 있습니다. 이 믿음은 구체적으로 누구에게서 오나요?

2. 신념이나 강한 의지를 참된 믿음과 어떻게 구분해야 할까요?

3. 참된 믿음을 주실 때, 성령 하나님께서 사용하시는 외적인 수단 두 가지는 무엇입니까?

4. 그리스도께서 신약에서 제정하신 성례는 몇 가지가 있습니까?

5. 세례의 물로 씻음이 곧 죄 씻음 자체입니까? 아니라면 무엇입니까?

6. 신자들의 자녀에게 유아세례를 꼭 시행해야할 이유는 무엇입니까?

7. 저자는 유아세례야말로 부모가 자녀들에게 줄 수 있는 최고의 선물이라고 이야기합니다. 여러분은 유아세례에 대해 예전에 어떻게 인식하고 있었습니까? 새롭게 깨닫고 개선할 점이 있으면 나누어 보세요.

8. 유아들과 어린 아이가 그리스도의 지체답게 자라갈 수 있도록 가정과 교회에서 우리가 할 수 있는 일에는 어떤 것들이 있을까요? 함께 나누어 보세요.

9. 이 단원이 앞에서 공부한 5단원의 "참된 믿음"과 어떤 관계에 있는지를 부록 마인드맵을 통해 전체 구조를 보면서 설명해봅시다.

숲보기

10. 참된 믿음, 지식, 신뢰, 말씀, 성례 등의 단어가 서로 어떤 관계인지를 간단한 '그림'으로 표현해보세요.

숲보기

1) p.256 2) p.258-259 3) p.260 4) p.264 5) p.270-273 6) p.275-276 7) p.276 8) p.277-278

| 역사 속으로

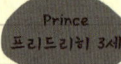
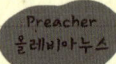
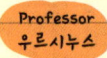

우르시누스 (Zacharias Ursinus 1534 - 1584)

우르시누스는 오스트리아 브레슬라우에서 태어났습니다. 루터의 종교개혁은 우르시누스가 태어나기도 전에 브레슬라우를 관통했고, 때문에 우르시누스는 어려서부터 자연스럽게 루터의 영향을 받고 개신교 신앙을 갖게 되었습니다.

우르시누스의 집은 가난했지만 부친의 직업이 가정교사였기 때문에 교육적으로 좋은 환경을 경험하고 부유한 사람들을 많이 만날 수 있었습니다. 그는 16살에 비텐베르크로 유학을 갔고, 여기서 루터의 친구이자 동료인 멜란히톤을 만나게 됩니다. 당대에 뛰어난 인문학자이자 신학자였던 멜란히톤은, 재능은 특출하지만 부끄러움이 많고 내성적인 우르시누스를 눈여겨보게 되었습니다. 53세의 멜란히톤은 어린 우르시누스와 함께 나이 차이를 뛰어넘어 동료이자 친구로서 우정을 나누었습니다.

우르시누스는 보름스와 독일, 프랑스, 스위스 등 종교개혁의 중심도시들을 돌며 종교개혁의 주요 인물들을 만나고 또 공부를 하며 개신교 신앙에 대한 연구를 계속 했습니다. 특히 제네바에서는 칼빈을 만나 교제를 나누기도 했습니다. 취리히에서는 하인리히 불링거와 이탈리아인 칼빈주의자였던 피터 마티어 버미글리 등의 종교개혁자들과 친분을 맺었습니다.

그는 유학을 마치고, 고향 브레슬라우에 돌아와 교사로 일했습니다. 하지만 성찬에 대한 그의 사상은 루터파와 달라, 극단적인 루터파로부터 의심과 추궁을 받기 시작했습니다. 논쟁과 비판을 좋아하지 않는 그는 결국 브레슬라우를 떠날 수밖에 없었습니다. 우르시누스는 일단 취리히로 거취를 옮겨 종교개혁자들과 함께 공부를 계속합니다.

얼마 되지 않아, 피터 마티어 버미글리는 프리드리히 3세로부터 하이델베르크의 신학교에서 일해 달라는 초청을 받게 됩니다. 하지만 나이가 많은 그는 이 초청을 거절하고, 대신 젊은 우르시누스를 추천합니다. 그리하여 우르시누스는 하이델베르크에서 일하게 됩니다.

우르시누스는 하이델베르크의 지혜 대학에서 설교와 강의하는 일을 맡았습니다. 그는 올레비아누스 및 다른 신학자들과 함께 하이델베르크 요리문답을 작성하고 프리드리히 3세를 도와 각종 규례와 성찬 예식을 새롭게 정비하는 등, 종교개혁 작업을 완성해 나가기 시작했습니다. 그는 요리문답을 작성하고 가르치는 일 뿐만 아니라 극단 루터파의 반대 의견과 공격을 방어하고 교리를 지켜내는 역할을 맡았습니다. 1577년 프리드리히 3세가 세상을 떠나고, 루터파를 지지하는 루트비히 6세가 제후의 자리에 오르면서 그는 더 이상 하이델베르크에 머무를 수 없게 됩니다. 다음 해, 그는 프리드리히 3세의 셋째 아들 요한 카시미르의 부름을 받아 노이슈타트로 떠나고, 거기서 말년을 보내며 가르치는 일과 연구를 계속했습니다. 그가 직접 작성한 하이델베르크 요리문답 해설서는 여러 나라 말로 번역되고 출판되어 하이델베르크 요리문답과 함께 진리의 불빛을 밝히 중요한 문서로서 역할을 하게 됩니다.

하이델베르크 대학 건물 (하이델베르크)

하이델베르크 대학에서 공부하던 모습

하이델베르크 대학의 강당이었던 Alte Aula 내부 모습, 그리고 벽면에 적힌 올레비아누스와 우르시누스의 이름 (하이델베르크)

헤슈시우스 : 극단적인 루터주의자로서 루터의 견해에서 어긋나는 것들을 강경하게 반대하고 소란을 피운 나머지, 프리드리히 3세 때, 결국 하이델베르크에서 쫓겨남

필립 멜란히톤 : 당대의 저명한 인문학자이자 종교개혁자. 성찬에 있어 루터가 아닌, 스위스 신학자들의 견해를 따름.

콜레기움 카시미리아눔. 요한 카시미르가 세운 학교로서, 우르시누스가 가르쳤던 곳. 위부터, 학교 전경, 실내, 건물 뒤편 (노이슈타트)

75~82문
그 신뢰의
수단(2)_성찬

상당 수의 교회들이 오랫동안 성찬에 대해 소홀했습니다. 일 년에 몇 번 하지도 않습니다. 가장 큰 이유는 성찬을 잘못 이해했기 때문입니다. 무엇보다 성찬을 예수님의 장례식이나 추도식 비슷하게 이해하다보니, 먹고 마시는 '천국 잔치'로서 성찬이 가지고 있는 성격을 거의 상실해 버렸습니다. 성찬은 무엇이며 어떤 놀라운 은혜가 담겨있는지 살펴보겠습니다.

성찬도 세례와 마찬가지로 성례입니다.
그러므로, 마찬가지로 '표'와 '인'이라는 기본적인 사실을 기억합시다.

75문: 그리스도께서 십자가 위에서 이루신 단번의 제사와
그의 모든 공효(功效)에
당신이 참여함을
성찬에서 어떻게 깨닫고 확신합니까?

답: 그리스도께서는 나와 모든 성도에게
  그를 기념하여
  이 뗀 떡을 먹고 이 잔을 마시라고 명령하시고
  또한 이렇게 약속하셨습니다.[1]
첫째, 주님의 떡이 나를 위해 떼어지고
  잔이 나에게 분배되는 것을
  내 눈으로 보는 것처럼 확실히,
  그의 몸은 나를 위해
    십자가에서 드려지고 찢기셨으며
  그의 피도 나를 위해
    쏟으셨습니다.
둘째, 그리스도의 살과 피의 확실한 표로서
  주님의 떡과 잔을
  내가 목사의 손에서 받아
  입으로 맛보는 것처럼 확실히,
  주님께서는
    십자가에 달리신 그의 몸과 흘리신 피로써
    나의 영혼을 친히
    영생에 이르도록 먹이시고 마시우실 것입니다.

**76문: 십자가에 달리신 그리스도의 몸을 먹고
그의 흘리신 피를 마신다는 것은 무슨 뜻입니까?**

답: 그것은 믿는 마음으로
　　　그리스도의 모든 고난과 죽음을 받아들이고
　　　이로써 죄 사함과 영원한 생명을 얻는 것이며,²
　　나아가서 그리스도 안에
　　　또한 우리 안에 거하시는 성령으로 말미암아
　　　우리가 그리스도의 거룩한 몸에
　　　더욱더 연합됨을 의미합니다.³
　비록 그리스도는 하늘에 계시고
　　　우리는 땅에 있다 할지라도⁴
　　　우리는 "그의 살 중의 살이요
　　　그의 뼈 중의 뼈"이며,⁵
　마치 우리 몸의 지체(肢體)들이 한 영혼에 의해 살고
　　　다스림을 받는 것처럼,
　　　우리도 한 성령에 의해서 영원히 살고
　　　다스림을 받습니다.⁶

---

1) 마태복음 26:26-28; 마가복음 14:22-24; 누가복음 22:19-20; 고린도전서 10:16-17; 11:23-25
2) 요한복음 6:35,40,47-54
3) 요한복음 6:55-56; 고린도전서 12:13
4) 사도행전 1:9,11; 3:21; 고린도전서 11:26; 골로새서 3:1
5) 창세기 2:23; 요한복음 14:23; 고린도전서 6:15,17,19; 에베소서 3:16-17; 5:29-30; 요한1서 4:13
6) 요한복음 6:57; 15:1-6; 에베소서 4:15-16; 요한1서 3:24

77문: 믿는 자들이 이 뗀 떡을 먹고
이 잔을 마시는 것처럼 확실히,
그리스도께서 그들을
그의 몸과 피로 먹이고 마시우겠다는 약속을
어디에서 하셨습니까?

답: 성찬을 제정하실 때 이렇게 말씀하셨습니다.[1]
"주 예수께서 잡히시던 밤에
    떡을 가지사 축사하시고 떼어 가라사대
    이것은 너희를 위하는 내 몸이니
    이것을 행하여 나를 기념하라 하시고,
식후에 또한 이와 같이 잔을 가지시고 가라사대
    이 잔은 내 피로 세운 새 언약이니
    이것을 행하여 마실 때마다
    나를 기념하라 하셨으니
너희가 이 떡을 먹고 이 잔을 마실 때마다
    주의 죽으심을
    오실 때까지 전하는 것이니라"(고린도전서 11:23-26)
바울 사도는 거듭 이 약속의 말씀을 하였습니다.
"우리가 축복하는 바 축복의 잔은
    그리스도의 피에 참여함이 아니며
    우리가 떼는 떡은
    그리스도의 몸에 참여함이 아니냐?
떡이 하나요 많은 우리가 한 몸이니
    이는 우리가 다 한 떡에 참여함이라"(고린도전서 10:16-17)

1) 마태복음 26:26-28; 마가복음 14:22-24; 누가복음 22:19-20

우리는 왜 성찬을 게을리 했을까?

성찬은 단순히 그리스도의 살과 피만을 보여 주는 것이 아니고, 그것이 가리키는 것들이 실제로 신자들에게 전해지는 은혜의 수단입니다. 이 점에서 우리는 성찬을 단순히 의례적인 행사로 생각해서는 안 될 것입니다. 그리고 정말로 성찬이 진정한 은혜의 수단이라면, 교회는 가능한 부지런히 성찬을 행해서 성도들이 진정으로 하나님의 은혜를 나눌 수 있도록 해야 합니다. 성찬은 주님께서 제정하시고 교회에 행하라고 명하셨다는 사실을 기억해야 하겠습니다.

이 점에서 한국교회는 대체로 주님의 명령을 순종하는 데 있어서 게으르다고 할 수 있습니다. 성찬을 행하여 나를 기념하라는 명령을 알면서도 갖가지 구실과 핑계를 댑니다. 매주 시행하는 것은 너무 번거롭다고 생각합니다. 찬양대는 꼭 있어야 한다고 생각하면서도 성찬은 없어도 된다고 생각합니다. 그러나 성찬은 예배에 오히려 필수적입니다. 주님의 살과 피를 나누지 않고서 어떻게 참된 예배를 드렸다고 할 수 있겠습니까? 성찬이야말로 교회 공동체의 본질이 무엇인지를 가시적으로 보여주는 것입니다.

성찬의 특징: 서로 나눔

요리문답은 성찬을 세례 다음에 다룹니다. 성찬과 세례의 관계를 먼저 살펴보겠습니다. 우선 세례와 성찬은 비슷한 점이 여러 가지가 있습니다. 두 성례 모두가 다 주님께서 제정하신 것입니다. 또한 두 성례는 우리 구원의 유일한 근거가 되는 것, 곧 예수 그리스도의 십자가의 제사와 관련되어 있습니다. 그러나 차이점도 있습니다. 세례는 개인에게 일평생 한 번만 시행되는 것에 반하여 성찬은 지속적으로 시행됩니다. 따라서 세례는 신앙을 고백하는 특정 개인에게 시행되지만 성찬은 세례에 참여한 모든 회원들에게 시행됩니다.

참조하기

69문.
그리스도께서
십자가 위에서 이루신
단번의 제사가

당신에게 **유익이 됨을**

거룩한 세례에서
어떻게 깨닫고 확신합니까?

75문.
그리스도께서
십자가 위에서 이루신
단번의 제사와
그의 모든 공효(功效)에

당신이 **참여함을**

성찬에서
어떻게 깨닫고 확신합니까?

이와 같은 차이 외에 우리는 보다 중요한 차이점에 주목할 필요가 있습니다. 세례와 성찬은 십자가의 제사가 우리에게 주는 은혜를, 다른 방식으로 전달합니다. 세례를 통해서 십자가의 제사 중생의 씻음을 전달한다면, 성찬을 통해서는 영적 영양분을 공급해 줍니다. 우리에게 두 가지 성례가 다 필요한 이유는 십자가의 제사가 지닌 풍성한 의미를 한 성례만을 통해서 우리가 다 이해할 수 없기 때문입니다.

세례를 통해서는 전달할 수 없는 가장 중요한 개념은 '교분(서로 나눔)'입니다. 우리 한글 요리문답의 질문에서는 "참여"라고 표현되어 있는데, 이 참여에 해당하는 독일어 원문은 "Gemeinschaft"입니다. 이 단어는 사도신경에 표현된 '성도의 교제'를 가리키는 용어이기도 합니다. 세례와 성찬에 대한 요리문답의 질문이 거의 같은데 이 단어가 성찬에만 사용됨으로 세례와 성찬의 차이를 분명히 보여 줍니다. 참여라는 단어만으로 이 개념을 나타내기에는 상당히 부족한 감이 있습니다. "서로 나눈다"는 의미에서 교분이라는 단어가 현재로서는 가장 적절하지 않나 생각을 합니다. 즉 십자가에서 이루어진 단번의 제사와 그분의 모든 좋은 것이 어떻게 우리의 것이 되는가, 성찬이 우리로 하여금 기억하게 하고 확신하게 하는 내용입니다.

세례에서 사용되는 물은 우리 몸 밖으로 그냥 흘러내릴 뿐입니다. 그 물을 거룩하다고 마시는 것도 아닙니다. 반면에 떡과 포도주는 그렇지 않습니다. 우리는 떡이 떼어지고 포도주가 부어지는 것을 보기만 할뿐 아니라, 그것을 받아 먹고 마셔야 합니다. **이 먹고 마시는 것이야 말로 그리스도와의 교분이 무엇인지를 가장 분명하게 보여 줍니다.**

중세 시대에 일반 신자들은 먹기만 하고 마시지는 못했습니다. 사제가 먹는 것을 구경만 하는 시대가 있었습니다.

주님의 명령은 다 중요합니다.

"이것을 행하여 나를 기념하라!", "이것을 받아서 먹어라!", "이것을 받아서 마시라!". 다른 무엇보다 우리가 성찬을 해야 하는 이유는 주님께서 명하셨기 때문입니다. 오늘날 많은 기독교인들은 주님의 명령 중에서 일부만을 좋아하는 경향이 많습니다. 어떤 교회는 "기도하라"를 강조하고 어떤 교회는 "전도해라"를 강조합니다. 선교단체도 마찬가지입니다. "제자를 삼아라!"는 무척 강조합니다. 그러면서 "세례를 주라!"는 명령에는 무관심한 이유를 모르겠습니다. 심지어 "이것(성찬)을 행하여 나를 기념하라!"는 말씀이 무슨 뜻인지도 제대로 모르는 경우가 많아 안타깝습니다.

성찬을 통해 우리는 무엇을 얻는가?

성찬을 행해야 하는 또 하나의 이유는, "이것은 너희를 위한 것이다!"라는 약속이 담긴 말씀이기 때문입니다. 이것은 요리문답에 따르면 다시 두 가지로 요약할 수 있습니다.

첫째 약속은 "그리스도의 몸이 나를 위해 찢기셨고, 그리스도의 피가 나를 위해 흘려지셨다"는 것입니다.

그리스도는 돌에 맞거나 화형을 당하여 돌아가시지 않았습니다. 십자가에서 돌아가셨습니다. 머리는 가시관에 찔렸습니다. 손과 발은 못에 박혔습니다. 허리는 창에 찔렸습니다. 머리와 손과 발에서 피가 흘렸으며, 창에 찔렸을 때에는 모든 피를 다 흘렸습니다. 찢겨진 몸과 흘려진 피, 이것은 무엇보다 그리스도의 죽음이 죄인을 위한 대속의 제물로 돌아가신 것임을 의미합니다. 그 죽음은 어떤 신념을 위한 자기희생도 아니고, 제자들을 위한 순교자의 죽음도 아니고, 억압받는 민중의 표상으로서의 죽음도 아닙니다. 오직 아버지께서 맡겨 주신 자들, 즉 복음을 받아들이고 회개하는 죄인들을 구속하기 위한 대속의 죽음이었습니다.

그런데 이것을 믿는 것만으로는 충분하지 못합니다. 그것은 아직 역사적 신앙에 불과하기 때문입니다. 2천 년 전 십자가의 죽음이 곧 '나를 위한 죽음'이라는 것까지 믿어야 합니다. 예수님께서 왜 돌아가셨는가? 정확한 대답은 "나의 죄" 때문입니다. 그렇다면 그것을 어디에서 가장 확신할 수 있을까요? 바로 성찬식에서입니다. 성찬식에서 우리는 눈으로 떡이 떼어지고 피가 쏟아질 뿐만 아니라 그것이 우리에게 분배되는 것을 눈으로 확실히 봅니다. 만약 이것에서 우리가 주의 죽으심이 우리를 위한 대속의 죽음이라는 것을 확신하지 못한다면, 다른 어떤 것에서도 확신을 가질 수 없을 것입니다. 따라서 성찬식에 참여하는 자들은 먼저 자신이 죄인이라는 것을 인정하고 그분의 대속을 필요로 하는 자입니다.

둘째 약속은 그리스도께서 우리를 위한 제물이 되심으로 우리에게 신령한 양식과 신령한 음료가 되셨다는 것입니다.

성찬식에서 신자들을 위해 떡이 떼어지고 포도주가 부어질 뿐 아니라 우리가 그것을 받아서 먹고 마셔야만 합니다. 우리는 눈으로 볼 뿐만 아니라 입으로 맛보게 됩니다. 이것을 통해 "주님께서는 십자가에 달리신 그의 몸과 흘리신 피로써 나의 영혼을 친히 영생에 이르도록 먹이시고 마시우신다."는 사실을 가장 분명하게 약속하십니다. 주님은 우리의 몸뿐만 아니라 영혼을 먹이시고 마시게 하는 목자이십니다. 성찬식을 통해서 그리스도께서 우리의 목자가 되신다는 사실을 가장 분명하게 경험하게 됩니다.

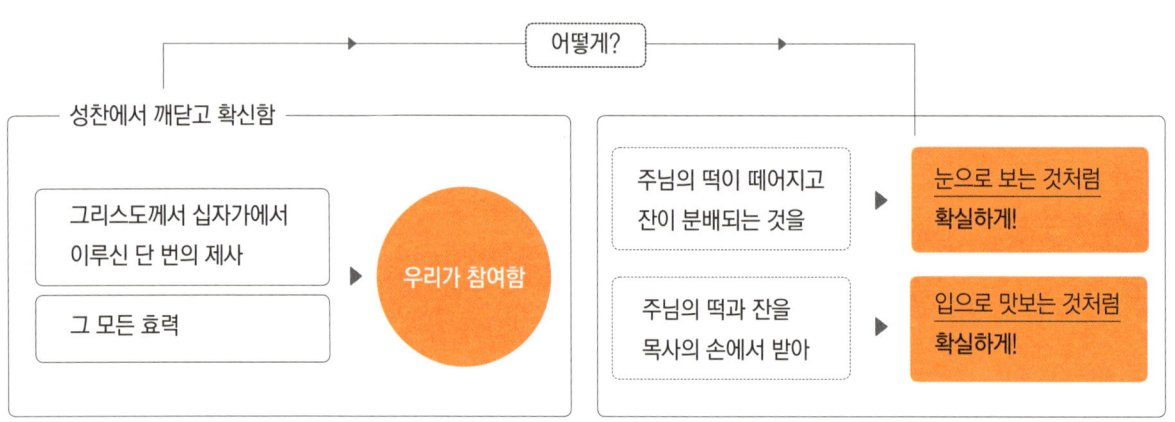

왜 꼭 목사의 손에서 받아야 할까?

여기서 한 가지 중요한 사실! 주님께서 이 일을 하늘에서 직접 하지 않으시고 자신의 종을 통하여 하신다는 사실입니다. 그래서 중요한 표현이 "목사의 손에서"라는 것입니다. 오늘날 이 표현에 대해서 거부감을 가지는 사람들이 점차 늘어가고 있습니다. "그냥 성도들끼리 모여서 성찬을 누릴 수는 없을까?" 이 점에서 우리는 오병이어의 사건을 생각할 필요가 있습니다. 예수님은 5000명이 먹을 양식을 쌓아 놓고, 먹고 싶은 사람이 와서 마음껏 먹도록 하지 않았습니다. 50명씩 혹은 100명씩 앉게 하시고 제자들을 통하여 먹게 하셨습니다. 성찬은 복음의 핵심으로 [눈에 보이는 말씀]이라고 할 수 있습니다. 따라서 이 일은 아무나 하는 것이 아니라 말씀의 봉사자인 목사가 해야 하는 것입니다.

"정답은 p.240을 참조하세요. ^^"

78문: 떡과 포도주가 그리스도의 실제 몸과 피로 변합니까?

답: 아닙니다.
　세례의 물이
　　그리스도의 피로 변하는 것도 아니고
　　죄 씻음 자체도 아니며
　　단지 하나님께서 주신 표와 확증인 것처럼,[1]
　주의 만찬의 떡도
　　그리스도의 실제 몸으로 변하는 것은 아닙니다.[2]
　성찬의 떡을 그리스도의 몸이라고 하는 것은[3]
　　성례의 본질을 나타내는 성례적 용어입니다.[4]

---

1) 에베소서 5:26; 디도서 3:5
2) 마태복음 26:26-29
3) 고린도전서 10:16; 고린도전서 11:26
4) 창세기 17:10-11; 출애굽기 12:11,13,26-27; 13:9; 24:8; 사도행전 22:16; 고린도전서 10:1-4; 베드로전서 3:21
5) 요한복음 6:51,53-55
6) 고린도전서 10:16
7) 로마서 6:5-6,8-9; 고린도후서 5:14

79문: 그렇다면 왜 그리스도는 떡을 그의 몸이라고 하시고,
잔을 그의 피
혹은 그의 피로 세우는 새 언약이라고 말씀하십니까?
또한 바울 사도도 왜
그리스도의 몸과 피에 참여하는 것에 대해 말합니까?

답: 그리스도께서 그렇게 말씀하신 데에는
　　　중요한 이유가 있습니다.
마치 떡과 포도주가
　　　육신의 생명을 유지시키듯이,
십자가에 달리신 그의 몸과 흘리신 피가
　　　우리 영혼을 영생으로 이끄는
　　　참된 양식과 음료라는 사실을
　　　가르치려 하셨습니다.[5]
더 나아가서 그리스도께서는
　　　눈으로 볼 수 있는 이러한 표와 보증으로써
　　　우리에게 다음을 확신시키려 하셨습니다.
첫째, 우리가 그리스도를 기념하면서
　　　이 거룩한 표들을
　　　육신의 입으로 받아 먹는 것처럼 실제로,
　　　성령의 역사(役事)에 의해
　　　우리가 그의 참된 몸과 피에 참여합니다.[6]
둘째, 그리스도의 모든 고난과 순종이
　　　확실하게 우리의 것이 되어,
　　　마치 우리 자신이 직접 모든 고난을 당하고
　　　우리의 죗값을 하나님께 치른 것과 같습니다.[7]

왜 떡을 몸이라고 부릅니까?

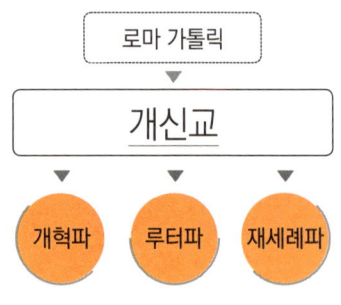

잡히시기 전날 밤 주님께서 성찬을 제정하실 때, 제자들에게 떡을 나누면서 "이것을 받아 먹어라. 이것이 내 몸이라"고 말씀하셨습니다. 이어서 잔을 나누면서 "이것을 마시라. 이것은 나의 피 곧 언약의 피니라"고 말씀하셨습니다. 무슨 뜻으로 말씀하셨을까요? 아쉽게도 성경에는 직접적인 부연설명이 없습니다. 교회 역사 속에서 이 말씀에 대한 해석이 달랐기 때문에 종교개혁 당시 로마 가톨릭과 개신교가 나뉘어졌고, 개신교 안에서도 개혁파와 루터파, 재세례파로 나뉘게 되었습니다. _(표 참조 : 성찬에 대한 잘못된 생각들, p.298)

요리문답 78~79문은 이런 교회사적인 배경을 알아야 보다 분명하게 이해할 수 있습니다. 질문은 다음과 같습니다. "떡과 포도주가 그리스도의 실제 몸과 피로 변합니까?" 이 질문은 로마 교회의 화체설을 염두에 둔 질문입니다. "이것이 나의 몸이다."라는 예수님의 말씀에 대한 하나의 해석이 바로 로마교회의 **화체설**인데, 그들은 이 말씀을 문자 그대로 받아들여서 떡이 문자 그대로 예수님의 몸으로 변한다고 주장하였습니다. 비록 떡의 외양은 그대로 남지만, 그 안에 있는 본질은 완전히 바뀌어서 그리스도의 몸으로 바뀌었다는 것입니다.

참조하기

이 화체설은 1215년 라테란 회의에서 로마교회의 공식 교리로 채택되었습니다

화체설과 반대로 재세례파 교인들 그리고 오늘날 대다수의 복음주의자들은 "이것이 나의 몸이다."라는 예수님의 말씀을 순전히 상징적인 의미에서 해석합니다. 그들에 따르면 떡은 떡일 뿐이고, 떡은 예수님의 몸을 가리킬 뿐입니다. 전혀 틀린 말은 아니지만 이러한 해석에 만족한다면 우리가 꼭 성찬의 떡을 '먹을' 필요는 없을 것입니다. 떡은 그리스도의 몸으로 인도하는 역할만 하기 때문입니다. 떡의 도움이 없더라도 믿음을 통하여 그리스도와의 참된 교제는 얼마든지 가능하기에, 굳이 성찬식을 자주할 필요도 없게 됩니다.

화체설을 따르게 될 때 우리는 떡과 잔 자체에 어떤 힘이 있다는 미신적인 생각을 하게 되고, 상징설을 따르게 될 때에는 떡과 잔의 중요한 역할을 무시하게 됩니다. 참된 교회는 이와 같은 양 극단적인 입장을 피하고 성경에 대한 올바른 관점을 추구합니다. 그것이 바로 [성례전적 의미]입니다.

성례전적인 의미란?

복습을 해봅시다. 세례를 다루는 72문에서 이와 유사한 질문을 다루었습니다. "세례의 물로 씻음이 곧 죄 씻음 자체입니까?"라는 질문에 요리문답은 단호하게 '아니오'라고 답을 하면서 "오직 예수 그리스도의 피와 성령만이 우리를 모든 죄에서 깨끗하게 합니다."라고 설명합니다. 78문에서도 이 사실을 다시 한 번 지적하면서 세례와 마찬가지로 성찬도 성례이기 때문에, 원문을 보면 "표(sign)"와 "인(seal)"이라는 사실을 강조합니다.

이와 같은 사실을 염두에 두고 두 가지를 생각해 봅시다. 만약 포도주가 정말로 주님의 피가 아니고, 떡이 정말로 그리스도의 몸이 아니라면, 성경에 나오는 그리스도의 몸과 피에 참여한다는 본문(예를 들어, 고린도전서 10:16~17)을 어떻게 이해해야 하겠습니까? 이것이 바로 79문의 질문입니다. 그 답은 [성례전적으로 해석해야 한다]는 것입니다.

성경에 나타난 여러 표현들은 문자적인 의미, 상징적인 의미, 성례전적인 의미로 다양하게 해석될 수 있습니다. 예를 들면 "나는 그리스도다."라는 표현은 문자 그대로 해석해야 합니다. 하지만 "나는 참 포도나무다."와 같은 표현은 상징적으로 해석해야 할 것입니다. 그런데 "이것은 나의 몸이다."라는 표현은 어떻게 해석해야 할까요? 문자적으로도 안 되고 상징적으로도 안 됩니다. 떡은 그리스도의 몸을 단순히 가리키기만 할 뿐 아니라, 그것이 가리키는 '영적 실체'를 제공하기 때문입니다. 이와 달리 포도나무는 그리스도와 제자의 관계를 비유만 할 뿐이고, 그 포도나무를 통하여 어떤 영적인 실체가 주어지는 것은 아닙니다.

참조하기

우리가 축복하는 바 축복의 잔은 그리스도의 피에 참여함이 아니며 우리가 떼는 떡은 그리스도의 몸에 참여함이 아니냐 / 떡이 하나요 많은 우리가 한 몸이니 이는 우리가 다 한 떡에 참여함이라 (고린도전서 10:16~17)

표(sign)로서의 성찬

우리 주님은 "떡과 포도주가 육신의 생명을 유지시키듯이, 십자가에 달리신 그의 몸과 흘리신 피가 우리 영혼을 영생으로 이끄는 참된 양식과 음료라는 사실"을 우리에게 가르치십니다(79문). 성찬에 사용되는 떡과 포도주는 아주 좋은 시청각 자료입니다. 떡을 우리의 생명을 지탱하고 포도주는 우리를 즐겁게 합니다. 마찬가지로 그리스도의 찢기신 몸과 흘리신 피가 우리 영혼을 지탱시키고 즐겁게 합니다. 성찬에서 사용되는 떡과 포도주는 [표]로서 이와 같은 사실을 너무나 잘 설명해 줍니다.

1. 화체설
(化體說: Transubstantiation)
빵과 포도주가 '실제로' 그리스도의 육체가 된다는 주장
로마 가톨릭

성찬에 대한 잘못된 생각들

2. 공재설
(共在說: Consubstaniation)
빵과 포도주에 그리스도의 몸이 함께 계시게 된다는 주장
루터파

3. 기념설
(記念說: Commemoration)
성찬은 단순히 그리스도의 죽으심을 기념하는 것일 뿐이라는 주장
츠빙글리

인(seal)으로서의 성찬

성찬을 표로서만 인정한다면 우리는 성찬을 상징으로 이해하는 그룹들과 본질적인 차이가 없습니다. 성찬은 표인 동시에 또한 [인]입니다. 표로서 성찬이 그리스도의 몸과 피가 우리를 위한 양식과 음료라는 것을 가르쳐 준다면, '인'으로서 성찬은 신자와 그리스도와의 친밀한 교제를 가능하게 합니다. 더 직접적으로 말하면, 그리스도의 모든 것이 우리 것이 되는 것입니다. 떡과 포도주가 우리를 살려주고 기쁘게 할 뿐만 아니라 우리 몸속에 들어와서 우리와 하나가 되는 것처럼, 성찬을 통하여 그리스도께 속한 모든 것이 우리의 것이 됩니다.

떡과 포도주가 우리 속에 들어와서 우리 것이 되었듯이, 그리스도의 고난과 순종도 확실히 우리의 것이 됩니다. 그 결과, 마치 우리 자신이 직접 모든 고난을 당하고 우리의 죗값을 하나님께 치른 것과 같게 됩니다. 더 나아가, 순종으로 그가 취하신 의도 마치 우리의 것인양 우리에게 돌려집니다. 그래서 영생을 '지금 여기서' 누리게 됩니다.

죽음은 죄로 인하여 하나님과의 교제가 단절된 것입니다. 생명은 단절되었던 교제의 '회복'입니다. 그리스도에서 고난과 순종으로 그 일을 해주셨습니다. 그래서 성찬의 잔은 축복의 잔(고린도전서 10:16)입니다. 사실 우리가 나누는 잔이 축복의 잔이 된 것은 그리스도께서 저주의 잔을 십자가에서 다 마셨기 때문입니다. 떡을 먹고 잔을 마신다는 것은 그분이 우리를 위해 성취하신 모든 복, 구체적으로 말하자면 죄 사함, 몸의 부활과 영생을 다 누린다는 것을 의미합니다.

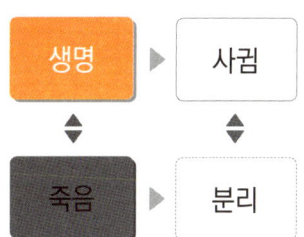

 |심화 학습

성찬에 있어 '참여'의 의미

[첫째, '실제로' 참여한다.] 이 사실은 아무리 강조해도 지나치지 않습니다. 성찬을 단순히 상징으로 이해하는 모든 견해를 거부해야 합니다. 여기서 '참여'에 해당하는 단어가 '코이노니아'인데, 앞에서 이것을 [교분]이라고 번역하는 것이 좋다고 설명했습니다.(p.290) 이것은 단지 내가 어떤 느낌을 갖는다는 의미가 아닙니다. 성찬은 추억의 결혼식 사진을 꺼내 보는 것과는 아주 다른 것입니다.

[둘째, 그리스도의 '참된' 몸과 피에 참여한다.] 상징이 아닌 실제 교제라고 한다면, 당연히 여기서 말하는 몸은 '참된' 몸과 피가 되어야 합니다. 이는 참 하나님이시고 참 인간이신 그리스도 그분 전체를 가리킵니다. 그분은 우리를 위해 찢기시고 피 흘리셨을 뿐만 아니라 이제는 하나님 보좌 우편에 앉아 계십니다. 따라서 성찬을 통한 그리스도와 성도의 교제는, [천상의 교제]라 할 수 있습니다.

[셋째, '성령의 역사'에 의해 일어난다.] 우리는 땅에 있고 그리스도는 하늘에 있습니다. 둘 사이는 너무나 멀기 때문에 서로 간의 교제는 불가능합니다. 바로 이것을 [극복]하게 하시는 분이 성령 하나님이십니다. 성령 하나님의 역사에 의해 하늘과 땅이 서로 만나 교제하는 것이 가능합니다. 솔직히 이것은 우리 머리로 이해할 수 없는 신비로운 사건입니다. 그렇다면 이런 신비를 어떻게 믿을 수 있을까요? 바로 성찬에 참여함을 통해 확신하는 것입니다.

[넷째, '우리'가 참여한다.] 성찬에 참여할 때 각 개인의 자격으로 하는 것이 아닙니다. 우리는 거룩한 성도가 되어 그리스도의 한 몸을 이루어서 참여하는 것입니다. [교회의 공동체성]을 가장 확실하게 경험하는 현장이 성찬입니다. 사도신경에서 "성도가 서로 교통하는 것을 믿습니다"라고 고백할 때, 그것을 실제로 경험하는 현장이 성찬인 것입니다.

성찬은 서로를 향한 사랑의 원천입니다. 만약 우리가 성찬을 통해 한 몸을 경험하면서도 실제로는 삶 속에서 서로를 향하여 무관심하다면, 어떻게 우리가 제대로 된 성찬을 했다 하겠습니까? 거꾸로도 마찬가지입니다. 아무리 교회가 분위기 좋고 서로 사랑한다 하더라도, 예배 속에서 주님의 살과 피를 나누지 않는다면, 그것은 일반 불신자들이 끼리끼리 모여서 서로 즐거워하는 것과 내용상 무슨 차이가 있겠습니까? 우리가 추구하는 교회는 성찬을 통해 주님께서 주시는 은혜로 서로를 사랑하면서 하나님 나라를 구현하는 곳입니다. 우리가 정말로 그리스도의 한 몸이라면, 최소한 주중에 서로를 위해 기도하는 시간이라도 반드시 가져야 하겠습니다.

| 포토 에세이

"즐거워하는 것"

개혁교회를 지향한다고 하면서 그 교회의 성도들에게 즐거움이 없다면 뭔가 심각한 문제가 있는 것이다. 아쉽게도 개혁교회를 지향한다고 하는 교회들을 보면, 하나님을 영화롭게 해야 한다는 당위와 의무만 강하게 존재하는 경우가 적지 않다.

우리는 하나님께서 주신 선물을 통해서 그분을 즐거워할 수 있다. 그 선물은 하나님으로부터 나오는 모든 것(영적/물질적)이다. 바울 사도에 따르면, 우리는 먹고 마시는 것을 통해서도 하나님을 영화롭게 해야 하는데, 먹고 마시는 것을 즐기지 않고 어떻게 하나님을 영화롭게 할 수 있겠는가?

80문: 주의 만찬과 로마 교회의 미사는 어떻게 다릅니까?

답: 주의 만찬은

첫째, 예수 그리스도께서 친히
  십자가 위에서 단번에 이루신
  유일한 제사에 의해
  우리의 모든 죄가
  완전히 사해졌음을 확증합니다.[1]

둘째, 성령에 의해
  우리는 그리스도에게 연합되었으며,[2]
  그의 참된 몸은 지금 하늘에 있고
  하나님 우편에서[3]
  우리의 경배를 받으심을 확증합니다.[4]

그러나 미사는

첫째, 그리스도가 산 자들이나 죽은 자들을 위해서
  사제들에 의해
  지금도 매일 드려지지 않으면,
  그리스도의 고난에 의해서는
  그들이 죄 사함을 받지 못한다고 가르칩니다.

둘째, 그리스도는
  떡과 포도주의 형체 속에서
  몸으로 존재하기 때문에
  그 속에서 경배를 받아야 한다고 가르칩니다.

그러므로 미사라는 것은 근본적으로
  예수 그리스도의 단번의 제사와 고난을
  부인하는 것이며
  저주받을 우상 숭배입니다.[5]

---

1) 마태복음 26:28; 누가복음 22:19-20; 요한복음 19:30; 히브리서 7:26-27; 9:12,25-28; 10:10,12,14
2) 고린도전서 6:17; 10:16-17
3) 시편 110:1; 마가복음 16:19; 골로새서 3:1; 히브리서 1:3; 8:1-2
4) 요한복음 4:23-24; 사도행전 7:55-56; 빌립보서 3:20; 데살로니가전서 1:10
5) 히브리서 9:26; 10:12,14

81문: 누가 주의 상에 참여할 수 있습니까?

답: 자기의 죄 때문에
　　자신에 대해 참으로 슬퍼하는 사람,
그러나 그리스도의 고난과 죽음에 의해
　　자기의 죄가 사하여지고
　　남아 있는 연약성도 가려졌음을 믿는 사람,
또한 자신의 믿음이 더욱 강하여지고
　　돌이킨 삶을 살기를 간절히 소원하는 사람이
　　참여할 것입니다.
그러나 외식 하거나
　　회개하지 않는 사람이 참여하는 것은
　　자기가 받을 심판을 먹고 마시는 것입니다.[6]

82문: 자신의 고백과 생활에서
　　　믿지 않음과 경건치 않음을 드러내는 자에게도
　　　이 성찬이 허용됩니까?

답: 아닙니다.
그렇게 되면 하나님의 언약이 더럽혀져서
　　하나님의 진노가 모든 회중에게 내릴 것입니다.[7]
그러므로 그리스도와 그의 사도들의 명령에 따라,
그리스도의 교회는
　　천국의 열쇠를 사용하여
　　그러한 자들이 생활을 돌이킬 때까지
　　성찬에서 제외시킬 의무가 있습니다.

---

6) 고린도전서 10:19-22; 11:28-29
7) 시편 50:16; 이사야 1:11-15; 66:3; 예레미야 7:21-23; 고린도전서 11:20,27-34

누가 성찬에 참여할 수 있습니까?

하이델베르크 요리문답 81문은 "누가 주의 상에 참여할 수 있습니까?"라고 묻는데, 바로 앞의 80문이 "주의 만찬과 로마 교회의 미사가 어떻게 다릅니까?"라는 것으로, 서로 상관이 없는 것 같이 보입니다. 그러나 실제로 이 두 질문은 밀접한 관계를 가지고 있습니다. 최소한 참된 성찬과 거짓 성찬을 분별할 줄 아는 사람이 주의 상에 참여할 수 있기 때문입니다.

고린도교회에서 벌써 주의 상을 제대로 분별하지 못한 사람들이 있었던 것처럼, 교회 역사 속에서도 그런 실수를 하는 경우가 적지 않았습니다. 주의 만찬을 제대로 분별하지 않으면 자신의 죄를 먹고 마실 수도 있습니다. 그렇기 때문에 아무런 생각 없이 주의 성찬에 참여하는 것은 은혜를 받는 길이 아니라 하나님의 진노를 쌓는 길입니다. 하이델베르크 요리문답은 로마 교회의 미사에 대해 매우 분명한 어조로 그것이 잘못된 행위라고 반대하고 있습니다.

이제부터 성찬과 미사가 어떻게 다른 것인지에 대해 자세히 살펴보겠습니다.

'미사'라는 말이 왜 그렇게 문제가 되나?

우리 신앙의 선배들은 로마 교회의 미사에 대해서 저주라는 용어를 사용하면서까지 강하게 거부하였습니다. 그 이유를 찾으려면 우리는 당연히 [미사]가 무슨 뜻인지부터 알아야 합니다. 그 뜻은 아주 간단합니다. 라틴어로 "해산"이라는 뜻입니다. 예배에 왜 그런 말이 필요했을까요? 그것은 초대교회의 예배를 잘 이해할 필요가 있습니다.

초대교회는 성찬식을 정회원만을 위해서 따로 드렸을 뿐만 아니라, 정회원이 아닌 사람은 아예 참석을 배제시켰습니다. 그래서 1부 예배가 끝나면 예배 인도자가 "해산"이라고 말합니다. 그러면 세례를 받지 않은 사람들은 예배실을 떠나고 정회원만 남아서 그 때부터 성찬식에 참여하였습니다. 그렇다 보니 라틴어를 몰랐던 일반 사람들은 그 '미사'라는 말을 성찬식의 시작을 알리는 말로 인식하게 된 것입니다. 따라서 미사라는 그 용어 자체는 별 문제가 없지만, 문제는 로마교회가 미사를 전혀 다른 방식으로 이해하였다는 것입니다. 그래서 개신교회는 별 의미가 없는 미사라는 말 대신에 보다 성경적인 용어인 '주의 만찬' 혹은 '성찬'이라는 단어를 사용하게 되었습니다.

그렇다면 주의 만찬과 미사는 어떻게 다를까요? 이것이 바로 80문이 묻는 질문입니다. 요리문답의 답을 참고해보면, 미사를 거부하는 궁극적인 이유는 그것이 "그리스도의 속죄 사역의 유일성을 부인하는 우상숭배"이기 때문이라고 합니다. 자세히 봅시다.

첫째, 미사는 성찬을 '제사'로 이해합니다.

종교개혁 당시 개신교와 로마교회가 격렬하게 논쟁하던 핵심 부분입니다. '성찬 논쟁'이라고 하면 보통 화체설을 떠 올리는데, 그렇지 않습니다. 화체설은 미사의 방식에 관한 논쟁일 뿐입니다. 더 중

참조하기

로마 가톨릭과 개신교의 차이는 건물 구조에서도 확연하게 드러납니다. 성당 건축물은 사제들이 예식을 행하는 공간이 강조되며 회중들의 공간과도 구분됩니다. 하지만, 개신교는 성도가 말씀을 듣도록 하는 것에 중점을 두어, 그런 구분을 없앴습니다. 종교개혁자들은 말씀이 제시하는 바대로 오랜 기간 이어져왔던 전통과 관습을 개혁한 것입니다.

좌 : 강단과 회중석으로 단순하게 구성된, 스코틀랜드의 개신교 예배당(세인트 앤드류스)
우 : 장식을 제거하고 실용적으로 지어진, 네덜란드의 17세기 예배당(암스테르담)

요한 것은 성찬의 [본질]에 관한 것입니다. 그들은 성찬을 제사로 이해하였고 이것을 설명하기 위해서 화체설을 고안한 것입니다.

미사가 제사라는 것은 무엇을 뜻할까요? 우리 죄가 용서받기 위해서는 반드시 제사가 있어야 합니다. 그래서 예수님께서 십자가에 달리심으로, 우리 죄를 위한 완전한 제사를 드리셨습니다. 여기까지는 로마교회와 우리가 동일한 입장을 취합니다. 참된 제사는 오직 그리스도께서 십자가에서 드린 제사 외에는 존재하지 않습니다. 문제는 그 다음입니다. 로마 교회는 예수님께서 십자가에서 드린 동일한 제사를 오늘날에도 우리의 죄 사함을 위해서 계속 드려야 한다고 주장합니다. 이 일을 바로 사제들이 미사에서 수행한다고 그들은 가르칩니다.

정 반대로, 우리는 성찬이 그리스도께서 단번에 이루신 제사로 우리 모든 죄가 이미 완전히 사해졌다는 것을 '확증'한다고 이해합니다. 성찬을 통해 죄가 사해지는 것이 아니라 죄가 이미 사해졌음을 확신하는 것입니다. 제사라는 것은 기본적으로 우리가 무엇인가를 드리는 것입니다. 성찬은 이와는 정 반대입니다. 우리가 주님으로부터 영적인 유익을 '받아' 먹는 식사입니다.

따라서 주님께서 십자가에서 모든 것을 다 이루셨는데, 그것을 또 다시 반복한다는 것은, 그리스도의 속죄 사역을 모독하는 것이 됩니다. 그것이 뭔가 부족했다고 말하는 것과 다를 바 없기 때문입니다. 그리스도의 속죄의 단번성이야말로 십자가의 제사와 구약의 제사가 근본적으로 서로 다르다는 것을 보여 줍니다.

둘째, 미사는 그 성격상 근본적으로 우상숭배입니다.

로마 가톨릭은 미사에서 떡과 포도주가 예수 그리스도의 살과 피로 바뀐다고 가르칩니다. 사제들은 떡 앞에서 무릎을 꿇어 경외심을 표현합니다. 물론 그들은 떡을 숭배한 것이 아니고 그리스도를 경배한다고 말할 것입니다. 그러나 우상숭배가 무엇입니까? 피조물을 하나님이라고 생각하면서 경배하는 것입니다. 광야에서 이스라엘 백성이 금송아지를 숭배했던 것을 생각해봅시다. 그들도 금송아지에 절하면서 자신들이 금송아지에 절한다고 결코 생각하지 않았습니다. 아론이 금송아지를 가리켜서 애굽에서 자기들을 이끌어낸 하나님이라고 설명했고, 따라서 백성들은 금송아지에게 절하면서 지금 자기가 하나님을 섬기고 있다고 생각했습니다. 그런데 이것이 바로 우상숭배입니다. 미사도 마찬가지입니다.

요리문답 80문은 그 이유를 정확하게 설명하고 있습니다. 무엇보다 그리스도의 몸은 하늘에 계십니다. 따라서 그리스도의 몸은 하늘에서 경배를 받아야 합니다. 더 나아가 성령 하나님에 의하여 우리는 하늘 우편에 계신 그리스도와 한 몸이 되었습니다. 그렇기에 떡 속에 있는 그리스도의 몸을 경배해야 한다고 주장하는 것은 불필요할 뿐만 아니라 그리스도의 구속사역, 특히 승천의 사역을 심히 욕되게 하는 것입니다. 미사는 하늘에 계신 그리스도를 다시 이 땅에 끄집어 내리는 행위입니다.

주님의 만찬에 참석할 자격

성찬과 미사가 어떻게 다른지 이제 분명히 알게 되었습니다. 그렇다면 성찬에 대한 바른 인식만 있으면 누구나 성찬에 참석할 수 있을까요? 그렇지 않습니다.

일반적으로 왕의 만찬에 참석하는 사람은 특별히 선택된 자들만 참석합니다. 주님의 만찬에도 특별한 자격이 요구되는데, 물론 세상 왕들의 잔치와 큰 차이를 보입니다. 일반적으로 왕의 잔치에는 소위 세상에서 잘 나가는 사람들이 참석합니다. 반대로 주님의 만찬에 참석할 수 있는 사람은 먼저 자신의 죄 때문에 자기 자신을 싫어하는 사람입니다. 바꾸어 말하면 자기 스스로 의롭다고 생각하면서 자신을 자랑스러워하는 사람은 성찬에 참석할 자격이 없다는 뜻입니다.

그러나 이것만으로 충분하지 않습니다. 여러분이 아주 근사한 연회에 초청받았다고 합시다. 다른 사람들은 다 옷도 잘 입고 잘 나가는 친구들도 데려오는데 자신은 볼품도 없고 옷도 촌스럽다고 생각해 봅시다. 아무리 그 식사에 가고 싶어도 가지 못할 것입니다. 뭔가 자신의 부끄러움을 감출 수 있는 것이 있어야, 그 연회에 참석할 용기를 갖게 될 것입니다. 주님의 식탁에 참석하는 사람은 그리스도 덕택에 자기 죄가 용서받았고, 더 나아가 자신의 연약함도 가려졌음을 믿는 사람입니다. 즉, 주님의 상에는 오직 믿음으로만 나아갈 수 있습니다. 더 나아가서 회개의 삶을 적극적으로 살려고 간절히 소망하는 사람이 나아갈 수 있습니다.

여기서 우리는 외식하는 사람과 회개하지 않는 사람을 구분할 필요가 있습니다. 인간은 하나님이 아니기 때문에 누가 위선자인지를 정확히 구별할 수 없습니다. 속으로는 하나님을 부인하지만 겉으로는 경건한 척 살아가는 사람을 어떻게 다 알아차릴 수 있겠습니까? 우리는 그런 사람을 가려내서 성찬에 참석하지 못하도록 금할 방법이 없습니다. 그러나 하나님께서는 그 사람을 알기 때문에 성찬을 통하여 심판을 베푸십니다. 외식하는 사람이야말로 하나님 앞에서 가장 가증스러운 사람이며 따라서 하나님의 진노를 피할 길이 없습니다.

이와는 달리, 회개의 삶을 보이지 않는 사람, 즉 '고백'과 '생활'에서 믿지 않음과 경건치 않음을 드러내는 자는 인간이 구별할 수 있습니다. 믿음은 보이지 않지만 고백은 보입니다. 고백이 올바르다 할지라도 삶이 고백과 정 반대로 간다면 그 고백은 거짓이라고 볼 수 있을 것입니다.

참조하기

웨스트민스터 대요리문답 172문.
자신이 그리스도 안에 있는지, 또는 합당한 준비가 되어 있는지 의심하는 자가 성찬에 참여할 수 있는가?

답. 자신이 그리스도 안에 있는지, 또는 합당한 준비가 되어 있는지 의심하는 자는 성찬의 성례에, 비록 아직 확신되지 못할지라도 그리스도에 대한 진실한 관심을 가질 수 있다. 그리고 하나님 보시기에 합당하다. 만약 그가 그리스도 안에서 발견되는 확신의 결핍의 우려와, 죄로부터 벗어나기 위한 거짓 없는 갈망에 충분히 영향을 받는다면, 그런 경우에 그는 자신의 불신앙을 애통하며 자신의 의심이 해결되도록 노력한다.(왜냐하면 약하고 의심하는 신자들조차 구조하기 위해, 약속되어 있고 이 성례[성찬]은 제정되어 있기 때문이다.) 그렇게 함으로써 그는 성찬에 참여할 수 있고, 참여해야 하며, 그럼으로써 그는 더욱 강화될 수 있다.

신자임에도 연약한 모습 때문에 성찬에 참여하기 꺼려질 때가 있습니다. 하지만 그럴수록 더욱 열심히 성찬에 참여해서 그리스도께서 주신 선물을 받아 누리고, 강건해질 수 있도록 은혜를 구하면 됩니다.

이렇게 자신의 불신과 불경건을 드러내는 자들에게는 어떻게 해야 할까요? 성찬을 허용해야 할까요? 이 경우에도 심판을 하나님께 맡겨야 하겠습니까? 그렇지 않습니다. 82문이 가르치듯이 "그렇게 되면 하나님의 언약이 더럽혀져서 하나님의 진노가 온 회중에게 내릴 것이기" 때문입니다. 이런 경우에는 그리스도와 사도들의 명령을 따라 [천국의 열쇠]를 이용하여 그러한 사람들이 회개할 때까지 성찬에서 제외시켜야 합니다. (천국의 열쇠에 대해서는 뒤에서 자세히 공부합니다.^^)

성찬이야말로 교회가 어떤 곳인지를 분명하게 보여 줍니다. 교회는 다른 무엇이 아닌 예수 그리스도를 전하는 곳입니다. 이 사명을 어떻게 감당할 수 있을까요? 성찬입니다. 교회는 성찬을 시행하는 데 힘써야 합니다. 성령께서 성찬을 통해 그리스도를 전하도록 역사하십니다.

아울러, 성찬은 진정한 복이 무엇인지 알게 합니다. 그리스도의 중보 사역으로 얻으신 그 모든 복이, 믿음으로 말미암아 우리 것이 됩니다. 성찬식에서 우리는 떡 그 자체를 보지 않고 우리 마음을 하늘에 계신 그리스도께로 들어 올립니다. 그리고 하늘에 속한 모든 복을 실제로 누립니다. 이것이 진정으로 성도가 누려야 할 신령한 복입니다.

 **심화** 학습

세례와 성찬, 다른 점과 같은 점

	세례	성찬
시행 횟수	단 한 번만	자주
수단	물	빵(떡)과 포도주
의미	표와 보증이 됨 우리의 거듭남과 그리스도께 접붙여졌음에 대한	그리스도를 표시하고 나타냄 영혼의 신령한 양식으로서 확증함 주 안에서 우리가 계속하여 자라남을
대상과 시기	유아에게도	오직 나이 들고(청소년 이후) 자신을 검토할 수 있는 능력을 가진 사람들에게만
같은 점	동일한 언약으로 인치심	
	복음의 사역자에 의해서만 시행 (그 밖의 누구에 의해서도 시행될 수 없음)	
	그리스도의 교회에서 계속 시행 (주께서 재림하실 때까지)	

| 역사 속으로

요리문답 80문에 얽힌 비하인드 스토리

지금까지 요리문답은 비교적 좋은 말투로 교리를 설명했습니다. 사용된 문체가 대단히 따뜻합니다. 그런데 80문은 어떤 느낌입니까? 아주 단호한 어조가 나옵니다. 미사와 성찬의 차이를 설명하면서 로마 가톨릭의 미사를 "저주 받을 우상숭배"라고 규정합니다.

그런데 이 표현은 하이델베르크 요리문답이 최초로 작성되었을 때는 존재하지 않았습니다. 즉, 나중에 의도적으로 첨가된 것입니다. 왜 그런 변화가 생겼을까요? 요리문답이 왜곡된 것일까요? 요리문답의 역사적 배경을 알 필요가 있습니다.

요리문답은 어느 날 갑자기 하늘에서 뚝 떨어진 것이 아닙니다. 구체적인 역사적 정황 속에서 거짓된 교리에 대항하기 위해 작성되었으며, 그렇다보니 변증적 성격을 강하게 가지고 있습니다. 1562년 9월에 로마교회는 트렌트 공의회를 통하여 제사로서의 미사에 대한 공식적 입장을 선포하면서 개신교회의 성찬교리를 완전히 부정했습니다. 로마교회의 미사를 인정하지 않는 자들에게 저주가 있을 것이라고 선언하였고, 이 입장은 오늘날까지도 그들의 공식적 입장입니다. 하이델베르크 요리문답이 처음 작성되었을 때(1563년 초) 로마교회의 이 입장은 잘 알려지지 않았습니다. 그러나 이 결정이 점점 세상에 알려지게 되자, 이 문제에 대해서 개신교계는 입장을 명확히 밝힐 필요가 있었습니다. 그리하여 80문답은 지금의 표현으로 최종 정리되었습니다.

하이델베르크 요리문답은 독일 남부지역의 교회를 하나의 신앙으로 연합하기 위해서 작성되었습니다. 이들은 개혁신앙을 고백하면서도 루터파 군주들의 동조를 얻어야 했기 때문에 로마 가톨릭 교회에 대한 분명한 입장을 표명해야 했습니다. 이런 점에서 보면, 요리문답은 순전히 신학적인 성격뿐만 아니라 정치적 성격도 지닌다고 할 수 있습니다. 요리문답을 오직 교리적인 관점에서만 보는 것은 잘못입니다. 물론 이런 정치적인 요소들을 너무 강조하여서 요리문답을 순전히 정치적 타협물로만 보는 것은 더 큰 잘못입니다. 하지만 그 당시에는 교회와 정치가 그렇게 분리된 시절이 아니었습니다. 세속적 정치가들의 협조가 없었다면, 우리는 요리문답의 혜택을 오늘날 누리지 못했을 것입니다. 만약 프리드리히 3세의 역할이 없었다면, 오늘날 우리는 하이델베르크 요리문답을 아예 만나지 못했을 것입니다.

* 더 깊은 이해를 위한 도서
-라일 비어마 외 3명,『하이델베르크 교리문답 입문』
-필립샤프,『신조학』

| 역사 속으로

그렇다면 우리는 오늘날 이러한 "저주받을 우상 숭배"와 같은 강한 표현을 어떻게 받아들여야 할까요? 혹시 너무 심한 것은 아닐까요? 17세기와 달리 오늘날은 이전과 같이 진리를 두고 싸우는 분위기가 아닙니다. 오히려 교회 간의 하나 됨을 강조하는 것이 현대 교회의 주 흐름입니다. 그렇다면 이런 표현은 이제는 좀 수정되어야 하지 않나 싶을 수도 있습니다.

하지만 여기서 조심해야 합니다. 사람과 사람의 개인적인 관계는 최대한 화평을 추구해야 하지만, 이런 정서가 본질적인 진리의 문제까지 확장되어서는 안 될 것입니다. 동시에 우리는 로마교회와 개신교회의 정죄를 구분할 필요가 있습니다.

로마교회는 "……라고 말하는 자들"을 정죄합니다. 즉, [사람]을 정죄합니다. 이와 반대로 요리문답은 [거짓된 교리]를 정죄합니다. 바른 교리를 수호하고 거짓 교리를 경계하는 데 목적이 있습니다. 따라서 우리는 요리문답의 방식을 존중하여, 누군가 거짓 교리를 주장한다고 해서 그 사람까지도 정죄하는 오류를 범하지는 말아야 하겠습니다.

"...그러므로 미사라는 것은 ... 저주받을 우상 숭배입니다."

프리드리히 3세는 이 문제로 황제에게 소환되어 종교재판까지 당합니다. 보통 사람들은 그렇게 권력자 앞에 "불려감"을 당하는 상황 속에서는 자신감이 떨어져서 소신을 굽히거나 약해지기 마련이지요. 그런데 프리드리히는 소신을 굽히지 않습니다. 이 교리가 "참된 믿음"이냐 아니냐의 매우 중요한 문제이기 때문에, 그는 담대하고 분명한 어조로 표현하기를 원했던 것입니다.

1562년 9월

로마 가톨릭

"로마교회의 미사를 인정하지 않는 자들에게 저주가 있을 것!"
– 트리엔트 공의회

──────── 1563년 1월 (하이델베르크 요리문답 초판)

──────── (2판)

"미사는.. 저주받을 우상 숭배!"
(선제후의 지시에 따라 80문 추가됨)

하이델베르크 요리문답

──────── (3판)

"미사는..........
저주받을 우상 숭배!"
(80문답 내용이 2배 늘어남)

하이델베르크 요리문답

──────── 1563년 11월 (4판)

1566년 5월

로마 가톨릭

너 고소 !!!
(이단으로 제소, 프리드리히 3세 소환!)

황제 앞에서 '자신이 지지하는 신앙고백의 목적과 원리를 설명하고, 성경적 근거로 반박, 양심을 거스르는 것보다 차라리 왕관을 벗을 준비가 되어 있다'고 담대히 밝힘 _ 프리드리히 3세

하이델베르크 요리문답

| 에필로그

우리는 [심방]의 목적도 잘 알아야 하겠습니다.

심방은 기본적으로 장로와 목사가 교인들의 형편을 부지런히 살피는 것입니다.

그러나 그 중에서도 중요한 목적은 성찬을 보호하는 것입니다.

성찬에 참석하도록 하는 것

평소 성찬을 받기에 합당한 생활을 하도록 권하고 성찬에 참석할 자격이 있는지 점검하는 것 등이 심방에 담긴 중요한 기능입니다.

이렇게 함으로써 하나님의 교회는 거룩한 언약 공동체를 튼튼히 유지합니다. 그런 **튼튼한 교회**가 **성찬이 주는 참된 기쁨**을 **지속적으로 풍성히** 누리는 것입니다.

| 확인질문

질문을 읽고 답을 먼저 적어본 후, 참조 페이지를 열어 자신의 답과 비교해 보세요.

1. 시행 횟수 면에서 세례와 성찬의 차이점은 무엇인가요? 왜 그런가요?

2. 그리스도의 몸이 나를 위해 찢기셨고, 그리스도의 피가 나를 위해 흘려졌다는 것을, 우리는 성찬식을 통해 어떻게 확인합니까?

3. 왜 우리는 성찬식 때, 떡과 포도주를 굳이 먹어야 할까요? 눈으로 보는 것만으로 충분하지 않나요?

4. 성찬은 왜 꼭 목사의 손에서 받아야 할까요?

5. 우리는 성찬을 통해, 떡과 포도주를 먹고 마시면서 하나님 우편에 앉아계신 그리스도의 참된 몸과 피에 '실제로' 참여하고 영적인 유익을 받아먹습니다. 이런 신비한 일이 어떻게 일어날 수 있습니까?

6. 로마 가톨릭의 미사처럼, 성찬을 제사로 이해한다면, 특별히 그리스도의 어떤 사역을 모독하게 될까요?

7. 불신과 불경건을 드러내는 자들, 돌이키지 않는 자들에게도 성찬을 베풀어야 할까요?

8. 성찬에 대해 새롭게 깨달은 점과 스스로 개선할 점이 있다면 나누어 보세요.

9. 하이델베르크 요리문답에서 성례에 대한 설명에 얼마나 많은 분량을 할당했는지 문답 수를 세어봅시다. 그리고 그렇게 한 이유는 무엇일까요? 생각해 봅시다.

> 숲보기

10. 이 단원에서 배운 내용이 요리문답 제 1문 유일한 위안과 어떤 관련이 있겠는지 생각해봅시다.

> 숲보기

1) p.289~290, 2) p.291, 3) p.292, 4) p.292, 5) p.295, 6) p.296, 7) p.300

| 역사 속으로

하이델베르크 요리문답이 작성되기까지. 하나님의 이끄심

- 프리드리히 3세
- 올레비아누스
- 우르시누스

(지도: 프랑스 오를레앙/브루쥬 대학, 제네바, 짐머른, 트리어, 하이델베르크, 베를레부르크, 취리히, 노이슈타트)

	1501~1550	1551~1560
프리드리히 3세	태어나다 (짐머른) 1515 브란덴부르크 제후의 딸 마리아와 혼인하다 1537	팔츠의 선제후가 되다 1559 성찬논쟁이 벌어지다 1560
올레비아누스	*올레비아누스와 프리드리히 3세가 처음 서로를 인식했던 시점이 참 드라마틱한 것 같아. 하나님의 섭리가 정말 놀랍다!* 태어나다 (트리어) 1536 프랑스 오를레앙과 브루쥬 대학으로 유학, 칼빈의 개혁신앙을 접하다 1550 *주저하던 칼빈을 강력하게 설득해서 스위스로 오게 만든 파렐. 올레비아누스에게도 트리어로 꼭 가라고 했네. 파렐의 역할이 새삼스럽게 흥미진진하네. ㅋㅋ*	대학에서 친구 헤르만 루트비히의 익사 사고를 겪다 1556 / 제네바에서 칼빈에게 배우다, 테오도르 베자와 친구가 되다 1557 / 취리히에서 피터 마터 베르미글리와 불링거에게 신학을 배우다 1558~1559 / 윌리엄 파렐의 강권을 받아 개혁신학을 전파하기 위해 트리어로 귀향, 교사가 되다/본격적으로 복음을 전하고 개혁의 바람을 불러일으키다, 곧 설교 중단 명령을 받다(8월)/투옥되다(10월)/석방되다(12월) 1559 하이델베르크 지혜의 대학에서 가르치다 1560
우르시누스	태어나다 (브레슬라우) 1534 비텐베르크에서 공부하고 멜란히톤과 친분을 맺다 1550-1557	비텐베르크에서 공부하고 멜란히톤과 친분을 맺다 1550-1557 / [멜란히톤과 여행] 보름스의 루터파 신학자들 간에 성찬 논의를 보다/하이델베르크를 방문하다 1557 / 멜란히톤의 추천으로 스위스 취리히에서 불링거와 베르미글리와 교제, 제네바에서 칼빈, 베자과 교제를 갖다 / 파리에서 히브리어를 공부하고 스위스 개혁신학자들과 교제하다 1557 / 브레슬라우로 귀향, 고전과 교리를 가르치다 1558 / 성례에 대한 명제를 쓰고 시의회의 격려를 받다 1559 / 강경한 루터파의 고소가 있고, 사표를 내고 고향을 떠나다 1560 / 스위스 취리히에서 불링거, 베르미글리와 교제하며 연구하다 1560~1561
종교사	*1559년은 정말 굉장한 사건들이 일어났구나! 유럽 전 영에서 개혁의 움직임이 동시에 일어나고 있었다니..* 존 칼빈, 태어나다 1509 존 칼빈, 기독교강요 초판 1536 존 칼빈, 제네바 요리문답 1541	아우크스부르크 평화협정 맺어지고, 슈말칼덴 동맹제국 내에서 루터교를 인정하다 1555 / 스코틀랜드에서 존 녹스가 장로교회를 세우다 1559 / 존 녹스, 스코틀랜드 신앙고백서 1560 / 프랑스의 개신교도들이 첫 종교회의를 열다 1559 / 제네바에서 존 칼빈이 학교를 세우고, 기독교강요의 마지막 개정판을 펴내다 1559 / 네덜란드에서 '침묵의 빌헬름'이 스페인 세력을 몰아내기 위한 서약을 하다 1559

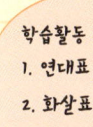

학습활동:
1. 연대표 위에 각 인물의 나이를 적어 보세요. 깜짝 놀라실지도 몰라요. ^^
2. 화살표의 숫자를 따라 연필로 따라 그리면서, [역사 속으로]에서 읽었던 세 인물의 인생 여정을 다시 한 번 떠올려 보세요. 그리고 하나님의 섭리에 대해 느낀 점을 서로 나누어 보세요.

헤르보른

비텐베르크

브레슬라우

1561~1570	1571~1580	1581~1600
하이델베르크 요리문답 작성 및 보급으로 황제에게 소환되다 1566	세상을 떠나다 1576	
하이델베르크 요리문답 작업에 참여하다 1562 하이델베르크 요리문답을 출판하다 1563	하이델베르크를 떠나 베를레부르크에서 활동하다 1577	개혁신앙의 중심지로 떠오르는 헤르보른으로 옮겨, 가르치기 시작하다 1584 세상을 떠나다 (헤르보른) 1587
하이델베르크 지혜의 대학에 부임하다 1561 하이델베르크 요리문답 작업에 참여하다 1562 하이델베르크 요리문답을 출판하다 1563	혼인하다 1573 요한 카시미르의 초빙에 응하여, 노이슈타트의 콜레기움 카시미리아눔으로 옮겨, 가르침과 연구를 계속하다 1578	세상을 떠나다 (노이슈타트) 1583
귀도 드 브레, 벨기에 신앙고백서 1561 존 칼빈, 세상을 떠나다 1564	요한 카시미르가 콜레기움 카시미리아눔을 세우다 1578	루트비히 6세가 세상을 떠나다 1583 올레비아누스의 모친 안나가 헤르보른으로 가다 1588 모친 안나가 세상을 떠나다 1596

헤르보른의 호헤슐레는 당시에 공식 학교로 인정받지 못했대. 졸업을 해도 사회에 나가 사용할 수 없는거지. 그런데도 각지에서 개혁신앙을 배우려는 학생들이 몰려 들었대. 학문의 발전은 물론이고, 자연스럽게 인쇄 출판과 도서보급이 활발하게 이루어졌대.

83~85문

그 신뢰의 수단⁽³⁾_설교와 권징

우리는 참된 믿음에 대해 계속 공부하면서, 그 두 가지 요소 "확실한 지식과 굳건한 신뢰"를 차례대로 살펴보고 있습니다. 그리고 그 중에서 두 번째 요소인 "굳건한 신뢰"를 위한 두 가지 중에서 먼저 "성례의 시행"에 대해 오랜 시간 공부했습니다. 이제 나머지 부분인 "복음의 강설"에 대해 공부하면 상권을 다 마치게 됩니다. 마지막까지 힘내세요!

이 단원은 그 첫 줄을 "천국의 열쇠"라는 표현으로 시작합니다(83문). 어디서 갑자기 나타난 표현일까요?

바로 앞 단원 82문의 답변 중에 "천국의 열쇠"라는 표현이 나왔던 것을 기억하셨다면, 정말 훌륭하십니다! (p.303 참조) 이렇게 요리문답은 앞 뒤 문맥을 보는 것이 중요합니다. 그래야 새로운 개념을 만날 때 당황하지 않고 체계적으로 이해하며 읽어나갈 수 있습니다.

83~85문. 말씀과 권징

83문. 천국의 열쇠는 무엇입니까?
답. 거룩한 복음의 설교와 교회의 권징입니다. 이 둘을 통해 천국이 신자들에게는 열리고 불신자들에게는 닫히는 것입니다.

84문. 어떻게 천국이 거룩한 복음의 설교에 의해 열리고 닫힙니까?

85문. 어떻게 천국이 기독교 권징에 의해 닫히고 열립니까?

그 동안 성례와 말씀/권징의 순서가 왜 바뀌었을까 궁금했는데(참고 p.255), 여기에 힌트가 있습니다. 설교와 권징에 대해 이야기하려면 [천국의 열쇠]라는 개념을 소개해야 하는데, 이것을 말하기 위해 먼저 성례를, 즉, [성찬에 참여하는 자를 정하는 권한]을 설명하는 것이 자연스럽다고 판단했던 것으로 보입니다. 여러분의 생각은 어떠신지요? 함께 공부하는 분들과 이야기 나눠보세요. ^^

| 현재 위치 점검

자, 지금까지 하이델베르크 요리문답의 전체적인 흐름을 보시면서 어떤 특징이 있다고 느끼십니까? 힌트는 역시 21문으로 돌아가서 살펴봐야 합니다. 앞에서 "참된 믿음"을 정의하는 방식이 어떠했을까요?

"참된 믿음은 ....

곧 순전한 은혜로,
오직 그리스도의 공로 때문에
하나님께서 죄 사함과 즉 영원한 의로움과 구원을
〈다른 사람 뿐 아니라 나에게도 주심〉을,
믿는 것입니다."

"다른 사람에게 뿐만 아니라 나에게도 주시다"…. 무심코 읽으면 간과하기 쉬운 문장입니다. 하이델베르크 요리문답은 계속해서 "우리"라는 단어를 씁니다. 제 7문, 아담의 대표성에 대한 언급이 있은 후부터 등장하는 "우리"라는 표현은, 이후로 계속해서 등장합니다. 그래서 이 책에도 "우리"라는 단어가 굉장히 많이 반복됩니다. 특히 2부 후반부에서는 이 단어는 주로 [교회]의 맥락에서 사용되고 있습니다. 여기 "나에게도 주시다"라는 말이 굳이 들어간 것은, 기본적으로 다른 사람이 전제된 상태에서 하는 말입니다.

신앙이 성숙과 굳건한 신뢰를 위해서는 바른 교회에 속하여 자라나는 것이 필수적입니다. 혼자서 좋은 설교 듣고 좋은 책을 읽으며 신앙생활을 잘할 수 있다고 하는 것은 위험하고 어리석은 생각입니다. 그래서 우리는 [바른 교회의 표지]에 주목해야 합니다.

참된 교회의 세 가지 표지

| 말씀의 바른 선포 | 성례의 바른 집행 | 권징의 바른 시행 |

바른 교회의 표지 바른 교회란 어떤 교회일까요? 이것을 또 하나의 유명한 신앙고백인 "벨기에 신앙고백서"에서는 그림과 같이 분명하게 표현하고 있습니다.

83문: 천국의 열쇠는 무엇입니까?

답: 거룩한 복음의 강설과 교회의 권징인데,
　　이 두 가지를 통하여
　　　　믿는 자에게는 천국이 열리고
　　　　믿지 않는 자에게는 닫힙니다.[1]

**84문: 거룩한 복음의 강설을 통하여
　　　　어떻게 천국이 열리고 닫힙니까?**

답: 그리스도의 명령에 따라,
　　하나님께서 그리스도의 공로 때문에
　　　　사람들이 참된 믿음으로
　　　　복음의 약속을 받아들일 때마다
　　　　참으로 그들의 모든 죄를 사하신다는 사실이
　　　　신자들 전체나 개개인에게
　　　　선포되고 공적(公的)으로 증언될 때,
　　　　천국이 열립니다.
　　반대로 그들이 돌이키지 않는 한
　　　　하나님의 진노와 영원한 정죄가
　　　　그들 위에 머문다는 사실이
　　　　모든 믿지 않는 자와 외식하는 자에게
　　　　선포되고 공적으로 증언될 때,
　　　　천국이 닫힙니다.
　　이러한 복음의 증언에 따라서
　　하나님께서는
　　　　이 세상에서와 장차 올 세상에서
　　　　심판하실 것입니다.[2]

---

1) 마태복음 16:18-19; 18:15-18
2) 마태복음 16:19; 요한복음 3:34-36; 20:21-23

85문: 교회의 권징을 통해서 어떻게 천국이 닫히고 열립니까?

답: 그리스도의 명령에 따라,
　　그리스도인의 이름을 가진 자가
　　　　교리나 생활에서 그리스도인답지 않을 경우,
　　　　먼저 형제로서 거듭 권고할 것입니다.
　　그렇지만 자신의 오류나 악행에서
　　　　돌이키기를 거부한다면,
　　　　그 사실을 교회
　　　　곧 치리회(治理會)에 보고해야 합니다.
　　그들이 교회의 권고를 듣고도 돌이키지 않으면,
　　　　성례에 참여함을 금하여
　　　　성도의 사귐 밖에 두어야 하며,
　　하나님께서도 친히 그들을
　　　　그리스도의 나라에서 제외시킬 것입니다.³
　　그러나 그들이 참으로 돌이키기를
　　　　약속하고 증명한다면,
　　　　그들을 그리스도의 지체(肢體)와 교회의 회원으로
　　　　다시 받아들입니다.⁴

---

3) 마태복음 18:15-18; 고린도전서 5:3-5,11; 데살로니가후서 3:14-15; 디모데전서 5:20; 요한2서 10-11
4) 누가복음 15:20-24; 고린도후서 2:6-8

'권위'에 대해 꼭 배워야할까?

이제 요리문답은 [교회의 권위]에 대해 설명합니다. '권위'라는 주제는 오늘날 별로 인기가 없는 것입니다. 특히 젊은이들은 그 말 자체를 좋아하지 않습니다. 억압이라는 단어를 연상하고, 자유에 대한 침해로 이해합니다. 자유가 절대적인 가치를 가지고 있는 현대 사회에서 권위를 이야기하는 사람은 시대에 매우 뒤떨어졌다고 간주됩니다.

이러한 반감은 충분히 이해가 됩니다. 권위를 가진 사람들이 그동안 제대로 권위를 행사하지 못한 탓이 큽니다. 한국은 오랜 기간 권위주의 시대를 살아왔습니다. 아직도 성숙한 민주주의는 완성되지 않았습니다. 교회의 경우는 더욱 심합니다. 수많은 목사들이 최악의 권위주의를 보여주고 있습니다. 어떤 담임 목사들은 자신이 시무하고 있는 교회에서 거의 제왕에 가까운 삶을 살고 있습니다.

이런 현실 속에서 교회의 권위를 이야기하는 것은 뭔가 부적절해 보입니다. 오히려 권위주의를 타파하는 설교를 하는 것이 필요한 일이란 생각도 듭니다. 그러나 교회의 수많은 부조리들은 교회의 권위가 올바로 사용되지 않았기 때문에 발생한 것입니다. 그렇다 보니 교회의 권위에 대해서 온갖 잘못된 이해와 교훈들이 성도들의 사고방식에 자리 잡게 되었습니다. 우리는 교회의 참 권세가 무엇인지, 그리고 그 권세가 어떤 유익을 주는지를 요리문답을 통해 깨달아야 합니다.

천국의 열쇠로 무엇을 열 수 있을까?

예수께서 빌립보 가이사랴 지방에 가셨을 때(마태복음 16:13-20) 제자들에게 질문하셨습니다. "너희는 나를 누구라 하느냐?". 이때 사도 베드로는 아름다운 고백을 합니다. "주는 그리스도시요 살아계신 하나님의 아들이시니이다." 이 대답을 듣고 주님은 "바요나 시몬아, 네가 복이 있다. 이를 네게 알게 하시는 이는 혈육이 아니요, 하늘에 계신 내 아버지이시다."라고 칭찬하셨습니다. 더 나아가 "너는 베드로라. 내가 이 반석 위에 내 교회를 세우리니 음부의 권세가 이기지 못하리라." 또한, "내가 천국의 열쇠를 네게 주리니, 네가 땅에서 무엇이든지 매면 하늘에서도 매일 것이요, 네가 땅에서 무엇이든지 풀면 하늘에서도 풀리리라."고 말씀하셨습니다.

이 대화 속에 [천국의 열쇠]라는 말이 등장합니다. 열쇠는 권세를 상징합니다. 열쇠를 가지고 있으면 열쇠를 통해서 들어가려고 하는 대상에 대한 절대적인 소유권을 갖게 됩니다. 어느 누가 아파트 한 채를 선물로 주려고 한다면, 아파트를 들고 와서 건네 줄 수는 없으니까 상징적으로 아파트 열쇠를 건네줍니다. 이와 유사하게 옛날 왕들은 자신의 국고를 열고 닫는 큰 열쇠를 어깨에 얹고 다녔습니다. 예를 들어 이사야서 9장 6절에 따르면, 오실 메시야는 그 어깨에 정사를 멨습니다. 이것을 염두에 둔다면, 예수님은 지금 하나님 나라의 왕으로서 어떤 중요한 역할을 하고 계시는 것입니다. 이 열쇠는 하늘의 문을 여닫는 대단한 권세인데, 지금 그 열쇠를 다른 사람에게 맡기고 계십니다.

그러면 그 열쇠를 맡은 자가 [누구]입니까? 문제는 이것입니다.

로마 가톨릭 교회는 이 열쇠가 문자 그대로 베드로에게만 전달되었다고 주장합니다. 그들은 베드로가 주님께 받은 열쇠를 다시 자신의 후계자에게 주었고, 그 후계자가 바로 전 세계 교회의 우두머리인 교황이라고 가르칩니다. 물론 근거가 하나도 없는 설에 불과한데, 그들은 이 교리를 더욱 발전시켜 결국에는 종교개혁의 시발점이 된 면벌부(혹은 면죄부) 교리를 만들어 냈습니다. 그들에 따르면, 순교자들처럼 이 세상에서 엄청난 선을 행한 사람들은 자신들의 잉여 공로를 하늘 창고에 쌓아 둡니다. 그 보물창고에 공로가 어느 정도 쌓이면 문을 열어서 연옥에 있는 영혼들을 위해 은혜를 베풀 수 있게 되는데, 그 일을 그 문의 열쇠를 가지고 있는 교황이 맡아서 행한다는 것입니다. 이것이 면벌부의 근거입니다.

로마 교회가 아닌 동방교회나 성공회는 이 천국의 열쇠가 사도들의 '대표'인 베드로에게 전달되었다고 주장합니다. 즉 베드로는 개인이 아니라 사도들의 대표로 열쇠를 받았기 때문에 모든 사도들이 이 열쇠를 함께 갖게 되었다는 것입니다. 그 결과 오늘날 그들의 후계자들, 즉 '주교'가 이 열쇠의 권한을 가지고 있다고 주장합니다. 반대로 우리들은 비록 예수님이 그 당시에는 사도들에게 주었으나 오늘날에는 사도나 그들의 후계자가 존재하지 않기 때문에 그 열쇠는 '교회'에 전달된 것으로 주장합니다. 바로 전에 예수님은 베드로를 통하여 교회를 세울 것을 말씀하셨습니다. 그렇기 때문에 이 열쇠도 결국에는 교회에 속한 것으로 이해하는 것이 자연스럽습니다.* 동방교회, 성공회에 대해서는 p.77을 참조하세요. ^^

	로마 가톨릭	동방교회, 성공회	개신교
위임에 대한 해석	베드로에게만(사람)	사도들(사람)	같은 신앙을 고백한 사도들의 모임(회)
열쇠권	교황	주교	회 (당회, 노회, 총회)

종교개혁이 이룬 위대한 성과 중의 하나는, 이 열쇠가 개인에게 주어지지 않고 교회(또는 치리회)에 주어졌다고 이해하기 시작하였다는 것입니다. 앞에서 언급하였듯이 열쇠가 어떤 한 고위 성직자에게 주어졌다고 이해하면, 그 한 사람에 의해 전적으로 교회가 통제될 수밖에 없습니다. 그러면 독재가 이루어질 것이고 거기서 교회의 모든 악이 흘러나오게 됩니다. 여기에 반하여 종교개혁가들은 교회가 '한 사람'이 아니라 '회'에 의해 다스려지도록 했습니다. 예를 들면, 지교회는 목사와 장로가 협력하는 당회에 의해, 지역교회들의 모임은 노회에 의해, 국가 전체 교회의 모임은 총회에 의해 다스려지도록 했습니다. 그래서 교회의 권세가 한 사람에 의해 남용되지 않도록 했습니다.

천국의 열쇠 : 설교와 권징

천국의 열쇠가 도대체 무엇일까요? 요리문답은 그것을 두 가지로 정리하고 있습니다. 하나는 복음의 설교이고, 다른 하나는 교회의 권징입니다. 즉, 하나님의 복음이 선포되고 교회의 권징이 신실하게 시행될 때 믿고 회개하는 자들에게는 천국 문이 열리고 그것을 거부하는 자들에게는 천국 문이 닫힙니다. 바로 이런 측면에서 신학자들은 "교회 밖에는 구원이 없다"는 표현을 합니다.

이 명제는 제대로 이해하지 않으면 오해를 받을 수 있습니다. 로마 가톨릭 교회는 자신만이 참 교회이기 때문에, 그리고 교회와 구원을 동일하게 보기 때문에, 자기 교회의 문 안에 들어오지 않으면 아무도 구원받지 못한다고 가르칩니다. 그들은 그런 의미에서 "교회 밖에는 구원이 없다"는 말을 잘못 이해하고 있습니다.

복음이 선포될 때 무슨 일이 일어날까?

우선, 교회 밖에는 구원이 없다는 말은 교회 자체가 구원이 아니라, 구원의 유일한 근거가 되는 복음이 교회 안에서 선포되기 때문입니다. 복음이 선포되지 않는 곳에서는 아무리 교회라고 불린다고 하더라도 그곳에 구원이 있을 수 없습니다. 이 복음의 선포가 첫 번째 열쇠입니다.

> **생각해 봅시다**
>
> 오늘날 한국 교회의 설교는 어떠한가요? 예배 순서에 설교라고 쓰여 있지만, 과연 복음만을 설교하고 있을까요? 또 성도들은 과연 무엇을 들으려고 하고 있을까요?

요리문답 84문은 설교가 어떤 본질적인 내용을 가져야 할 것인가를 규정하고 있는데, 그것이 바로 복음입니다. 천국의 열쇠는 그냥 설교가 아니라 '복음의 설교'입니다.

천국의 문은 복음이 선포될 때 열립니다. 복음이 무엇입니까? 요리문답은 그 내용을 잘 요약하고 있습니다. 복음은 "그리스도의 공로 덕택에, 사람들이 참된 믿음으로 복음의 약속을 받아들일 때마다 하나님께서 참으로 그들의 모든 죄를 사하신다"는 것입니다. 또한 이 복음의 설교를 듣고도 회개하지 않는다면, 하나님의 진노와 영원한 정죄가 있다는 것입니다. 이 땅에서 이렇게 복음을 설교할 때, 그 복음에 따라 하나님께서는 "이 세상에서와 장차 올 세상에서 심판하실 것입니다." 땅에서 선포되는 복음의 설교와 하늘에서 시행되는 하나님의 심판은 정확하게 일치합니다. 하나님은 아무런 근거도 없이 인간들을 심판하는 무자비한 분이 아니십니다.

권징이 없다면, 과연 말씀을 듣겠는가?

두 번째 열쇠는 교회의 권징(discipline)입니다. 이 권징은 마태복음 18장에 잘 나타나 있습니다. 개혁교회에 있어서 권징은 설교와 더불어서 참된 교회의 중요한 표지입니다. 쉽게 말해서 권징이 전혀 실시되지 않는다면 그 교회는 거짓교회입니다. 어떤 사람은 설교만 있으면 되고 권징은 꼭 필요하지 않다고 생각합니다. 차라리 가만히 두면 언젠가 스스로 깨달을 것이라고 생각합니다. 그러나 이러한 생각은 성경의 가르침과 전혀 다르다는 것을 기억해야 합니다.

권징은 그리스도인의 이름을 가진 자에게 시행됩니다. 그가 교리나 생활에 있어서 그리스도인답지 않을 경우, 먼저 개인적으로 권고를 합니다. 그가 여전히 회개하지 않으면 두세 사람이 함께 가서 권면하고, 그래도 듣지 않으면 치리회에 보고를 합니다. 치리회의 권고를 듣고도 끝까지 돌이키지 않으면, 교회는 그를 성례에 참여하지 못하게 하여 성도의 사귐 밖에 둡니다. 이것을 출교라고 합니다.

출교는 교회가 불경건한 자들을 성도의 사귐 밖에 둠으로써 앞으로 하나님께서도 그들을 하나님 나라 밖에 두실 것이라는 것을 경고하는 법적 행위입니다. 땅에서 교회의 판단과 하늘에서 하나님의 판단은 일치한다는 것을 우리는 잊지 말아야 합니다. 교회는 설교를 통해서 하나님의 심판을 성도들에게 들려주어야 할 뿐 아니라 권징을 통해 체험하게 해야 합니다. 이 권징을 통해서 신자들은 하나님의 말씀인 설교를 경홀히 듣지 않게 되는 것입니다.

만약 권징이 없고 설교만 있다고 생각해 보십시오. 복음의 설교를 한 귀로 듣고 한 귀로 흘려버린다고 하더라도 교회는 손 놓고 볼 수밖에 없을 것입니다. 과연 그 교회에 하나님의 통치가 있다고 말할 수 있겠습니까? 오늘날 한국교회에서 참된 권징이 시행되지 않는 이유가 무엇일까요? 만약 어떤 사람이 한 교회에서 치리를 받으면, 그 사람은 당장 그 다음 주에 다른 교회로 가버릴 것입니다. 아마도 그 다른 교회는 그렇게 온 교인을 아무런 검증 없이 환영할 것입니다. 이러한 상황 속에서 권징이 제대로 시행될 수 있을

[칼럼]
제자와 훈련(Disciple and Discipline)

까요? 따라서 교회는 그 거룩성을 유지하기 위해, 회원가입에 상당히 신중한 정책을 취할 필요가 있습니다. 또한 교회를 잠시 떠나는 경우가 있어도 아무 교회나 다닐 수 없도록, 교회는 잘 지도하고 안내해야 할 것입니다.

무엇보다도 교회에서 권징이 제대로 시행되지 않는 가장 큰 이유는, 사랑이 너무 많아서가 아니라 사랑이 '없어서'입니다. 교회가 사랑이 없을 때, 권징은 세속적인 재판과 아무런 차이가 없게 됩니다. 재판은 처벌이 목적이지만 권징은 회개가 목적입니다. 그러므로 권징이야말로 철저하게 그리스도의 명령에 따라 이루어져야 합니다(85문). 그렇지 않으면 교회는 그야말로 권징의 권세를 행사하는 일부 사람들이 자기 마음대로 출교라는 칼을 휘두르는 공포의 조직이 될 것입니다. 그 결과는 불 보듯 뻔합니다. 출교에 해당되는 사람뿐만 아니라, 그것을 지켜보는 많은 사람들이 마음에 큰 상처를 입게 됩니다.

교회가 진정한 사랑의 공동체라면...

종교개혁 당시까지, 교회는 국가 교회의 성격을 지니고 있었습니다. 때문에, 교회의 말을 듣지 않으면 세속 정부가 그들을 국가법으로 처벌했습니다. 단지 성도의 사귐으로부터 제외시키는 것만으로는 강제력을 갖지 못한다고 생각했기 때문입니다. 이런 이유 때문에 교회의 말을 듣지 않은 수많은 사람들이 출교의 고통뿐만 아니라 수감, 고문, 심지어 사형과 같은 사법적 처벌을 받아야만 했습니다.

그러나 여기에 반대하여, 종교개혁은 [권징의 영적 측면]을 강조하였습니다. 그들은 영적인 권징이야말로 가장 강력한 하나님의 경고라고 생각하였습니다. 왜 그렇습니까? 회개하지 않는 자에게 성도의 사귐으로부터 제외시키는 것이 권징인데, 그게 뭐 그리 대단한 것일까 싶을 수도 있을 것입니다. 그러나 이 점에서 우리는 종교개혁자들이 도대체 '교회를 어떻게 보았는지'를 깊이 생각해봐야 합니다.

교회는 그리스도의 살과 피를 나누는 사랑의 공동체입니다. 영적인 양식을 받아먹지 못할 때, 인간은 주리고 목마르게 됩니다. 그런 점에서 성도는, 성도간의 사귐과 사랑에서 끊어지는 것이 가장 큰 형벌입니다. 종교개혁자들은 이것을 [정말로 믿었던] 것입니다. 이 공동체에서 끊어진다는 것을 우리도 죽음과 같은 공포로 여겨야 합니다. 세속의 처벌 정도는 비할 바가 아닙니다. 그렇게 생각이 되려면, 우리는 가장 먼저 교회가 정말로 그리스도 안에서 사랑의 공동체가 되도록 힘써야 하겠습니다. 그때 비로소 참된 권징이 가능할 것입니다.

| 에필로그

그리스도께서 교회에 천국의 열쇠라는 큰 권세를 맡기셨습니다. 교회는 그리스도의 명령에 따라 이 권세를 잘 사용하여야 합니다.

믿는 자들에게 열리고 거부하는 자에게는 닫히는 천국의 문

결국 이 모든 것을 통하여 교회가 진정으로 그리스도께서 다스리시는 하나님의 나라라는 것을 성도들이 체험하게 될 것입니다.

또한 이 열쇠가 작동함으로써, 하나님의 영광이 교회를 통해 찬란하게 세상에 비취게 될 것입니다.

따라서 우리는 권징을 너무 부정적으로만 볼 필요가 없습니다.

복음을 받아들이고 교회의 치리에 순종하는 자에게, 권징은 천국에 이르는 통로가 되기 때문입니다.

우리 자신을 하나님의 거룩한 통치에 맡기고 그것을 통하여 우리의 삶이 더욱 복된 삶이 되기를 간절히 바랍니다.

| 확인질문

질문을 읽고 답을 먼저 적어본 후, 참조 페이지를 열어 자신의 답과 비교해 보세요.

1. 천국의 열쇠라는 말은 예수께서 빌립보 가이사랴에 가셨을 때, 제자들에게 하신 말씀에서 나옵니다. 예수께서 너희는 나를 누구라 하느냐고 물었을 때, 베드로는 "주는 그리스도시오 살아계신 하나님의 아들이시니이다."라고 대답했는데, 이 답을 알려주신 분은 누구였습니까?

2. 천국의 열쇠를 맡은 자가 누구냐는 질문에 대해 로마 가톨릭은 어떻게 이해했습니까? 종교개혁자들은 누구에게 이 권세가 주어졌다고 여깁니까?

3. 천국의 열쇠가 무엇인지에 대해 83문은 두 가지로 정리하고 있습니다. 이것은 무엇입니까?

4. 거룩한 복음의 강설을 통해 어떻게 천국이 열리고 닫힙니까?

5. 권징은 누구에게, 그가 어떠할 때, 시행됩니까?

6. 교회는 그리스도의 살과 피를 나누는 사랑의 공동체입니다. 이런 점에서 가장 큰 형벌로 주어지는 권징의 형태는 무엇입니까?

7. 권징이 없고 설교만 있다면 어떤 문제가 발생할까요?

8. 벨기에 신앙고백서에서 명시한, 참된 교회의 세 가지 표지는 무엇입니까?

9. 그동안 공부한 모든 내용과 관련하여, 만약 우리가 교회에서 권징을 받게 된다면 어떤 자세가 필요하겠는지 생각해봅시다.

[숲보기]

10. 지금까지 공부한 모든 내용을 A4용지 한 장에 간단한 그림으로 표현해봅시다.

[숲보기]

1) p.325, 2) p.326, 3) p.327, 4) p.328, 5) p.329, 6) p.329, 7) p.329, 8) p.321

| 상권 마무리

지금까지 하이델베르크 요리문답 1부와 2부를 공부했습니다. 요리문답의 세 구성, 죄와 구원, 그리고 감사 중에서 이제 3부 감사가 남은 것입니다.

어떻게 보면 지금까지 배운 것이 앞으로의 삶을 규정한다고 볼 수 있습니다. 물론, 지금까지 배운 것만으로도 우리에게 차고 넘치는 은혜입니다. "살든지 죽든지" 우리는 이미 우리 것이 아니요, 그리스도의 소유물입니다. 그러나 하나님께서 우리에게 주시는 새로운 삶이 구체적으로 어떠한 것인지, 그 놀라운 기대를 가지고 3부를 공부하시기 바랍니다.

지금까지 배운 내용이 우리의 두뇌를 새롭게 하고 가슴을 울리는 감동이었다면, 팔과 다리로 내 삶 속에 적용하며 살아가는 실제적인 부분은 3부에서 공부하게 됩니다. 참된 믿음으로 당차게 살아가는 그리스도인으로서 가장 중요한 것이 이것이라 생각합니다. 실제로 그런 그리스도인이 많지 않기에 더더욱 중요한 부분입니다.

생각해보면, 허울뿐인 이 세상에서 이런 내용을 배우고 알아갈 수 있다는 것이 얼마나 큰 은혜인지 모릅니다. 예측할 수 없는 하루하루를 살아가면서 우리는 어떻게 그리스도인답게 감사하며 살아갈 수 있을까요? "특강 하이델베르크 요리문답, 하권"에서 다시 만나겠습니다.

당부의 말씀

교리를 공부하면 비판력이 높아집니다. 교리자체가 '논리'적인 접근이기에 그렇습니다. 단순히 성경구절을 모아놓은 것이 아니라, 그것을 조직화·구조화 시키고 체계화 시킨 것이기 때문입니다. 따라서 교리를 배우다보면, 그 과정에서 자연스러운 논리학습이 됩니다.

체계를 잡고나면, 체계에서 벗어나거나 체계가 없는 것의 허술함이 너무나도 눈에 잘 보입니다. 그래서 아무거나 막 비판을 합니다. 비판을 하려고 해서 하는 게 아니라, 자기도 모르게 비판적이 됩니다. 지금껏 가져보지 못했던 능력을 가지게 된 스파이더맨이 처음에 적잖이 당황하는 것처럼, 그런 상황입니다.

좋은 칼을 만들어 강도행위에 쓰는것이 부적절하듯이, 교리는 그것을 알고 사용하는 자의 인격이 절대적으로 중요합니다. 비판의 칼을 자신에게 먼저 적용할 줄 알아야 합니다.
"저 사람, 요즘 교리문답 책 보더니, 왜 저렇게 날카로워졌어?"
이런 말을 듣게 되면 조심해야 합니다.

이 책을 통해 배운 지식을 사용하십시오!
사용하되, '잘' 사용해 주십시오.
사랑이 없으면 울리는 꽹과리 같을 뿐입니다.

교리를 어설프게 배운 후 나타나는 5대 부작용
Total hierologist 전적 지식주의
Unconditional criticism 무조건적 비판
Limited reading 제한적 독서
Irresistible persistence 불가항력적 고집
Perseverance of isolation 고립의 견인

TULIP 교리 패러디

하이델베르크 요리문답을 더 깊이 공부할 수 있는 책

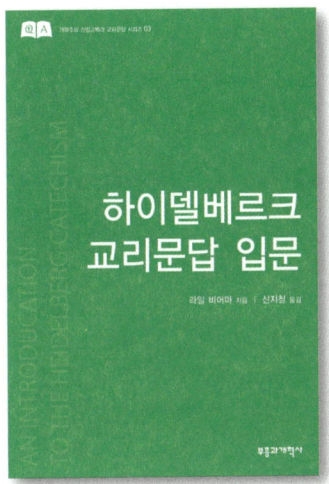

1. 하이델베르크 교리문답 입문
(An Introduction to the Heidelberg Catechism)
지은이 : 라일 비어마 외 3명
옮긴이 : 신지철
출판사 : 부흥과개혁사

이 책은 하이델베르크 요리문답에 대한 역사적 배경과 신학적 입장을 소개하는 입문서입니다. 충실한 참고문헌 목록을 제공하며, 또한 '우르시누스'가 하이델베르크 요리문답에 앞서 작성했던 대/소요리문답도 함께 실려 있어서, 심화학습을 원하는 신학생과 열혈 독자들의 필독서로 손색이 없습니다.

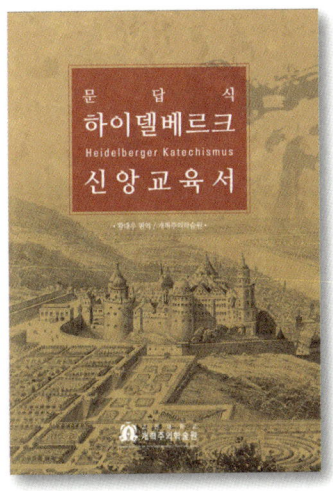

2. 하이델베르크 신앙교육서
옮긴이 : 황대우
출판사 : 개혁주의학술원

이 책은 하이델베르크 요리문답을 독일어 원문에서 직접 번역한 대조본입니다. 요리문답 본문을 독일어, 라틴어, 영어, 한국어 등의 4개 국어로 대조/편집하여, 더 깊은 본문 연구를 원하시는 분들에게 아주 기본적인 아이템이 되어줄 것입니다.